保险法论

BAOXIANFA LUN

郭宏彬◎著

中国政法大学出版社

2019 · 北京

目 录
CONTENTS

第一章 保险原理

本章内容的核心是有关保险的基础知识，这是学习和研究保险法的基础。由于保险的概念属于保险法中最为基础的概念，因此对它应从多个角度全面把握，即从风险与风险管理入手，把握保险的经济机制、法律形式和社会功能。

第一节 风险与风险管理

保险是相对于风险而言的，风险的存在是保险的前提和基础。可以说，没有风险，就谈不上保险，所以，我们研究保险与保险法，应从风险以及风险管理与保险的关系入手。

一、风险的概念

（一）风险的定义

风险（risk）又称危险[1]，在保险理论中，通常是指客观

〔1〕说明：本书中使用的“危险”与“风险”的概念意义相同。目前国内学者关于保险学和保险法的著述中多用“危险”的概念，少数著述中用“风险”的概念。保险理论中的危险，是指损失的不确定性，对应的英文应该是“Risk”。“Risk”的本意是“不确定性”，在汉语中与之对应的词，“风险”较“危险”更为贴切。有学者认为，之所以将“Risk”一词译为“危险”，都是“日本人惹的祸”。我国台湾地区立法时参考了日本人翻译的方法，日本人在翻译时就已经犯了错误，而我国台湾

存在的，可能给人们带来损害的，但又不能确定其后果的现象，如地震、洪水、车祸等。也有学者将之概括为“损失的不确定性”。

（二）风险的特征

1. 客观性。“天有不测风云，人有旦夕祸福”，自古以来，风险便与人类相伴，如源于自然界的洪水、台风以及来自人类社会的疾病和意外事故等，无时无刻不在威胁和危害着人类的生存和发展。虽然社会的进步和科技的发展提高了人们应对某些风险的能力，但同时也带来了一些新的风险，诸如核武器的扩散、工业污染及其带来的各种新的疾病，等等。可见，风险是客观存在的，具有客观性。

2. 危害性。风险具有与人的切身利益紧密相连的利害性，即造成损失。[1]如果风险发生，则必然给人们带来人身伤亡或财产损失。其实，即使风险不发生，它仍然是使人们忧虑的事件，会使人们恐惧不前，给人们带来威胁。

3. 偶然性。风险虽是客观存在的，但其发生却是偶然的。风险在何时、何地发生，发生的原因、形式、规模及危害程度等情况，人们均不能预知。例如火灾，我们可以预知火灾必然发生，但是发生在哪个地方、什么时候发生、因何而起火、会造成多大的损失是难以预知的。偶然性，也可称为可能性、未来

地区立法时则是将错就错；我国大陆地区在引进保险和危险的概念时，又因袭了台湾地区的译法，则是大错特错。而后，意识到了错误，便又将“Risk”改译为“风险”。本书赞同“风险”的译法，但因各种文献中，两种译法都有使用，笔者也无需一一辨明修正，因此在本书中不作严格区分。参见覃有土、樊启荣：《保险法学》，高等教育出版社2003年版，第6页；樊启荣：《保险法》，北京大学出版社2011年版，第6页。

〔1〕 参见黄华明：《风险与保险》，中国法制出版社2002年版，第2页。

性、不确定性。有学者认为，不确定性是风险最本质的属性。〔1〕

4. 规律性。虽然风险的发生是偶然的，但也并非完全不可预知，风险的偶然性是有规律的。具体来讲，在一定的期间内，性质相同的风险，其发生的机率是相对稳定的，这种机率在保险理论中被称为风险机率。风险机率可以依据概率论的“大数法则”〔2〕预测出来，例如，通过多年的交通事故统计数据，可以预测交通事故可能发生的时间、地点以及发生的机率等。

以上四点是风险的主要特征，此外，风险还具有可变性和多样性等特征。

（三）风险的分类

1. 以风险发生原因来划分，风险可分为自然风险和社会风险。自然风险是指由于自然因素和物理现象所造成的风险，如地震、台风、洪水等，多为人们难以控制或无法抗拒的自然灾害，源于自然界。社会风险是指由于失常的个人行为或不可预料的团体行为引起的风险，如盗窃、抢劫、纵火等，主要源于人们的社会活动和社会行为。

2. 以风险作用的对象来划分，风险可以分为人身风险和财产风险。人身风险是指人们因生老病死等原因而遭致损失的风险，主要是指人的死亡、伤残、疾病等。财产风险是指可能给各种社会组织、家庭或个人的财产造成损毁、灭失或贬值的风险以及因对他人所遭受的财产损失或身体伤害，在法律上负有赔偿责任的风险，如火灾、失窃、承担赔偿责任等。

3. 以风险是否附带利益来划分，风险可以分为纯粹风险和投机风险。纯粹风险是指只有损失机会而无获利可能的风险，

---

〔1〕 参见黄华明：《风险与保险》，中国法制出版社2002年版，第3页。

〔2〕 从保险原理上讲，保险的价格即保险费率是通过风险机率科学计算出来的，其所依赖的数理基础被称作“大数法则”。

如火灾、交通事故等。投机风险是指既有损失机会又有获利可能的风险，如股票交易，投资股票既有获利的机会又有亏损的可能。

二、风险管理

（一）风险管理的意义

风险管理，就是人们对风险的认识、控制和处理。

风险的发生，通常会给人们带来重大损失。随着社会经济的不断发展，多样、复杂的风险不断出现，因此人们不得不开始重视并研究风险的发生规律，从而掌握应对风险的方法，以减少由各种风险带来的损失，这样就产生了风险管理学〔1〕，并逐步发展成为一门独立的学科。

（二）常见的风险管理方法

在与风险的长期斗争中，人们总结出许多风险管理的方法，主要有以下几种：

1. 回避风险。回避危险，即直接设法避免风险。例如：担心车祸，不驾驶汽车；担心空难，不乘坐飞机。表现为“不作为”，这是最为简单的风险管理方法。

那么如何来评价这种方法呢？（1）消极。“不作为”意味着放弃某项活动，这必然导致丧失与此活动相关的利益。例如，运输商因为担心发生交通事故承担赔偿责任而停止营运，虽然避免了车祸，但也失去了可能获得的利益。消极地回避风险，往往会阻碍社会的发展和科技的进步，导致因噎废食的恶果，

〔1〕 风险管理学，又称危险管理学，属于管理学范畴，它起源于20世纪50年代的美国，并很快被世界各国接受，发挥着越来越重要的作用。风险管理学以客观存在的各种风险为研究对象，目的在于探求风险发生及变化的规律，认识、评估风险对社会经济生活所造成的危害，选择适当的处理风险的对策，尽量减少或避免风险损失，以保障社会经济生活的稳定和持续。

这是就个体风险而言的。（2）无力。就整体风险而言，风险是客观存在的，谋求没有风险的社会是不现实的。往往是“作为”有“作为”的风险，“不作为”有“不作为”的风险，避免了此风险却导致了彼风险。例如：公司经营有亏本的风险，而不经营又有坐吃山空的风险；用船运输有水上风险，改用汽车运输，虽然避免了水上风险，却“制造”了陆上风险。

2. 预防风险。预防风险，即采取各种有效措施，消除或减少造成损失发生的各种因素，以降低风险发生的机率。例如：修筑堤坝，防止洪水灾害；安灯修路，预防夜间车祸；选用防火建筑材料，预防火灾等。

对于预防风险方法的评价：（1）相对于回避风险，是一种积极的风险管理方法；（2）费用需要核算，按经济效用原则，必须用小的费用防止大的损失才可行；（3）有局限性，受科技水平和客观条件的限制，并非所有风险都能预防。因此尚需其他的风险管理方法。

3. 中和风险。中和风险，即将损失的机会和获利的机会予以平均的风险管理方法。例如，某人购进股票后，既担心股价下跌而亏本，又担心抛出后股价上涨而丧失获利的机会，于是将股票卖出一半、保留一半。这样，一方面避免了股价下跌的部分风险，但同时也丧失了股价上涨的部分利益，赔赚都不会太大，从而中和了风险。

对于中和风险方法的评价：这种方法仅适用于投机风险，因为纯粹风险是无利益风险，自无损益中和可言。

4. 集合风险。集合风险，也称分散风险，即集合处于同类风险中的多数单位，直接分担因风险发生所造成的损失，使每一单位的损失相对减少。在这里，“集合”体现了将处于同类风险中的多数单位组织起来的过程；“分散”体现的是由多数单位分担损失的结果。

评价：这种方法展示了“老祖母不把鸡蛋放到一个篮子里”的智慧，是一种机智的风险管理方法，但组织起来麻烦，受单位个数的限制，如果参与的单位过少，则难以发挥分散风险的作用。

5. 转移风险。转移风险，即将风险转移给他人。例如：转让房屋所有权，将该房屋毁损的风险转给受让人；转包工程，将与工程相关的一些风险转给承包人；租赁闲置设备，将与该设备相关的灭失损毁风险转给承租人；签订保证合同，将债务人不能清偿债务的风险转给保证人；甚至，设立有限公司、发行股票等行为也是风险转移的手段。

评价：显然，这是一种明智的风险管理方法，把自己不愿负担的风险转给别人承担，但往往需要付出一定代价，并且有些风险是不可转移的。

（三）风险管理与保险

保险是上述转移风险、集合风险和预防风险等几种方法的综合，是较好的风险管理方法。即保险=转移风险+集合风险+预防风险。

具体而言，保险是这样一种机制：即在风险损失发生之前，投保方向保险方交纳一定数额的保险费作为代价，换来由保险方承担风险损失的承诺。从投保方的角度看，保险是转移风险的方法，投保方通过与保险方签订合同，以交纳保险费为代价，将风险转移给保险方。而从保险方的角度看，则是集合风险的方法，即保险方通过集合众多面临同类风险的投保单位，科学地预测损失率，合理地收取保险费，构成保险基金，并以此基金来补偿少数单位的风险损失，在效果上即将少数单位的风险损失，以事前预交保险费的形式分散给了众多的投保单位分担。

因此，在宏观上或者从保险行业的角度，我们说保险是集合风险或者分散风险的机制；而在微观上或者个别的保险关系中，保险则是投保方转移风险的方法，即以向保险方交纳少量的保险费为对价，将风险损失转移给保险方承担。当然，在保险活动中，保险方和投保方都会有控制风险的意愿，会注重对风险的预防和出险后的施救。因此，保险也是预防风险的方法。

在风险管理学或者保险学的角度，自然更倾向站在投保方的立场，将保险视为一种财务型转移风险的方法，即损失程度的不确定性的转移。因为风险发生的不确定性有时是不能转移的，因此，人们更注重的是减少风险事故发生可能造成的经济损失。例如，意外事故的发生会使人们受伤，并带来收入的减少和医疗费的支出。通过前期支出一定数额的保险费购买保险，使收入损失和医疗费支出转移给保险人来负担，损失程度由不确定变为确定。但购买保险并不能避免意外事故的发生，即损失发生仍然是不确定的。因此，前期购买保险的行为只是为减少意外事故给投保方造成的经济损失。[1]

显然，在投保方和保险方之间存在一个交易，也即存在一个法律关系。双方的权利义务关系是靠保险合同确立和维系的。现代的保险法律关系中有两方当事人：一是保险方，也称为保险人，通常被法律固定为保险公司；二是投保方，包括投保人、被保险人（有时会有受益人）。二者之间通过保险合同约定权利和义务关系：投保人向保险人交纳少量的保险费，保险费是根据概率（指危险机率）计算出来的合理的损失分摊额，是每一个投保人都必须交纳的。当被保险人遭受合同约定的财产损失或者人身损害时，保险人向被保险人或者受益人赔偿或者给付

〔1〕参见张洪涛、郑功成主编：《保险学》，中国人民大学出版社 2000 年版，第 19 页。

保险金。但是并非所有的被保险人都能得到保险金，对于特定的被保险人来讲，能否得到保险金是不确定的，只有少数遭受合同约定的财产损失或者人身损害的被保险人才能获得保险金。保险金的数额通常以实际损失为限，且不超过合同约定的保险金额，但要远远超过保险费的数额。

具体而言，保险原理要求根据“大数法则”确定的保险费率而收取的基础保险费应当符合这个公式：

保险费的总和=保险基金=保险金的总和

但实践中，因保险是商业行为，保险公司是要营利的，所以保险费的总和往往要大于保险金的总和，多出的部分就是保险公司的经营成本、税款和利润，通常以附加保险费来体现。因此，投保人所支付的保险费是由基础保险费和附加保险费共同构成，但法律不要求保险公司对外明示保险费的具体结构。

综上所述，威胁着人类社会的各种风险客观普遍存在以及风险发生的偶然性和规律性，是保险制度存在的前提。它使保险制度的存在具有了重要性、必要性、可能性和科学性。因此，保险制度作为一种风险管理的方法，在实践中为世界各国普遍采用。现代保险是建立在“我为人人，人人为我”这一社会互助基础之上的，就是将少数人不幸的意外损失分散于社会大众，使之消化于无形，从而实现社会的安定。

第二节　保险的概念及特征

一、“保险”一词的由来

（一）从“燕梳”到“保险”

对于我国，保险是舶来品，于清末传入。英文为 insurance

或 asurance，日文作“保险”。保险是随着西方帝国主义列强对我国的通商贸易和经济侵略而来。在鸦片战争之前，广州是我国南方对外贸易的唯一口岸，我国早期文件将保险音译记录为“燕梳”或“烟梳”，或翻译为“保安”，如 1805 年英商在广州设立的谏当保安行（Canton Insurance Society）。〔1〕而后，魏源在《海国图志》〔2〕中介绍英国近代保险时将保险译为“担保”，如火灾保险译为“宅担保”，海上保险译为“船担保”，人寿保险译为“命担保”。再后，在王韬《弢园文录外编》（1883 年）、郑观应《盛世危言》（1895 年增订卷本）、陈炽《续富国策》（1896 年）等著述中都有关于“保险”的论述。〔3〕且同期，在《上海义和公司保险行公启》【同治四年（1865 年）】中也使用了“保险”一词。〔4〕说明到 19 世纪中叶，我国的商业领域和理论著述，已经习惯采用“保险”的概念。

（二）法律中的“保险”

后来，1910 年修订法律馆制定《保险业章程草案》【宣统

---

〔1〕参见中国保险学会、《中国保险史》编委会编：《中国保险史》，中国金融出版社 1998 年版，第 16 页。

〔2〕魏源（1794~1857 年）编著有《海国图志》。这是一部介绍世界各国地理、历史、政治、经济、历法、宗教、风土人情的书籍，也包括英国近代保险。该书于 1842 年出版 50 卷本，1847 年增刊为 60 卷本，1852 年刊行为 100 卷本。该书中介绍英国近代保险有两处：一是在第 51 卷“大西洋英吉利国二”中介绍了该国货物运输保险的办法；二是在第 83 卷“夷情备采·贸易通志”中介绍了相互保险组织“担保会”以及火灾保险、海上保险、人寿保险等内容。该书及增刊自 1850 年始传入日本，是最早移植到日本的关于西洋保险知识的文献，对日本保险业的产生具有深远的影响。1873 年，日本最早的海上保险公司“保任社”创立。参见中国保险学会、《中国保险史》编委会编：《中国保险史》，中国金融出版社 1998 年版，第 29~31 页。

〔3〕参见中国保险学会、《中国保险史》编委会编：《中国保险史》，中国金融出版社 1998 年版，第 32~37 页。

〔4〕该《公启》摘自《上海新报》，同治四年五月三日。参见周华孚、颜鹏飞主编：《中国保险法规暨章程大全》，上海人民出版社 1992 年版，第 3 页。

二年（1910 年）】，1911 年修订法律馆制定《大清商律草案》【宣统三年（1911 年）】。在这两份与保险相关的法律文件中，均采用了“保险”的概念，因此“保险”一词在我国被法律固定下来，并得以沿用至今。

《保险业章程草案》分为七章，共计 105 条，其中已然使用诸多与现今保险法中相似的术语，例如：股份保险公司、相互保险公会、物产保险、生命保险、损害保险、保险费、保险凭单、保险期限、投保人、被保人等，且有些法条之规定，于今天尚有借鉴意义，例如其第 76 条规定“凡租借人物产及经营他人物产者，因恐损害而投保火险，遇有火险发生时，得由原主持保险凭单径向保险者索取赔偿银数。”〔1〕现行《中华人民共和国保险法》（以下简称《保险法》）对此仍属空白，仅在第 49 条〔2〕中规定了财产保险标的转让后的合同效力，而对原理相似的上述情形却没有明文规定。

《大清商律草案》，其第三编“商行为”中有两章关涉保险。第七章为“损害保险营业”，分为总则、火灾保险营业、运送保险营业三节，共 50 条（第 176~225 条）；第八章为“生命保险营业”，未分节，共 11 条（第 226~236 条）。〔3〕值得关注

---

〔1〕 参见周华孚、颜鹏飞主编：《中国保险法规暨章程大全（1865~1953）》，上海人民出版社 1992 年版，第 37~47 页。

〔2〕 我国《保险法》第 49 条规定：“保险标的转让的，保险标的的受让人承继被保险人的权利和义务。保险标的转让的，被保险人或者受让人应当及时通知保险人，但货物运输保险合同和另有约定的合同除外。因保险标的转让导致危险程度显著增加的，保险人自收到前款规定的通知之日起 30 日内，可以按照合同约定增加保险费或者解除合同。保险人解除合同的，应当将已收取的保险费，按照合同约定扣除自保险责任开始之日起至合同解除之日止应收的部分后，退还投保人。被保险人、受让人未履行本条第二款规定的通知义务的，因转让导致保险标的危险程度显著增加而发生的保险事故，保险人不承担赔偿保险金的责任。”

〔3〕 参见周华孚、颜鹏飞主编：《中国保险法规暨章程大全（1865~1953）》，上海人民出版社 1992 年版，第 47~53 页。

的是，在这两章中均将保险凭单称作“保险证券”，虽然此时之“证券”未必是我们今天所言证券的含义，但依证券来界定保险单的性质，可能更利于我们解释和说明甚或重构某些保险合同规则和制度，例如上述我国《保险法》第 49 条所涉及的财产保险合同转让的制度重构，依照“保险证券”定性可能是一个思路。

从上述对“保险”一词在我国的由来之考证来看，保险法上的“保险”之含义确实不是日常用语中的“稳妥可靠”“安全无恙”的意思，其本义为一种通过商业行为建立起来的风险分散制度。〔1〕

二、保险的定义及其含义

（一）保险的定义

我国《保险法》第 2 条规定：“本法所称保险，是指投保人根据合同约定，向保险人支付保险费，保险人对于合同约定的可能发生的事故因其发生所造成的财产损失承担赔偿保险金责任，或者当被保险人死亡、伤残、疾病或者达到合同约定的年龄、期限时承担给付保险金责任的商业保险行为。”

我国《保险法》第 2 条规定的保险的定义，是一个描述性的定义。这个定义前半部分描述的是财产保险，在“或者”之后描述的则是人身保险。财产保险和人身保险在性质上是有差异的，财产保险具有补偿性质，而人身保险具有给付性质。

《保险法》对保险定义的规定，目的在于界定保险法中所称保险的范围，同时表明了保险法的适用范围。

（二）“保险”含义的解析

保险有三个层次的含义：

〔1〕 参见温世扬主编：《保险法》，法律出版社 2003 年版，第 1 页。

1. 保险是一种特定的商业行为。保险定义的中心词是“商业保险行为”，它既区别于我们口语中所讲的“保险”，也区别于同样属于经济补偿制度的社会保险。社会保险属于社会保障体系的范畴，主要是指劳动保险，它是国家通过立法形式对社会成员因老弱病残等原因丧失劳动能力或暂时失业时提供物质帮助的一种制度。商业保险和社会保险的区别主要体现在以下几个方面：

（1）本质的区别在于是否以营利为目的。商业保险是保险公司的业务，是以营利为目的的，它一般通过自愿订立保险合同来实现；社会保险是一种非营利性质的社会福利措施，它是为了解决社会成员的经济困顿而设立的，一般是通过国家立法强制实施，具有强制性。

（2）保险对象不同。商业保险的对象是特定的，只保障交纳保险费的投保人；社会保险的对象是一切社会成员。

（3）保险基金的来源不同。商业保险的保险基金来自投保人交纳的保险费，是依据科学计算得出的保险费率，由全体投保人合理分摊构成；社会保险的保险基金则来源于国家、企业、个人的联合出资，并且个人分摊的比例极小。

（4）保险金的给付上存在差异。商业保险是依据保险合同约定的金额或实际损失多少来给付保险金；社会保险则是以保障社会成员的基本生活需要为标准，补偿是不充分的。

正是基于商业保险与社会保险的上述区别，世界各国的保险法都只是适用于商业保险，社会保险则由国家另行制定专门的法律规范，通常属于劳动法或社会保障法的范畴。我国的保险立法也采用了这一体例。

2. 保险是一种经济补偿制度。从经济关系角度讲，保险是以概率论为技术条件，进行合理计算，以确定保险费率，集合多数单位共同建立保险基金，用来在发生自然灾害或意外事故时，对被保险人的财产损失或人身伤亡给予经济补偿或给付保险金的一项经济制度。因此它的原理就是利用集合风险和转移风险的方法，将单个风险分散于社会，使损失消化于无形，从而保障社会的安定与繁荣。

保险的实质就是少数人的损失由多数人来分摊，投保人以微小的代价（即保险费的支出）换得对将来巨大损失的保障（即在发生约定事故损失时取得保险金）。概率论（大数法则）在保险中的应用是损失合理分摊的前提。风险的发生是偶然的，但同时也是有规律的，人们可以通过概率论将个别风险单位遭受损失的不确定性，变成多数单位可以预知的损失，并以此为基础依据不同险种制定与之相对应的合理的保险费率，使每一个投保人对保险费的分摊都较为合理。例如，按多年计算的概率，房屋（假设不含有土地的价值）每年失火烧毁率为万分之一，那么房屋火灾保险的年保险费率就应为万分之一，即每价值一万元的房屋年缴保费应为一元，这样，某一投保人被烧毁价值一万元的房屋的保险金，实际上就是由他本人和其他未发生火灾的价值9999万元房屋的投保人交纳的保险费支付的，是他和其他投保人的合理分摊。

从以上分析可见，保险这种经济制度，需要具有以下要素才能得以运转：

（1）前提要素是有风险存在。无风险则无保险，风险的存在是保险存在的前提。但并非所有风险都是保险的对象，保险人所能承保的只是可保风险。

（2）基础要素是有众人协力。保险是互助行为，其原理是集合风险、分散损失，因此，需有多数人参加，才能形成有效的互助。

(3) 技术要素是概率论。运用概率论才能使保险费率合理，保险得以发挥其应有的功能和作用。

(4) 功能要素是损失赔付。保险之功能并非保证不发生风险，而在于发生损失后进行补偿，是一种善后措施。

3. 保险是一种合同法律关系。由于保险作为一种经济制度对国民经济有着重要的作用，因此世界上大多数国家都将调整这种保险经济关系的准则用法律形式固定下来，借此保障和规范这种经济制度。因此，保险也体现为一种法律关系。从法律关系角度讲，保险是根据法律规定或者合同约定而产生的保险当事人之间的权利义务关系。

保险法律关系的产生通常表现为两种形式：

一是法律中的强制性规范。某些特定的人对特定的风险根据法律的规定必须投保，从而在当事人之间强制地产生保险法律关系；

二是当事人双方经协商而依法自愿签订的保险合同。

虽然保险合同是当事人自愿协商的结果，但是因其签订的程序、依据的原则以及其规定的权利和义务内容均受法律所调整，故其也为一种法律关系。在实践中，第二种形式是保险法律关系产生的主要形式。可以说，保险制度主要是依赖于保险合同这一法律形式而运转起来的。

保险法律关系是这样实现的：投保方以支付保险费为代价，将风险转移给保险人，保险人收受保险费的同时，承担投保方的风险。在保险期间内，如果风险损失未发生，保险人无需赔偿保险金，一般也无需退还保险费；如果风险发生造成损失，则保险人需向投保方赔偿保险金。需注意的是，保险赔偿不同于普通的民事赔偿，保险赔偿并非因侵权或违约责任，而是基于当事人双方约定或法律规定的义务，保险赔偿是保险人履行约定的行为。

三、保险的特征

由上文对保险定义的解析可以看出，保险是一种商业行为、一种经济补偿制度、一种合同法律关系，由此可以进一步推出保险的特征：

（一）射幸性

保险作为一种商业行为，具有射幸性的特征。也就是说，在个别的保险关系中，双方的给付是不对等的，保险人是否赔偿或者给付保险金，需依赖于合同约定的偶然事件的发生，例如火灾保险，投保方需满足火灾发生并造成保险标的损失的条件，才可请求保险人赔偿保险金。这颇像赌博，要“碰运气”。但保险的本义要求保险不能成为赌博，否则极易诱发道德风险。那么，保险与赌博的区别是什么呢？

一般认为，保险与赌博的区别在于：

（1）目的和作用不同。保险以分散危险、减少损失、实现社会生活的安定为目的，是一种安定社会经济生活的手段，变危险为安全；赌博以损人利己、牟取暴利为目的，只会给社会带来消极的作用，变安全为危险。

（2）社会评价不同。保险在任何国家和地区都是道德赞同、法律许可的行为；赌博在大多数国家都属于道德谴责、法律禁止的行为。

其实，在保险利益原则确立之前，保险与赌博是难以区分的。例如，在18世纪中叶之前，海上保险人通常并不要求被保险人证明他们对投保的船舶或者货物拥有所有权或者其他合乎法律规定的利益关系，其结果就导致了许多人以被承保的船舶能否完成其航程作为赌博的对象，甚至诱使一些人故意破坏航程的顺利完成，致使海事欺诈大量出现。这直接促使1746年《英国海上保险法》（Marine Insurance Act 1746）最早以法律条文的形式规定保险利益原则，要求被保险人对承保财产具有利益是海上保险合同有效的前提条件。之后，1774年《英国人身保险法》（Life Assurance Act 1774）又将保险利益原则推延至人身保险，规定“任何个人或者公司组织对被投保生命的被保险人不具有任何利益或者以赌博为目的时不得保险，该保险无效并对各方不具有法律约束力”。〔1〕

因此，保险与赌博的根本区别在于对保险利益的要求，也即保险不允许投保方通过保险获得超过其实际损失的利益。这既是保险制度的本义要求，也是保险法各种原则、制度、规则的法理基础之一。

（二）补偿性

保险作为一种经济制度，具有补偿性。保险的机制是在被保险人遭遇风险损失后，通过向其支付保险金的方式，使得被保险人的损失得到填补，是一种善后措施。其与储蓄和救济功能类似，当人们遭遇损失后，可以动用储蓄或者获得救济渡过难关。但保险与储蓄、救济也有区别，相对而言，保险体现的是“人人为我，我为人人”的互助理念，是投保方基于对风险的预见而主动进行的风险管理行为，保险的补偿更具有针对性和确定性，补偿数额也更为充分。

保险与储蓄的区别：

（1）实施方法不同。储蓄可以单独、个别地进行，是自助行为；保险须靠多数人参加，是互助行为。

（2）在给付和反给付关系上，条件不同。储蓄以个别均等

〔1〕 参见陈欣：《保险法》，北京大学出版社2000年版，第34页。

关系为必要条件，其给付金额以其存款数额为限；保险不必建立个别均等关系，可以较少的保险费支出换取较大的经济保障。

（3）用途不同。储蓄可以应付各种需要，如补偿意外事故损失、支付教育费、婚姻费、丧葬费等；保险一般只为补偿特定的意外事故损失，具有针对性。

保险与救济的区别：

（1）行为性质不同。救济是单方行为，是民事施舍或者政府赈济行为，不是合同义务；保险是合同关系，保险金支付受合同义务的约束，对于投保方是可预期的利益。

（2）资金来源不同。救济金多少取决于救济人的能力和意愿或者政府相关组织的职能限制；保险金则来源于众多投保方事前支付的保险费所构成的保险基金，通常比较充沛。

（3）补偿效果不同。救济有无及救济程度事前无法确定，一般仅满足基本生存或生活需要，不考虑损失多少，补偿通常不充分；保险金支付是依据合同约定，是有对价的保障，保险金数额事先可以预期、可以确定，补偿通常比较充分。

（三）基于合同关系

保险的法律形式是合同，双方当事人的权利义务基于保险合同的约定，体现为一种合同法律关系。保险合同与保证合同相似，但二者也存在不同。

保险与保证的区别：

（1）二者虽都体现为合同关系，但法律地位不同。保险合同属于主合同，不依赖于其他合同而存在，作为合同当事人的保险人和投保人之间负有直接的义务；保证合同是主债权债务合同的从属合同，其成立和生效依赖于主债权债务合同的成立和生效。

（2）行使代位求偿权的条件不同。在保证关系中，保证人代替被保证人履行债务义务后，自然享有代位求偿权，可以向被保证人追偿；而在保险关系中，保险人依约赔偿损失或给付保险金是其应履行之义务，除非财产保险的保险事故发生是由于第三者的过错所致，保险人无代位求偿权。例如：投保车损险的汽车，被楼上坠落的花盆砸坏，保险公司在赔偿后可以取得向坠落花盆的责任方的代位求偿权；但如果汽车为冰雹所伤，则保险公司只能赔付而无法获得代位求偿权。

四、保险的本质

关于保险的本质，国内外学术界争议颇多，存在诸多学派，各个派别的立场和研究视角不同，观点分歧较大。最主要的分歧在于财产保险和人身保险是否具有共同的本质，能否在立法上给出统一的定义。在理论界，由于学者们对于保险的认识角度不同，因而对保险的本质有不同的理解。归纳起来，大致上可以分为三大流派：损失说、非损失说和二元说。〔1〕

（一）损失说

损失说是以“损失”的概念为前提，来探究保险的本质。细分还有三种观点：

1. 损失赔偿说。该学说是从法律学角度来看的，认为保险是一种损失赔偿合同。代表人物有英国的马歇尔（S. Marshall）和德国的马修斯（E. A. Masius）。例如：英国1906年《海上保险法》第1条规定：“海上保险契约，系保险人向被保险人允诺，于被保险人蒙受海上损害，即海事冒险所发生之损害时，应依约定之条款及数额负责赔偿之契约。”由此可见，海上保险

〔1〕 参见［日］园乾治：《保险总论》，李进之译，中国金融出版社1983年版，第6~17页；覃有土、樊启荣：《保险法学》，高等教育出版社2003年版，第13~16页；温世扬主编：《保险法》，法律出版社2003年版，第1~5页。

就是针对损失予以赔偿的合同。该学说观点在《简明不列颠百科全书》和《布莱克法律词典》中也得以反映。

2. 损失分担说。该学说是从经济学角度来看的，认为保险是一种多数人互助合作的经济制度，强调保险损失的合理分担，即保险是一种集合多数同类风险单位共同分担风险损失的经济制度。代表人物是德国学者瓦格纳（A. Wagnar）。

3. 危险转嫁说。该学说是从社会学角度来看的，认为保险是一种风险转嫁机制，保险的本质就是被保险人将风险转嫁给保险人的一种社会机制。其代表人是美国学者威尔特（A. H. Willet）和休伯纳（S. S. Huebner）。

损失说对于财产保险较有说服力，但对于人身保险特别是人寿保险中的生存保险、年金保险等来说却欠妥当。

（二）非损失说

由于损失说总是围绕损失来解释保险，在外延上排除了人身保险的存在，不能涵盖保险的所有性能，具有一定的局限性，故一些学者在损失说之外寻求解释，提出了一些主张，从而产生了非损失说。非损失说流派很多，主要有：

1. 技术说。此学说主张保险的特征在于技术方面，即特定的保险基金技术，试图将财产保险和人身保险在技术上作统一的解释。此学说的代表者是意大利商法学家费方德（C. Vivante），认为保险的特殊性就在于采用特殊技术，科学地建立保险基金。此学说忽视了保险的目的和功能。

2. 欲望满足说。此学说代表人物是意大利学者戈比（U. Gobbi），认为保险是满足人们使金钱及其相关利益得到保障的欲望或者需要。德国保险学权威马纳斯（A. Manes）也支持这种观点。该学说的核心是以保险能够满足经济需要和金钱欲望来解释保险的性质，其结果是使得保险与赌博的意义难以区分。

3. 相互金融机关说。其代表人物是日本学者米谷隆三和酒井正二郎，认为保险只不过是一种互助合作基础上的金融机构，与银行和信用社一样，都起着融通资金的功能和作用。不可否认，保险确实具有金融机构的功能，它既可以融通资金，又可以进行资金运用，但是，用保险的某方面的功能和作用来解释保险的性质，并不恰当。

此外，非损失说还包括所得说、经济确保说、货币预备说，等等。非损失说虽然可以兼顾财产保险与人身保险，但外延往往过于宽泛，且抛开损失谈保险，总是难以揭示保险的本质属性和功能。

（三）二元说

二元说论者认为，财产保险与人身保险具有不同的性质，前者以赔偿损失为目的，后者以给付一定金额为目的，不可能对二者进行统一定义。故该学说也称为统一不能说，又可细分为两派观点：

一派是否认人身保险说，代表人物是德国的科恩（G. Cohn）等，认为损失赔偿是保险的根本属性，而人身保险并不具有或极少具有这种属性，因此，人身保险并不体现保险的性质，而是一种带有储蓄或投资性质的金钱支付合同。

另一派主张择一说，代表人物是德国学者爱伦贝格（N. Ehrenberg）和英国学者巴贝基。他们承认人身保险是真正的保险，但主张将其与财产保险分别予以界定，即“保险合同不是损失赔偿合同，就是以给付一定金额为目的的合同。”应当把 insurance 和 assurance 区分开来。前者是指任何“损失补偿”性质的财产保险，后者是指必然要给付金额的人寿保险。

随着保险的发展及保险种类的不断丰富，择一说成为各国保险立法对保险定义的当然的技术选择。世界上许多保险业发达的国家，如德国、法国、瑞士、日本等国家的保险合同法都分别对损害保险和人身保险赋予不同的含义。我国《保险法》第 2 条也是采用对财产保险和人身保险分别进行描述的方式给保险进行定义。

针对二元说的“统一不能”理论，还有一派是人格保险说，也叫统一说。该派认为，人身保险之所以是保险，不仅是因为它能赔偿由于人身上的事故所引起的经济损失，而且在于它能赔偿情感和精神方面的损失，所以人身保险实际上是人格保险。〔1〕人格保险说的基础仍然是损失说，它解释了人的死亡或者人身伤残、疾病具有损失性，有一定道理。人的死亡、伤残、疾病，会使人的劳动能力丧失或降低，导致收入的减少或者医疗费用的增加，这些都可以体现为经济上的损失。以侵权法中关于人身损害赔偿以及精神损害赔偿的计算标准作为参照，甚至可以计算人身“损失”的具体数额。虽然保险实务并不以此为人身保险定额定价，但对于说明死亡保险、意外伤害保险、医疗保险具有补偿性，大致可以自圆其说。但此学说仍难以解释人寿保险中生存保险、年金保险以及投资连结保险等险种，这些险种确实不存在损失的问题。

本书认为，人寿保险中生存保险、生死两全保险、年金保险等险种是保险与储蓄的结合，是储蓄型保险；投资连结保险、分红险、万能险等是保险与投资（基金）的结合，是投资型保险。这些保险都是“复合物”，是保险公司在不断拓展业务中开发出的金融衍生品，未来还会有更多的组合型的创新型保险。而对保险本质的研究，把纯粹保险和各种复合型保险放在一起作为研究对象，在方法论上就是错误的，不可能研究出这些

〔1〕 参见李玉泉：《保险法》，法律出版社 1997 年版，第 8 页；覃有土主编：《保险法》，北京大学出版社 1998 年版，第 4 页。

“复合物”的本质。因此，剥开这些复合的储蓄、投资等内容，探究纯粹保险的本质，损失说最为恰当。

第三节 保险的分类

因为保险起源于海上贸易，所以最初的保险只是粗略地分为水险和非水险。随着保险业的发展，现今国际市场上的保险业务种类已经不下几百种之多，而且，很多保险单所承保的危险不止一项。这样保险的分类标准便出现了多元化的趋势，人们多以不同的需求和习惯进行分类。常见的分类有以下几种：

一、财产保险与人身保险

按照保险标的的不同，保险可分为财产保险和人身保险。这是对保险最主要的分类方法，在保险立法方面，财产保险和人身保险的类型为许多国家保险立法所采纳，我国在保险立法上也采用了这种分类方法。

保险标的是指作为保险对象的财产及其有关利益或者人的寿命和身体。保险标的不仅以有形的财产和人身为限，各种无形的权利和责任，因其无不与财产、人身具有直接或者间接的联系，也包括在保险标的范围之中。财产保险是指以财产及其有关的利益为保险标的的保险。人身保险是指以人的寿命和身体为保险标的的保险。

财产保险与人身保险的区别：

1. 标的性质不同。财产保险是以各种物质财产及其有关的利益为保险标的的一种保险。它包括有形财产保险和无形财产保险。有形财产保险是狭义上的财产保险，其标的仅为有形的物质财产，因此也称为“对物保险”或“损害保险”；无形财产保险的标的是与财产有关的各种无形的利益，如责任、信用等。总之，财产保险标的是各种具有经济价值的有体或无体财产，可以用货币衡量其价值，因而，保险事故所造成保险标的的损失是可以确定的。

人身保险是以人的生命或健康作为保险标的的一种保险。按保障范围的不同，可以细分为人寿保险、意外伤害保险和健康保险（即医疗保险）。人身保险的标的是人的生命和健康，它不同于财产，无法估算其价值，因此保险事故所造成的损失是不可能确定的。

2. 赔付原则不同。财产保险的赔付，目的在于补偿由保险事故发生所造成保险标的的损失，因而适用损失填补原则，赔付的保险金不能超过实际损失，否则被保险人所得超额利益便失去法律依据，为不当得利。

人身保险的给付，并不以填补损失为目的，因为人身保险的标的及保险事故所造成的损失是无法估价的，被保险人或者受益人所获得的给付是受益性的，不存在超额或不当得利的问题，所以人身保险一般不适用损失填补原则。这也是我国《保险法》在“保险合同”一章中，对财产保险和人身保险分节作出规定的原因，即“第一节”同时适用于人身保险合同和财产保险合同，“第二节 ”仅适用于人身保险合同，“第三节”仅适用于财产保险合同。

3. 保险经营及监管的不同。财产保险因期限通常较短，且保险事故发生较不规则，缺乏稳定性，故其所需保险责任准备金的数额较大。在经营方法方面，为确保经营安全，再保险成为财产保险经营的重要手段。

人身保险期限一般较长，保险事故的发生较为规则，对其风险概率的测算也较为精密，稳定性高，故其对保险责任准备金的要求较财产保险的数额要小。在经营方法方面，虽也有再保险的运用，但一般仅适用于保险金额较大的人身保险或弱体保险。

因为保险标的的差异，导致二者在保险经营所需资金准备的数额和经营方法方面均存有不同。也正基于此种理念，考虑经营风险的隔离以及监管要求的区别，我国《保险法》规定保险业分业经营原则，即一家保险公司不能兼营人身保险业务和财产保险业务。[1]

二、强制保险和自愿保险

按照保险实施形式的不同，保险可分为强制保险和自愿保险。

强制保险又称法定保险，是基于国家法律或者行政命令而在投保人与保险人之间强制建立的保险关系。法律的强制性是强制保险最根本的特征，例如，《中华人民共和国道路交通安全法》(以下简称《道路交通安全法》）第17条规定："国家实行机动车第三者责任强制保险制度，设立道路交通事故社会救助基金。具体办法由国务院规定。"国务院颁布的《机动车交通事故责任强制保险条例》第2条第1款规定："在中华人民共和国境内道路上行驶的机动车的所有人或者管理人，应当依照《道路交通安全法》的规定投保机动车交通事故责任强制保险。"

〔1〕 我国《保险法》第95条规定："保险公司的业务范围：(一）人身保险业务，包括人寿保险、健康保险、意外伤害保险等保险业务；（二）财产保险业务，包括财产损失保险、责任保险、信用保险、保证保险等保险业务；（三）国务院保险监督管理机构批准的与保险有关的其他业务。保险人不得兼营人身保险业务和财产保险业务。但是，经营财产保险业务的保险公司经国务院保险监督管理机构批准，可以经营短期健康保险业务和意外伤害保险业务。保险公司应当在国务院保险监督管理机构依法批准的业务范围内从事保险经营活动。"

据此，机动车的所有人或者管理人有法定义务投保交强险，不投保即为违法，应承担相应的法律后果。

因为强制保险涉及公权力对于私人财产权的干预，所以推行强制保险应当具有正当性理由，否则不宜推行。国家推行强制保险的正当性理由，一般是出于维护公共利益的需要。例如，各国普遍推行汽车第三者责任强制保险，就是为了保障交通事故受害人的利益，为其提供紧急救护费用和最基本的救济。此种保险的功能不在于分散和减轻车主的赔偿责任，而重在为交通事故受害人提供基本的救助，因此，强制保险便有了正当性基础。

自愿保险也称任意保险，是投保人和保险人双方在平等互利、协商一致的基础上，通过自愿的方式，签订保险合同来实现的一种保险。它是一种普遍的保险实施形式，商业保险绝大多数是自愿保险。

三、原保险和再保险

按照保险人承担保险责任的次序，保险可分为原保险和再保险。

原保险和再保险是对应的概念，如果没有界定再保险的需要，原保险的称谓便没有必要，所谓的原保险，就是一般情况下投保人向保险公司购买的保险。

原保险也称“第一次保险”，是指保险人对被保险人因保险事故所致损害承担直接原始的赔付责任的保险。再保险也称“分保”，是指保险公司将其所承担的原始（即第一次）的保险责任再予投保的保险，也称“第二次保险”或者“保险的保险”。依据我国《保险法》第 28 条第 1 款规定，再保险是指保险人将其承担的保险业务以分保形式部分转移给其他保险人。

虽然再保险以原保险为基础，但是在法律上，再保险是独立于原保险的一种业务。学界一般认为，无论原保险的性质如何，再保险的性质应属于责任保险，其保险标的是原保险人承担的保险责任。但是，再保险又不同于一般的责任保险，它更像是原保险的延伸，是原保险人分散其个别业务风险或者整体经营风险的一种安排，也是法律或者监管机构控制保险公司经营风险的一种手段。由于再保险特殊的功能和作用，其并不包含在人们通常所说的责任保险中，保险法中有关责任保险的规定，并不直接适用于再保险。

第四节　保险的功能

一、保险的基本功能

保险最基本的含义是社会个体之间借助集体的力量规避风险。保险从诞生开始就隐含了“人人为我，我为人人”的互济互助理念。商业保险的运行机理，就是社会个体之间通过保险机制互济互助以规避个体风险的一种制度。通过保险公司的组织而建立起来的保险基金是依据保险合同形成的分散风险、填补损失的物质保障。按照保险的一般理论，保险制度的基本功能在于分散被保险人的风险，组织经济补偿。人们参加保险的根本目的，也正是在遇有意外事故损失时取得经济补偿。因此，保险的基本功能是组织经济补偿。

正确认识保险的功能，首先要弄清保险的本质。保险是根据科学计算，以事先交纳保险费的办法建立集中的保险基金，用于对被保险人因自然灾害或者意外事故造成的经济损失给予补偿，或者对人身伤亡和丧失工作能力给予物质保障的一种制度。保险本身特殊的矛盾运动，表现为保险基金的分散聚集和集中使用相结合。任何经济单位和个人都可以为取得经济保障而参加相应的保险，这就使保险基金的来源十分广泛，能够把众多经济单位和个人的分散资金积聚起来，建立起数量可观的保险基金。保险基金总是以特定的灾害损失为条件集中使用的。由于遭受灾害损失的经济单位和个人总是少数，所以，补偿往往可以得到充分保证，使经济单位和个人能以最小的保险费的支出，取得对将来可能损失的最大保障。可见，保险的实质是国民经济中基于补偿灾害损失方面的一种特殊的分配、再分配关系。虽然在各历史阶段，它所反映的经济关系的内容有所不同，性质也有差别，但保险作为组织经济补偿的一种方法则是相同的。因此，保险最基本、最固有的功能就是组织经济补偿。

二、保险的派生功能

有学者认为保险应然功能的确立及拓展是一个动态的演化过程，它源于经济体系的复杂化演进。[1]现代保险的功能是一个历史演变和实践发展的过程，随着人类社会的发展和对客观世界认识能力的提高，保险的功能不断丰富和发展。[2]在今天看来，确实如此，保险的派生功能在理论上可以无限大，这种风险机制可以运用于社会管理的方方面面，相应地便有了方方面面的功能。

除了基本功能以外，保险作为一种风险分散机制，由其自身机制的特性所决定或者机制运转的需要，以及该机制与各种社会需求相结合的运用，使其产生了诸多的派生功能，如防灾

---

〔1〕 参见孙祁祥、朱南军："保险功能论"，载《湖南社会科学》2004年第2期。

〔2〕 参见丁枚山："现代保险功能体系及衍生保险功能研究"，载《保险职业学院学报》2005年第5期。

防损、融资投资、保护受害第三人权益等。

（一）防灾防损

保险是集合风险、转移风险和预防风险综合的一种风险管理方法，预防风险、减少损失是投保人和保险人的共同利益所在。从某种意义上讲，预防风险甚至比补偿损失更为重要，因此，保险人为了提高经济效益、减少赔款、增加盈余，必然要与投保方一起共同做好防灾防损工作。一方面，保险人在承保后，有义务和责任向被保险人提供防灾防损的风险管理服务。另一方面，保险公司利用自身风险管理的经验，借助社会有关力量，督促被保险人采取相关措施减少损害事故的发生。保险公司与投保人签订保险合同往往是附有条件的，投保人和被保险人采取措施防范风险的义务在保险单中往往予以明确规定；在保险合同履行过程中，保险人有权根据保险合同的规定对被保险人进行监督检查。同时，保险公司通过对风险的条件、状态等进行评估，可以采取承保、拒保、调整保费等不同方法，从而强化投保人的守法意识，避免或减少保险事故的发生。可见，保险活动可以推动社会风险管理制度的完善。

（二）融资投资

保险具有融通资金和投资的功能，因为保险制度是集合风险的机制，多数人的参加是其基础，相应地，作为风险组织者的保险公司必然通过收取保险费的形式融通巨额的保险基金，而运用保险基金投资已经成为世界各国保险业运营的重要模式之一，与保险业务本身具有几乎同等重要的地位。保险业将保险基本业务与保险基金投资视为保险公司运行的两个轮子，缺一不可。目前，无论是发达国家还是发展中国家，保险公司都已把资金运用作为其重要业务之一，其收益已是保险公司的一项重要收入来源，资金运用也成为整个保险经营活动不可分割的有机组成部分。[1]从积极的角度看，保险公司的资金运用是发挥保险资金融通功能的基础和前提，是联系保险市场与资本市场、货币市场的重要桥梁和纽带，是保险公司加快发展的客观要求，是其重要的利润来源，是防范风险的重要手段，可以为保险公司创新产品提供有力支持。保险业务越发展，投资功能越显得重要。保险投资是发展保险经营业务、提高保险经济效益的重要途径。

另外，保险公司的投资活动，还可以促进资本市场的发展，对社会经济产生有利影响。例如，我国《保险法》2009 年修改后放宽了保险公司资金运用的途径，将引导资金进入资本市场、不动产市场和投资基础设施建设，这对经济发展将会起到促进作用。

（三）保护受害第三人权益

保护受害第三人权益是典型的保险功能向外扩展的实例，主要体现在责任保险特别是强制责任保险领域。责任保险在很多场合还具有实施政策的功能或者说是社会管理功能，特别在某些强制保险领域颇为明显。

从责任保险的历史发展看，初期责任保险的目的主要是为保障被保险人转移其民事赔偿责任风险。应该说，在责任保险产生与发展的初期，其目标和重心在于保护被保险人的利益，填补被保险人对受害人承担损害赔偿责任而受到的财产损失，避免被保险人因为承担赔偿责任而陷入经济困顿。而随着现代法治优先保护受害人理念的确立，人们对责任保险的制度功能以及对受害人保护的作用产生了新的思考和认识。

在现代责任保险制度中，受害人的利益因责任保险而得到

〔1〕 参见郭宏彬：《保险监管法律制度研究》，吉林人民出版社 2004 年版，第 125 页。

特别的尊重，这已经成为责任保险法律制度的发展趋势。具体而言，责任保险对第三人利益保护的重要制度之一，就是赋予受害第三人对保险公司的直接赔偿请求权。这对传统责任保险制度作出了两项根本性的否定：一是保险人承担保险责任不再以被保险人因实际向受害第三人赔偿而自身遭受财产损失为前提；二是受害第三人直接赔偿请求权的对象由原来的加害人（被保险人）拓展到了保险人，并因保险人的雄厚财力而使受害第三人的权益得到了更好的保障。

值得注意的是，责任保险并不仅仅是为狭隘的个体利益服务的，责任保险有着更深层次的公益价值和社会意义。正如我们所看到的，责任保险的保护范围扩展到了受害第三人，超越了传统契约所固有的效力范围，而使第三人享受到保险所带来的利益，体现了人文关怀的精神。可见，现代责任保险的发展，使得责任保险逐渐脱离纯粹填补被保险人损害的功能，而更多地以保护受害第三人的赔偿利益为目的，在很大程度上是为受害人的利益而存在的，体现了责任保险保护受害人权益的新的制度功能。

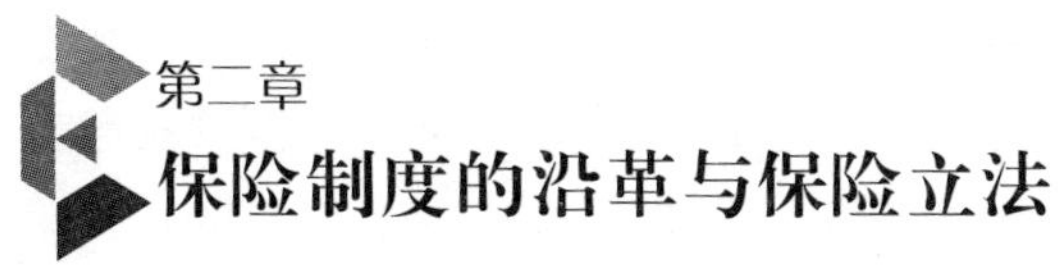

第一节　保险业的形成与发展

一、古代保险思想的起源

一部人类文明发展史其实也是人与灾害的斗争史。保险与人类的关系非常密切，其起源几乎可以溯及人类之初。远在古代，就有了类似现代保险的思想和行为。

（一）西方古代的保险思想

古代的保险思想萌芽于西方，且与古代社会文明发展水平和开放程度相适应，多产生于贸易繁荣的国度，如古巴比伦、古埃及、古罗马、古希腊等文明古国。正如英国学者托兰纳利在《保险起源及早期历史》一书中所指出的："保险思想发源于古巴比伦，后来传至腓尼基，再传入希腊。"〔1〕

在公元前1700多年的古巴比伦《汉谟拉比法典》中，已经认可了当时商事活动免责的习惯，规定沙马鲁（即当时的普通行商或称游走推销人，他们为资本雄厚的坐庄大商人"塔木卡"

〔1〕参见张洪涛、郑功成主编：《保险学》，中国人民大学出版社2000年版，第27页。

服务，为他们销售货物并分享利润）在途中如果马匹或者骆驼死亡、货物被盗贼抢劫或者发生其他损失，经宣誓并无纵容或过失后，可免除其个人的责任，而由商队全体给予补偿。这样就分散了风险，这种做法后来传到了腓尼基及其他商业发达地区，并扩大了适用范围，使其通用于航海过程中的货物损失，成为人们最初以信用基础分担货物运输风险的一种习惯做法。这种习惯被公元前916年《罗地安海商法》所采用，〔1〕就是著名的“共同海损”原则，这一原则体现了损失分担的基本原理，至今仍为各国海商法所采用。〔2〕

西方早期萌芽的保险思想，主要体现的是“人人为我，我为人人”的互助理念，这也正是保险的基本理念。这也是人类社会早期生产能力和抵御风险能力低下的条件下很自然的想法和行为选择。同样的互助行为在古埃及和古罗马可能更早就出现了，但因为不是出现在商业领域，所以更像是社会保障制度的“鼻祖”。例如古埃及石匠中的丧葬互助基金、古罗马军队中的丧葬互助会“格雷基亚”、古希腊政治宗教组织中设置的会员公共基金“公共柜”等。

（二）我国古代的保险思想

我国古代一直以农为本，积谷防饥、赈灾济荒是自然的选择，其早期保险思想的萌芽与西方不同，其理念之重点不在于“互助”而是“后备”。在古代文献中有大量关于“后备”思想的记载。例如，据《逸周书·文传解》记载，早在夏朝后期，就有“天有四殃，水旱饥荒，其至无时，非务积聚，何以备

〔1〕《罗地安海商法》规定，凡因减轻船舶载重而投弃入海的货物，如为全体利益而损失的，应由全体受益方分摊。

〔2〕参见覃有土主编：《保险法》，北京大学出版社1998年版，第20~21页；张洪涛、郑功成主编：《保险学》，中国人民大学出版社2000年版，第28页；［日］园乾治：《保险总论》，李进之译，中国金融出版社1983年版，第47页。

之?”之说，其中“夏箴”还记载：“小人无兼年之食，遇天饥，妻子非其有也；大夫无兼年之食，遇天饥，臣妾舆马非其有也；国无兼年之食，遇天饥，百姓非其有也。”《论语》中也记有孔子“耕三余一”的思想。[1]这些文献的记载说明当时人们已经认识到自然灾害的发生难以预料，需要注重储粮备荒。

在历代思想家、政治家的倡导下，各种仓储制度应运而生。周朝已建立各级后备仓储，战国以后逐步形成一套仓储制度，魏有“御廪”，韩有“敖仓”，汉朝有官府大规模兴建备荒用的“常平仓”，隋唐时期设有“义仓”，宋明时期民间出现“社仓”(是一种小型民间互助组织)。这些仓储粮食由庶民缴纳，供灾荒之年赈济之用。[2]

我国古代仓储制度体现的“后备”思想，严格来说并非现今保险的理念，而是社会保障的理念，更为贴近现今保险理念核心的是西方的“互助”思想。这与社会的经济形态密切相关，在农业社会里，灾害的发生往往具有范围上的普遍性，大家一起受灾，互助难以实施，唯有依靠储备，才可对抗灾年。而在商业社会中，损失发生往往是个别的事件，互助是应对风险的最好方法，这也是近现代保险最早产生于西方商业社会的根本原因。

古代的各种互助或者后备的实践，其理念和作用虽然类似现代的保险，但因为没有科学计算作为数理基础，也未形成特定的行业和经营规模，只是保险制度的萌芽而已。

二、近代保险制度的形成

真正意义上的保险制度形成于近代，是资本主义时代商品

〔1〕 参见中国保险学会、《中国保险史》编委会编：《中国保险史》，中国金融出版社1998年版，第2页。

〔2〕 参见中国保险学会、《中国保险史》编委会编：《中国保险史》，中国金融出版社1998年版，第3页。

经济大发展的产物。在保险制度形成过程中，财产保险先于人身保险形成，海上保险先于陆上保险形成。

（一）海上保险的起源

海上保险是各类保险中发展最早的一种，这与海上贸易的发展和海上危险性较大是分不开的。近现代财产保险制度始于海上保险，为世人所公认。

但是，关于海上保险的起源问题，至今仍是众说纷纭，大体分为三种学说：

1. 共同海损说。所谓共同海损，是指在海上，凡是因为共同利益而遭受的损失，应由得益方共同分摊。这个原则来源于实践，早在公元前2000年，地中海已有广泛的海上贸易活动，由于当时船舶构造简单，抵御海上风浪的能力十分单薄，航海被认为是一种具有很大冒险性的活动。而要使船舶在海上遭遇风浪时不至于沉没，最有效的抢救措施就是抛弃船上的部分货物，以减轻船的重量，求得平安。为了使被抛弃货物的商人能获得补偿，当时地中海一带的商人都遵循这样一个原则："一人为众，众为一人"。这个原则，在公元前916年被《罗地安海商法》正式采用，并明文规定："凡因减轻船只载重投弃入海的货物，如为全体利益而损失的，须由全体分摊。"这条著名的"共同海损"原则，一直沿用到今天。对此学说，有学者提出不同意见，认为海上保险应该是共同海损的补偿，而不是简单的分摊行为。[1]

2. 海上借贷说。许多保险学家认为"海上借贷"是海上保险的雏形。海上借贷，是船东货主以船舶或货物作为抵押来借款的一种制度。在起航前向有钱人融资，签订合同，如果遭遇

---

〔1〕 参见覃有土主编：《保险法概论》，北京大学出版社1993年版，第34页。

灾难，则按照损失免除相应债务（部分或全部），如安全到达，则还本付息，但利息很高〔1〕，高于一般利息的部分称为“溢价”，其作用是付给出借人承担航程风险的代价，这就是最早形式的海上保险费。〔2〕赞成这种学说的学者比较多。

3. 无偿借贷说。后来海上借贷发展为无偿借贷制度，又称“假装借贷”。无偿借贷，与海上借贷的次序相反，在起航前，由航海贸易商人借款给“有钱人”，如果船舶或货物遭遇海难，则由“有钱人”承担赔偿损失的责任；如果安全到达，则不需要偿还借款（借款在这里相当于保险费）。这与现代海上保险的含义更为接近。“有钱人”相当于保险公司，船主或货主（贸易商）相当于被保险人。

（二）海上保险的形成

一般认为，近现代保险制度始于14世纪的海上保险，其发源地为当时海上贸易最为发达的意大利北部地中海沿岸各城市。

意大利成为海上保险的发源地，有两个原因：其一是地理优势；其二与十字军东征有关。在中世纪，欧洲最富庶的国家是东罗马帝国（也称为拜占庭帝国），其首都拜占庭位于欧亚大陆交界处，是黑海的交通要道，控制着地中海的商路，海上贸易十分发达，是意大利商业上的劲敌。11世纪末，罗马教皇乌尔班二世煽动十字军东征，意大利在第一次东征以后，控制了叙利亚和巴勒斯坦的贸易，他们不但从战争中获得了丰富的战利品，而且还分得了被占领土地三分之一的拥有权。紧接着，意大利又发起了第二次、第三次的十字军东征。在第四次十字

〔1〕 说明：海上借贷的利息通常高达本金的36%，由于利息过高，在公元533年，罗马皇帝对此进行限制，规定利率为12%，而当时普通的贷款利息只有6%左右。到公元1230年，这种高息贷款被罗马教皇九世格雷戈里禁止。

〔2〕 参见［日］园乾治：《保险总论》，李进之译，中国金融出版社1983年版，第69页。

军东征的时候，有一位威尼斯商人用金钱和花言巧语，鼓动和怂恿十字军改变了原计划进攻埃及的军事路线，掉转头攻占了东罗马帝国首都拜占庭，从而消除了意大利商业上的劲敌。

从此，意大利各城邦的商人控制了东方与欧洲的中介贸易，他们所到之处，均推行海上保险，而且海上保险业务只在意大利商人之间展开。意大利成为当时世界银行、商业、保险的中心。这个时期，意大利在海上保险行业中独领风骚。

英国海上保险的形成，对近现代保险制度的确立和发展具有重要意义。归功于美洲新大陆的发现，英国的对外贸易迅速发展。善于经商的意大利伦巴弟人开始移居英国，并逐步控制了伦敦的金融市场，因此海上保险的中心也随之转移到了英国。现今伦敦保险中心伦巴弟街就是因为当时大批伦巴弟商人移居此处而得名。1601 年，英国女王伊丽莎白一世颁布了有关保险的法律。1720 年成立的英国皇家交易保险公司和伦敦保险公司，在向英国政府捐献了 60 万英镑以后，取得了专营海上保险的特权。这两家公司一度独揽英国全国的保险业务。17 至 19 世纪，英国的海上保险一直雄踞世界第一。

值得一提的是，在这个时期，当今最大的保险垄断组织——劳合社（劳埃德保险社的简称）诞生了。劳合社的前身是一家咖啡馆，1688 年，爱德华 · 劳埃德在英国伦敦泰晤士河畔开设了一家咖啡馆。它临近海关和海务局，许多船主、船员、商人、银行老板和高利贷者是这里的常客，在这里聊天、聚会、办理业务。劳埃德注意到，他的客人们最关心的是海运消息，可靠的消息对这些商人来讲可谓是无价之宝。于是劳埃德为了招揽顾客，便创办了小报《劳埃德新闻》，着重报道商人们感兴趣的海事航运和拍卖船舶的消息。劳埃德因此名声远扬，其咖啡店成了英国海上保险的“信息中心”。到了 1771 年，由 79 名保险商人联合组织成立了一个海上保险团体——劳合社保险人协会，简称“劳合社”。1871 年劳合社取得法人资格，成为了英国海上保险的中心。

劳合社是世界保险市场中的一个特殊现象。它不是一个保险公司，而是一个保险人和保险经纪人的联合组织，更确切地说，它本身就是一个保险市场。它与纽约证券交易所相似，只是向其成员提供交易场所和有关方面的服务，本身并不接受保险业务。劳合社的信誉是在长期的业务经营中确立起来的，其成员众多，承保能力巨大，几乎已经达到无所不保的程度。

（三）火灾保险的形成

继海上保险之后形成的是火灾保险。火灾保险是陆上财产保险的重要组成部分。从中世纪起，欧洲的一些手工业行会内已经存在火灾互助组织，较有影响的是德国汉堡市酿造业中成立的火灾合作社。

现代的火灾保险起源于英国的火灾保险制度。可以说，促成英国创办火灾保险制度的是 1666 年 9 月 2 日发生的伦敦大火事件。是日，伦敦皇家面包店起火失控，连续烧了五昼夜，烧毁了全市 85%的房屋，13 200 多户住宅付之一炬，20 多万人无家可归，损失巨大。[1]这场大火，使世人大为震惊，火灾保险的思想也由此深入人心。

第二年，英国伦敦医学博士、牙医尼古拉·巴蓬创办了火灾保险社。1680 年，他创办了世界上第一家火灾保险公司。[2]按照房屋危险情形分类收取保险费，这是当今火险差别费率的起源。值得一提的是，巴蓬在首创火灾保险公司的同时，还创

〔1〕 参见孙积禄、杨勤活、强力编著：《保险法原理》，中国政法大学出版社 1993 年版，第 38 页。

〔2〕 参见覃有土主编：《保险法》，北京大学出版社 1998 年版，第 25 页。

办了伦敦有史以来第一支由保险公司控制的消防队。到19世纪，火灾保险制度得到进一步的完善。

(四) 人身保险的形成

以人身年金保险创始人而闻名于世的当属意大利的洛伦佐·佟蒂，他在1656年起草完成了“联合养老保险法”（简称“佟蒂法”）。30年后的1689年，法国国王路易十四为解决财政困难推行“佟蒂法”获得巨大成功。

使人身保险制度建立在科学基础之上的，是英国的数学家和天文学家埃德蒙·哈雷，他在1693年以西里西亚的布勒斯劳市的市民死亡统计为基础，制成了第一张人口死亡表，精确地表示了每年人口的死亡率，这使得年金价格的计算更为精确。[1]这是保险基础理论研究方面取得的突破性成果，使后人可以运用概率论和数理统计的科学方法经营人身保险，从而推动了人身保险向更为广阔的领域发展。

之后对死亡率研究的人日益增多，其中比较有代表性的是英国的多德森和辛普森。这两人因主张相同而于1762年创办了相互保险组织“公平人寿保险公司”，简称“老公平”。人们普遍认为比较完整的近现代人身保险制度，始于1762年由英国的多德森和辛普森创办的伦敦“老公平”。[2]

人身保险发展的道路比较曲折，其当初是被人们所怀疑的，认为这不是拿生命赌博吗？法国、荷兰都曾禁止过人身保险。直到第一次世界大战以后，人身保险才得以迅速发展。

(五) 责任保险的形成

相对于已有六百多年历史的海上保险，责任保险的历史并不算十分久远，大致只有一百多年。责任保险是以被保险人对

---

〔1〕 参见覃有土主编：《保险法概论》，北京大学出版社1993年版，第39页。

〔2〕 参见覃有土主编：《保险法概论》，北京大学出版社1993年版，第40页。

第三人的赔偿责任为保险标的的保险，它的产生是社会文明进步，特别是法制完善的结果。

按大陆法系国家的通说，责任保险始创于法国，认为在19世纪初期颁布《拿破仑法典》并规定有赔偿责任后，法国首先开办了责任保险，德国随后仿效法国也开办了责任保险，英国在1857年开始办理责任保险业务，美国的责任保险制度则产生于1887年后。〔1〕也有学者认为，19世纪初，法国《拿破仑法典》中有关责任赔偿的规定为责任保险的产生提供了法律基础。1855年，英国率先开办了铁路承运人责任保险。此后，责任保险日益引起人们的重视。1870年，保险商开始对因爆炸造成的第三者财产损毁和生命伤害提供赔偿。〔2〕

在普通法系国家，英国责任保险的产生较早，发展也较为迅速。沃顿（Warden）保险公司在1875年签发了第一张有记载的公众责任保险单。〔3〕具有重要意义的是雇主责任保险，可以说雇主责任保险是工业革命的产物。1880年英国颁布《雇主责任法》时，就有专门的雇主责任保险公司，承保雇主在经营过程中因过失使雇员遭受伤害时所应承担的赔偿责任。1886年英国人在美国开设雇主责任保险公司，由此美国的责任保险制度开始建立。此后，雇主责任保险在英国、美国等西方国家获得了发展。西方国家的保险人对其他各种责任保险也开始以附加责任的方式承保，并逐渐以新险种的形式出现和发展。如承包人责任保险始于1886年，制造业责任保险始于1892年，医生职业责任保险始于1890～1900年之间，航空责任保险始于1919

〔1〕参见袁宗蔚：《保险学》，合作经济月刊社1981年版，第354页。

〔2〕参见张洪涛、郑功成主编：《保险学》，中国人民大学出版社2000年版，第37页。

〔3〕W. I. B. Enright, Professional Indemnity Insurance Law, Sweet & Maxwell, 1996, p. 83. 转引自邹海林：《责任保险论》，法律出版社1999年版，第46页。

年，会计师责任保险始于1923年。目前，绝大多数国家采取强制手段并以法定方式承保的汽车责任保险，始于19世纪末，并与工业保险一起成为近代保险与现代保险分界的重要标志。〔1〕在汽车发明以前，就有一种保险单专门承保因使用马车引起的赔偿责任。19世纪末，汽车诞生后，汽车责任保险随之产生。最早的汽车保险是1895年由英国一家保险公司推出的汽车第三者责任保险。1898年，美国开办了这项业务。进入20世纪后，汽车第三者责任保险得到了极大发展，时至今日它已经成为责任保险市场最主要的业务之一。〔2〕

美国学者所罗门·许布纳认为，"责任保险是'意外伤害保险'领域中的重要组成部分。早期这一领域内的保险主要是牲畜、人身事故以及锅炉与机器保险。第一份责任保险保单可以追溯到19世纪后期。保护雇主不受受害雇员责任索赔损害的保单就是最早的责任保单之一。在临近20世纪之前，保险人签发了第一张汽车责任保单。该保单严格地遵循了用于承保使用马匹所产生责任的保单格式。"〔3〕而"保护企业的责任保单大约产生于1890年。产品责任保险也随后于1910年出现。随着员工赔偿法律于1911年和1912年制定，法律要求雇主必须对雇员承担一定的责任，承保上述法定责任的保单也因而开始出现。"〔4〕

总之，西方保险界认为，保险业的发展可以划分为三个大

〔1〕参见张洪涛、郑功成主编:《保险学》，中国人民大学出版社2000年版，第312~313页。

〔2〕参见张洪涛、郑功成主编:《保险学》，中国人民大学出版社2000年版，第37页。

〔3〕参见［美］所罗门·许布纳等:《财产和责任保险》，陈欣总校，陈欣等译，中国人民大学出版社2002年版，第384页。

〔4〕参见［美］所罗门·许布纳等:《财产和责任保险》，陈欣总校，陈欣等译，中国人民大学出版社2002年版，第384页。

的发展阶段：第一阶段是传统的海上保险和火灾保险；第二阶段是人寿保险；而第三阶段是责任保险。保险业由承保物质利益扩展到承保人身风险后，必然会扩展到承保各种法律风险，这是被西方保险业发展历史证明了的客观规律。

第二节　保险法的产生与发展

马克思曾指出："先有交易，后来才由交易发展成为法律。"保险的产生与发展也一样，先是个别的行为，逐渐再形成一种经济制度，当这种制度固化成型并产生广泛影响的时候，相应的法律便自然产生了。

一、保险法的起源

大多数学者认为，保险立法起源于海上保险。随着海上保险的发展，纠纷增多，就产生了对立法的要求。但对于到底哪部法是最早的海上保险立法，众说纷纭，未有定论。

有人认为，公元前 916 年的《罗地安海商法》是保险法的起源。公元前 10 世纪前后，是海上贸易兴起的时代，居住在罗地安岛附近爱琴海沿岸的古希腊人和地中海东岸的腓尼基人海上贸易较为活跃，在此诞生了世界上最早的海商法。有人认为，中世纪的意大利是早期海上保险立法的发源地，最早的保险立法是意大利的康索拉都海事法例。[1]也有人认为，1369 年的热那亚法令是保险法的起源。[2]

〔1〕 参见桂裕：《保险法论》，三民书局 1981 年版，第 3 页。

〔2〕 参见《中国大百科全书·法学卷》，中国大百科全书出版社 1986 年版，第 12 页。

多数学者主张，1435 年巴塞罗那法令才是最早的海上保险法，[1]也是世界上最早的保险法典，它规定了有关海上保险承保规则和损害赔偿手续等内容，而且这部法典一度成为之后各国海上保险法所效仿的蓝本。

二、英美法系的保险立法

（一）英国的海上保险立法

尽管对于保险法的起源争论不休，但学界一般认为，真正意义的保险法产生于 14 世纪之后。可以说中世纪的意大利是早期海上保险立法的发源地，但保险立法真正成熟和完善，却是在英国。

英国是保险发源的国家之一，是保险立法上的“大器晚成”者，其保险立法对世界各国影响较大。从 1756 年至 1778 年，英国首席法官曼斯菲尔德大量搜集整理欧洲各国的海上保险案例及国际习惯，编定了海上保险法草案，并作出了一些著名的判例，这为以后英国的保险立法打下了基础。

1906 年，英国颁布《海上保险法》，并将劳合社制定的保单规定为标准保单。这部法律内容全面、体系严密、定义精确，被视为海上保险法的范本，是对各国海上保险立法影响最大的一部法律，是保险立法真正成熟和完善的标志。另外，在保险业法方面，1958 年英国的《保险公司法》也占有一定的地位。

（二）美国的保险立法

与英国不同，美国有关保险的法律是由各州自行制定的。自 19 世纪后半期以来，美国各州纷纷颁布保险法。但美国各州的保险法多以保险业法为中心，保险合同法则一般依赖于判例

---

〔1〕 参见覃有土主编：《保险法》，北京大学出版社 1998 年版，第 34 页；李玉泉：《保险法》，法律出版社 2003 年版，第 27 页。

法或者直接适用一般合同法规范。

纽约州的保险法被认为是美国最为完备的一部保险法，该法颁布于1892年，在1939年作了修订，共计有18章631条。其内容主要包括保险监管机构及其职责，保险公司的设立、撤销、合并及其资产运用的管制，保险代理人和保险经纪人的许可和撤销，保险费及保险费率精算机构的规制以及保险监管的方式等。[1]

三、大陆法系国家的保险立法

（一）法国的保险立法

1681年，法国国王路易十四颁布了《海事敕令》，这是一部海商法，第六章中规定了海上保险的内容。这是之后各国把海上保险法置于海商法中的始源。此后，这些规定被收进1807年的《法国商法典》中。

法国的陆上保险，适用其《法国民法典》及1930年颁布实施的《保险合同法》。法国1930年《保险合同法》共4章86条，其内容包括：保险的一般规定、损害保险的规定、人身保险的规定以及有关程序的规定。在保险业法方面，法国1905年颁布了《人寿保险事业监督法》。

1976年，法国颁布了统一的《保险法典》，将有关保险的法律、规定、政令编纂在一起。该法典分为法律、规定、政令三个部分，每一部分又分为五章：第一章为保险合同；第二章为强制保险；第三章为保险公司；第四章为保险特有的机制；第五章为一般代理和中间商。[2]此后，该法典分别在1983年和

---

〔1〕 参见梁宇贤：《保险法新论》（修订新版），中国人民大学出版社2004年版，第6~7页。

〔2〕 参见温世扬主编：《保险法》，法律出版社2003年版，第29页。

1997 年作了修订。

(二) 德国的保险立法

德国最早的保险立法，始于海上保险，是 1731 年颁布的汉堡《海损及保险条例》。1900 年施行的《德国商法典》，其中，第四编“海商法”的第十章中，对海上保险作出了具体规定。

德国的陆上保险适用《保险合同法》，该法颁布于 1908 年。该法共 5 章，分别为：通则；损害保险；人寿保险；伤害保险；附则。随着社会经济情况的发展和变化，以及 1994 年欧盟保险市场一体化后欧盟指令对修法的压力，《保险合同法》修订成为紧迫的任务。

德国 2008 年颁布了新的《保险合同法》，该法分为 3 编共计 215 条：第一编为总则，含 2 章 99 条，其中第一章为有关全部保险领域的规定，第二章为损害保险；第二编为各个保险种类，含 8 章 109 条，各章依次为责任保险、法律费用保险、运输保险、建筑物火灾保险、生命保险、职业失能保险、意外伤害保险、医疗保险；第三编为附则，含 7 条，未分章节。[1]

对于保险业的监督，德国 1901 年制定了《民营保险业法》，1931 年颁布了《再保险监督条例》。现行保险业法是 1993 年制定并于 1995 年、2000 年、2007 年修订的《保险业监管法》。[2]

(三) 日本的保险立法

明治维新之后，日本从西方引进了保险制度，东京海上保险公司是日本的第一家保险公司。日本是世界上最大的保险王国之一，保险业是日本国民经济的重要支柱。在 20 世纪末，其保险费收入规模以及人均保险费支出一度超过美国，成为世界

---

〔1〕 参见任自力：“德国 2008 年《保险合同法》变革透视”，载《政法论丛》2010 年第 5 期。

〔2〕 参见范健、王建文、张莉莉：《保险法》，法律出版社 2017 年版，第 41 页。

第一。〔1〕

日本有关陆上保险和海上保险的内容规定在1899年的《日本商法典》（2001年修订）中，其第三编“商行为”中第十章“保险”规定了陆上保险合同，分为损害保险和生命保险两节，共计55条；其第四编“海商”中第六章“保险”规定了海上保险，共计27条。

2008年日本颁布了《保险法》，将《日本商法典》中关于保险合同法的内容独立出来单独立法。日本《保险法》分为5章共计102条，依次为：第一章，总则；第二章，损害保险；第三章，生命保险；第四章，伤害疾病定额保险；第五章，杂则及附则。该法借鉴了德国《保险合同法》的立法经验，一改之前保险法定分类的两分法，将保险分为三大类：损害保险、生命保险和伤害保险。〔2〕

日本在1900年颁布《保险业法》，该法于1939年重新颁布。1995年，日本将《保险业法》《保险展业法》《外国保险公司法》合并，制定了新的《保险业法》，并于1996年颁布了《保险业法实施条例》。

第三节 我国的保险业与保险立法

一、我国民间举办的特殊保险形式

清朝中后期，随着商业的发展，我国在商业运输领域也产生了一些类似于互助保险的做法。有记载的主要有：

---

〔1〕 参见沙银华：《日本经典保险判例评释》，法律出版社2002年版，序言第2页。

〔2〕 参见范健、王建文、张莉莉：《保险法》，法律出版社2017年版，第45页。

（一）川江盐运税

四川盛产食盐，依靠船运外销，川江滩多水急，多有触礁淹损事故发生。为解决意外损失的补偿，官盐以税收提款自保，商盐随盐代征商本税。据《盐法制》记载，在光绪五年（1879年），四川总督丁宝桢为整顿盐政，在给光绪皇帝的奏折中写道："……仿照商规仍于成本内摊收护本一款，以为船只疏失沉溺另行补运之费……"无论是官盐的"提款自保"还是商盐的"代征商本税"，都类似货物运输保险收取保险费而积累资金的做法，而当官、商盐损失以后，则免费补配盐斤，又类似于保险赔偿。[1]

（二）东北艚船会

经营船舶运输的，多为沿海沿江河的居民，常年水上劳作，风险很大，一旦遭遇水险或匪盗抢劫，就会倾家荡产。因此，船户们便组织起艚船会的互助组织。据《奉天通志》转引《东北年鉴》记载："艚船之水运业者，多山东、天津及沿海土民所经营，因浮家泛宅，生活危险，一朝遇难，家业荡然。固由同乡船户组织船会以为互助。据船会规则，各种帆船、小艇均须缴纳会费，由船会存储生息，以便船只遇难时由公费救济。"可见，艚船会是带有保险性质的互助组织，体现了分散风险、损失分摊的保险原理。[2]

（三）西南"麻乡约"

据四川省志·交通志编写组编写的《西南民间运输巨擘"麻乡约"》记载，"麻乡约"是在清末民初活跃在我国云南、

〔1〕参见中国保险学会、《中国保险史》编委会编：《中国保险史》，中国金融出版社1998年版，第9页。

〔2〕参见中国保险学会、《中国保险史》编委会编：《中国保险史》，中国金融出版社1998年版，第9~10页。

贵州、四川一带的一大民间运输组织。它的全称是“麻乡约大帮信轿行”，经营客运业务，后又扩展组织增设货运、邮递信件和汇兑业务，在这些业务中，都实行约定的损失赔偿责任制，对旅客摔伤、轿夫拐逃、偷窃、盗卖、遗失、损坏等依约赔偿，在一定程度上体现了经济补偿的职能。〔1〕

二、旧中国的保险业与保险立法

（一）外国保险业的渗入

清朝后期，广州是我国对外贸易的“桥头堡”，一些外国商人开始在通商口岸开办海运船只和货物的保险业务。1805 年，英商在广州首设广东保险行（也译“谏当保安行”）。1840 年鸦片战争以后，英商又在上海、香港等地开设永福、扬子、保宁、香港、太阳等保险公司，垄断了中国的保险市场。

（二）民族保险业的创立

我国民族保险业的兴起，缘由外商保险的垄断及其对华商的欺压。中国人开始自办保险是适应航运业发展的需要，也是抵制外商保险公司控制的重要举措。当时，洋务运动的推行，民族资本兴办工商企业，一批现代化工矿企业的兴起，客观上产生了对民族保险业的需求。〔2〕

第一家民族保险公司是 1865 年的上海义和公司保险行，但由于经验不足，成立不久就倒闭了。而后，在清政府的支持下，洋务派于 1873 年在上海设立了“官督商办”的轮船招商局开展航运业务，当为轮船投保时，外商保险公司向招商局收取近乎

〔1〕 参见中国保险学会、《中国保险史》编委会编：《中国保险史》，中国金融出版社 1998 年版，第 12~13 页。

〔2〕 参见中国保险学会、《中国保险史》编委会编：《中国保险史》，中国金融出版社 1998 年版，第54 页。

敲诈的高额保费。李鸿章意识到，欲求富国自强，“须华商自立公司，自建行栈，自筹保险”。1875 年 12 月，李鸿章在上海创设“保险招商局”。此后，保险业务从水险到火险不断发展，1876 年上海仁和保险公司创设，1878 年上海济和船栈保险局设立。1886 年，仁和与济和两家公司合并为仁济和水火保险公司。[1]

为与外商保险的垄断势力对抗，1907 年 9 家华商保险公司组织成立了华商火险公会，这是最早的华商保险同业公会。

（三）民族保险业的发展

1914 年，第一次世界大战爆发，西方帝国主义自顾不暇，这个时期是我国民族资本发展的“黄金时期”。在民族工商业迅速发展的同时，民族保险业也相继在上海、广州和香港等地兴起，一批华商保险公司纷纷成立。

从 1912 年到 1925 年，陆续设立的华商保险公司有上海康年保寿、华安合群保寿、永宁水火、永安水火等共计 39 家，其中，经营寿险的有 19 家。1912 年设立的上海华安合群人寿保险公司业务发展迅速，经营效益显著，成为与外商寿险公司相抗衡的著名华商寿险公司。[2]

1926 年以后，出现银行业相继投资于保险业的新趋势，由官办或以官方股份为主的银行投资的保险公司主要有：中国银行于 1931 年创办的中国保险公司；交通等多家银行于 1933 年创办的太平保险集团；中央信托局于 1935 年设立的中信保险部；中国农业银行于 1943 年设立的中农保险事务所等。

这个时期我国民族保险业的发展，其特点主要有：（1）保

---

〔1〕 参见范健、王建文、张莉莉：《保险法》，法律出版社 2017 年版，第 22 页。

〔2〕 参见中国保险学会、《中国保险史》编委会编：《中国保险史》，中国金融出版社 1998 年版，第 71~72 页。

险业由早期的私人资本投资逐步转变为金融资本投资，既有民营银行又有官僚资本银行；（2）保险机构由上海等地延伸到其他口岸和内地商埠，香港、广州、广东番禺、天津、汉口、杭州、浙江兰溪、江苏江浦、福建莆田等地均有开办保险公司；（3）保险业务由国内扩展到国外，很多公司在泰国、新加坡、马来西亚、印度尼西亚等地设立分支机构，在英国、美国、日本等地设有代理处；（4）保险公司间出现多样的组合方式，进行集团化的联合经营管理；（5）出现大量保险经纪人和保险公估人，并发挥市场服务作用；（6）成立保险同业公会，出现早期的行业自律。

（四）旧中国的保险立法

我国的保险立法，最早可以溯及清末制订的《保险业章程草案》（1910 年）和《大清商律草案》（1911 年）。《保险业章程草案》分为 7 章，共计 105 条。《大清商律草案》在其“商行为”编中设有损害保险和生命保险两章，共计 57 条，但这两部法律并未施行。

1912 年中华民国成立后，北洋政府法律馆曾组织拟订《保险契约法草案》（共计 4 章 109 条）和《保险业法案》（共计 42 条），后因北洋政府的解体，法案迄未公布。

1927 年国民政府在南京成立后，于 1929 年公布了《保险法》（共计 3 章 82 条，1937 年修订增加至 98 条）；1929 年公布了《海商法》，规定了海上保险；1937 年公布了《保险业法》（共计 7 章 80 条）和《保险业法施行法》（共计 19 条）。

三、新中国保险业与保险立法

（一）新中国保险业的发展

中华人民共和国成立后，保险业的发展大致可分为三个阶段：

第一阶段是 1949 年至 1958 年间的 10 年。1949 年 10 月 20 日，中国人民保险公司在北京成立，标志着新中国统一的国家保险机构的诞生。这一阶段的主题有两个：一是整顿和改造旧的保险市场，因为新中国成立前上海是我国保险市场的中心，所以整顿工作以上海为重点。通过整顿和改造，我们接收了官僚资本的保险公司，对私营保险公司进行公私合营，且使外商保险公司全部撤出。二是照搬苏联的做法，全面推行强制保险。先后颁布了《财产强制保险条例》等十多个有关保险的法规，规定对国家机关、国营企业和县以上（在城市为区以上）合作社的财产以及在国内搭乘火车、轮船、飞机的旅客实行强制保险；在涉外保险方面，则规定有进出口货物运输保险、远洋船舶保险、国际航线的飞机保险以及国际再保险等。

第二阶段是 1959 年至 1978 年间的 20 年。这个阶段是我国保险业全面停滞时期，主题只有一个：停办。1958 年 10 月，全国财贸工作会议决定停办国内保险业务，除了保留轮船、火车、飞机对旅客的强制保险外，国内保险陷于停顿，涉外保险也大大压缩。

第三阶段是 1979 年至今的 40 年。国务院于 1979 年批准恢复国内保险业，保险业得以逐步恢复。进入 20 世纪 80 年代后期，一个显著的变化就是改变了过去由中国人民保险公司独家垄断经营国内保险业务的状况，相继成立了中国平安保险公司（1988 年 3 月）、中国太平洋保险公司（1991 年 4 月）等股份制的保险公司。随着改革开放进程的推进，至今我国国内已经有近 200 家保险企业，保险业得以迅速发展。从保险费收入上看，我国已经跻身前三甲，成为世界保险大国。

（二）新中国的保险立法

新中国成立后的前 10 年，主要颁布的是有关强制保险的法规。1951 年 2 月 3 日，根据中央人民政府政务院通过的《关于实行国家机关、国营企业、合作社财产强制保险及旅客强制保险的决定》，颁布了《财产强制保险条例》《铁路车辆强制保险条例》《船舶强制保险条例》《铁路、轮船、飞机旅客意外伤害强制保险条例》等保险条例。1959 年至 1978 年间的 20 年，国内保险停办，保险立法也停顿。

在 1979 年之后，随着保险业的逐步恢复，保险立法也得到加强。1981 年颁布的《经济合同法》中，对财产保险合同作了原则性的规定。1983 年国务院颁布《财产保险合同条例》，共 5 章，共计 23 条。该条例是根据《经济合同法》而制定的，实质上是《经济合同法》关于财产保险合同的实施细则。1985 年国务院颁布《保险企业管理暂行条例》，共 6 章，共计 25 条。

1992 年 11 月 7 日，第七届全国人民代表大会常务委员会第二十八次会议通过的《中华人民共和国海商法》（以下简称《海商法》），其第十二章规定了海上保险的内容，分 6 节，共计 41 条。

1995 年 6 月 30 日，第八届全国人大常委会第十四次会议通过了《保险法》，该法采用保险合同法与保险业法合二为一的立法体例，共 8 章，即总则、保险合同、保险公司、保险经营规则、保险业的监督管理、保险代理人和保险经纪人、法律责任和附则，共计 152 条，同年 10 月 1 日起施行。之后，该法分别于 2002 年 10 月 28 日、2009 年 2 月 28 日、2014 年 8 月 31 日、2015 年 4 月 24 日进行了四次修改，现仍为 8 章，共 185 条。

此外，国务院及其保险监督管理机构还依法制定并颁布了有关保险和保险业监督管理的法规和规章，最高人民法院也先后颁布了几个关于适用《保险法》的司法解释。

第三章 保险法概述

第一节 保险法的基本问题

一、保险法的调整对象

保险法，广义指一切以保险关系为调整对象的法律规范的总称，包括保险业法、保险合同法、保险特别法，有的学者认为还包括社会保险法。狭义的保险法仅指保险业法和保险合同法。在西方国家，广义保险法包括保险公法和保险私法，狭义保险法指保险私法。

保险法的调整对象是保险关系，从广义保险法来看，所谓保险关系主要包括以下几种关系：

(1) 保险合同关系，即投保方与保险公司之间的保险合同关系。

(2) 保险中介关系，包括投保方与保险经纪人、保险公估人的委托合同关系，以及保险公司与保险代理人的代理关系，保险公司与保险经纪人、保险公估人的委托合同关系等。

(3) 投保方内部关系，即投保人、被保险人、受益人之间的权利义务关系。

（4）保险机构内部关系，如保险公司与其分支机构的关系。

（5）保险机构之间的合作和竞争关系，如再保险、公平竞争等关系。

（6）保险监管机构对保险市场以及市场主体的组织活动和经营活动的监督管理关系。

上述几种关系，大致可以分为两种性质：一是保险交易关系，二是保险监管关系。前者主要由保险合同法调整，后者主要由保险业法调整。

二、保险法的内容体系

保险法的内容大体包括：

（一）保险合同法

保险合同法是保险法的核心内容，主要规定保险合同当事人、关系人的法定权利和义务，规定保险合同的基本原则以及保险合同的订立、效力、履行、争议处理、中止、变更、转让、解除、终止等规则。

（二）保险特别法

所谓保险特别法是基于保险合同法的特别法，指在保险合同法之外的其他民商法中，调整某一种特别保险关系的法律规范，例如《海商法》中关于海上保险的规定，《道路交通安全法》授权国务院颁布的《机动车交通事故责任强制保险条例》中关于机动车交通事故责任强制保险的规定等。

（三）保险业法

保险业法，是调整国家对保险市场以及市场主体的组织和经营活动进行监管关系的法律规范的总称。从各国保险业立法实践来看，一般都涉及保险机构的组织和经营规则以及国家保险监管体制和监管形式等内容，而这些内容往往是保险行业特有或具有保险行业特点的，并带有鲜明的国家干预色彩的“行规”。因此，所谓保险业法，实为保险行业法或保险行业管理法，是保险企业组织法、保险企业经营法和保险市场管理法的有机结合。[1]

保险业法内容丰富，主要由以下四个部分构成：

1. 保险监管法，主要规定保险监管体制、监管内容、监管方式等。

2. 保险组织法，也称保险企业法，主要规定保险企业的组织形式以及设立、变更、终止的条件和程序等方面的内容。

3. 保险经营法，即保险企业的经营规则，主要规定保险企业的业务范围、偿付能力、经营风险、资金运用和行为规范等方面的内容。

4. 保险中介人法，也称保险辅助人法，主要规定保险代理人、保险经纪人和保险公估人的种类、资格及其行为规则等方面的内容。

三、保险法的性质和地位

（一）界定保险法性质和地位的难点

探讨保险法的性质和地位，离不开其内容体系的范围划定。如果依照上文所述的保险法的内容体系，对于保险法的性质和地位的界定就显得十分困难。如前所述，保险法所调整的保险关系分为两类：一类是保险交易关系，由保险合同法和保险特别法调整；一类是保险监管关系，由保险业法调整。从调整保险关系的内容以及法律规范性质来看，保险合同法和保险特别法属于私法范畴，而保险业法属于公法范畴。二者分属不同法

---

〔1〕 参见赵旭东主编：《商法学》，高等教育出版社 2015 年版，第 400 页。

域，有着不同的属性，遵循着不同的基本原则和法律方法。因此，对于保险合同法和保险业法统一作出准确的定性和定位几乎是不可能的。

同时，各国对于保险法的立法体例也有很大的不同，有的制定单行法规，有的将其列入商法典，有的将其列入民法典，但大多将保险合同法和保险业法分别立法。不同的是，我国采取将保险合同法与保险业法统一规定在一部保险法典中的立法体例，我国《保险法》中既有保险合同法的内容，也有保险业法的内容。这在形式上又增加了对保险法定性定位的难度，我们既不好说保险业法不是保险法，似乎也不好这样描述：《保险法》中一部分是私法，一部分是公法；一部分是民商法，一部分是经济法或者行政法。

（二）保险合同法的性质和地位

从保险法的立法沿革来看，早期的保险法仅为保险合同法，保险合同法无疑是保险法的应然内容或者至少是保险法的核心内容。之后随着对保险公司的特别规制以及保险监管的需要才产生保险业法，且保险业法的重心逐步聚焦到保险监管上。在大陆法系的典型国家，如法国、德国、日本等，采民商分立的私法立法体例，保险合同法的内容多规定于《商法典》之中，将其定性为商法的内容，属于商事行为法。之后，随着《商法典》的逐步没落和瓦解，一些国家将《商法典》中的公司法、票据法、保险法等剥离出来单独立法，例如 2008 年日本将《商法典》中有关保险合同的规定剥离出来制定了单行的《保险法》。但无论是采用民商合一还是民商分立的立法体例，无论是将保险合同法规定于《商法典》或《民法典》，还是制定单行法，将保险合同法定性于私法、定位为民事特别法应无异议。

（三）保险业法的性质和地位

对于保险业法的性质和地位，可以从以下三个方面来认识：[1]

1. 保险业法的本质属性是管理法。按公法、私法划分的标准，大体上凡规范国家或公共团体为其双方或一方主体者的法律关系，以权力服从关系为其基础者为公法；仅规范私人间或私人团体之间相互关系，以平等关系为其基础者为私法。因此，从这一角度看，保险业法具有公法性质。

而纵观我国保险业法，虽然包含有保险企业组织法、保险企业经营法等市场主体和市场行为法的内容，但均已不仅限于"公法化了的私法"，而体现出强烈的国家干预色彩，且绝大多数的规范为强制性规范。因此，单就保险业法而言，其性质为体现国家干预的管理法或监管法。

2. 保险业法属于保险法范畴。尽管在有的国家，保险业法采单独立法模式[2]，但我们通常仍将其与保险合同法一并视为保险法的不可舍弃的两大主要构成部分。我国现行的保险业法是与保险合同法一并被置于《保险法》中的，是《保险法》的组成部分。

---

〔1〕 参见赵旭东主编：《商法学》，高等教育出版社2015年版，第400~401页。

〔2〕 各国保险业法的立法体例主要有两种模式：一是单行法律法规，即直接以"保险业法""保险公司法""保险业监督管理法"等冠名，与保险合同法分别制定的法律法规。如日本1900年的《保险业法》和英国1958年的《保险公司法》等。我国原保险业立法亦属此例，1985年3月国务院颁布的《保险企业管理暂行条例》，是当时我国唯一对保险企业进行专门规制的立法。二是统一保险法典，即将保险业法和保险合同法作为保险法的重要内容一并规定在保险法典中，以保证法律规范的系统、协调和完整，通常以《保险法》命名。我国现行的《中华人民共和国保险法》即属此例。值得注意的是，无论是采用单行法律法规模式还是采用统一法典模式，随着保险业的迅速发展，新问题的不断涌现，各国往往都不断修改保险业法，或在主法之外制定一些补充性的法规。

3. 保险业法可归于商法范畴。单论保险业法的规范形式，是管理法，似属经济法范畴。如果从其内容来看，保险业法规范的主要内容是保险企业的组织和经营规则，当属特殊的商事主体法。而就其行业性质而论，保险业法又常常被金融界视为与银行业法、证券业法并列的“三驾马车”之一，被纳入金融法范畴。在不同的视角下，保险业法似乎有着不同的归属和身份。

在商法立场上来看，保险业法是保险法不可分割的一部分，而保险法又是传统商法体系中的必然部分，虽然传统商法体系中的保险法是以保险合同法为主的，但将保险业法与保险合同法割裂开来且排除于保险法乃至商法体系之外仍有失妥当。在现代市场经济条件下，国家的“适度干预”无处不在，而国家干预程度的强弱，并不应成为法的归属或判断法的性质的必然标准。在现代社会，商事保险活动仍是一种重要的商事行为，保险企业仍是一种重要的商事主体，因此，保险业法仍应为现代商法的组成部分。

四、保险法的适用

对保险法性质和地位的界定，是准确适用保险法的前提。虽然我们认为保险业法属于保险法的组成部分，并将其纳入商法的范畴，但仍应明确其公法属性。在法律适用上，保险业法与保险合同法要严格界分。具体而言：

（一）保险合同法的适用

因为保险合同法被定位为民事特别法，所以在调整具体的保险合同关系时，优先适用《保险法》中关于保险合同法的规定和最高人民法院关于《保险法》的司法解释的规定，《保险法》或者相关司法解释没有规定的，可适用《合同法》的规定或者其他民事基本法的规定。涉及保险特别法范畴的保险合同关系时，优先适用相关的保险特别法，例如《海商法》《机动车交通事故责任强制保险条例》以及《机动车交通事故责任强制保险条款》[1]等，特别法没有规定的，可以适用《保险法》或者相关司法解释的规定。

在《保险法》没有规定时，是采用法解释学的方法弥补法律漏洞还是直接适用民事一般法的规定？应针对具体问题进行具体考量。需要特别注意的是，行政法规和保险监管机构颁布的部门规章和规范性文件，一般不宜直接作为法院审理保险合同案件的裁判依据。

（二）保险业法的适用

保险业法所调整的主要是政府保险监管机构对保险市场以及市场主体组织活动和经营活动的监督和管理关系，也包括行业自律的有关内容[2]。因此，其内容包括《保险法》中有关保险组织监管、保险经营监管等规定、相关的行政法规以及保险监管机构颁布的部门规章和规范性文件，其本质属性是行业监管法，属于公法范畴。

虽然保险监管机构性质上属于事业单位，但《保险法》明确规定其行使国务院授权的政府职能，因此，保险监管机构与各种保险机构之间的关系是政府监管关系。这与金融市场上的

---

〔1〕 说明：《机动车交通事故责任强制保险条例》虽然属于国务院颁布的行政法规，但由于其是《道路交通安全法》授权国务院制定颁行的，因此，具有与法律同等的效力。《机动车交通事故责任强制保险条款》虽然形式上仅为合同的条款，但由于其是《机动车交通事故责任强制保险条例》的法定配套条款，当事人不得意定改动，实际上具有与《机动车交通事故责任强制保险条例》同等的法律效力。因此，《机动车交通事故责任强制保险条例》和《机动车交通事故责任强制保险条款》均可作为法院的裁判依据。

〔2〕 最新的《保险法》修订案有望增加“保险行业协会”一章，行业自律的规范似乎可归为经济法范畴。

银行监管、证券监管、基金监管等具有相通的法理基础，可以作为特定领域的行政法律关系来看待，因此，行政许可法、行政强制法、行政处罚法、行政诉讼法等行政法往往成为保险业法的上位法。

需要注意的是，虽然保险公司属于特殊种类的公司，公司内部关系以及公司治理的事项可以准用《公司法》的规定，保险公司发行股票、债券也受到《证券法》的规制，保险公司破产也会适用《中华人民共和国企业破产法》（以下简称《企业破产法》）的一些规定，但是一般不宜将保险业法视为《公司法》《证券法》《企业破产法》等商事法的特别法，因为这些内容就不是现代保险业法的重点所在，保险业法的核心是保险监管，其中最重要的政府监管部分，其法理当属行政法范畴。

第二节　我国《保险法》及其修订

一、我国《保险法》立法及其修订的背景

（一）1995 年《保险法》的颁布

在大陆法系国家的法学理论上，保险法特别是保险合同法一般被归为商法范畴，我国也是如此。我国保险法采用保险合同法与保险业法合一的“统一法典”的立法体例，1995 年 6 月 30 日第八届全国人大常委会第十四次会议通过了《中华人民共和国保险法》，同年 10 月 1 日起施行。

我国 1995 年《保险法》共 152 条，分为 8 章，分别为：总则、保险合同、保险公司、保险经营规则、保险业的监督管理、保险代理人和保险经纪人、法律责任以及附则，其中第二章“保险合同”是唯一分节的一章，分为 3 节，依次为一般规定、

财产保险合同、人身保险合同。

（二）2002 年《保险法》的修正

2002 年，我国为履行加入世贸组织的承诺，对《保险法》进行了第一次修正，对其保险业法中的部分条款进行了修改和增加，保险合同法部分未作修改。修改后仍为 8 章，每章的名称没有改变，内容增加了 6 条，共计 158 条。

（三）2009 年《保险法》的修订

由于我国保险业发展迅速，保险业的内部结构和外部环境都发生了变化，出现了一些新问题，原来的《保险法》已经不能完全适应保险业改革发展的需要，在保险市场主体、保险公司业务范围、保险资金运用、保险业务规则以及保险监管模式和手段等方面的法律规范均存在一些缺陷。同时，在保险合同法方面，由于原法的一些规定不明确或者不合理，也暴露出一些不足，表现为保险合同纠纷频发，容易损害被保险人利益，也不利于保险业健康发展。因此，2004 年我国启动了《保险法》的第二次修订工作，并于 2009 年 2 月 28 日通过新《保险法》，共 8 章，共计 187 条，自 2009 年 10 月 1 日起施行。

这次修订内容既包括保险业法，也包括保险合同法。关于保险合同法，此次修订的内容主要包括：完善如实告知义务，限制保险人合同解除权；系统规制保险格式条款，保护被保险人的利益；完善关于保险利益原则的规定；完善保险受益人制度；修改关于财产保险标的转让后的保险合同效力问题的规定；增加关于责任保险第三人直接请求权的规定；增加关于投保方违反出险通知义务的后果的规定；明确理赔程序和时限，解决理赔难问题，等等。应该说，这是一次全面的修订，意义重大。

笔者认为，保险制度的根本价值在于分散社会风险，满足企业和公民对于救济、保障的需求。保护投保方（投保人、被保险人）利益是保险法的根本使命，也是制定保险合同规则及保险监管活动的基本出发点。舍弃这一根本点，保险制度便无存在之基础。因此，此次《保险法》修订的指导思想是正确的，从修订内容看，无论在保险合同方面还是保险监管方面，都比较充分地体现了这一精神。

（四）2014 年和 2015 年《保险法》的修正

2014 年 8 月 31 日和 2015 年 4 月 24 日，《保险法》又进行了两次被动性的修正。这两次修主要是为了与《公司法》等法的修改相协调，改动不大，也未涉及保险合同法部分。经过这两次修正后，《保险法》现仍为 8 章，共 185 条。我们仍习惯称现行《保险法》为“2009 年《保险法》”。

二、2009 年《保险法》修订内容评介[1]

需要说明的是，对于 2009 年《保险法》修订中所涉及的保险业法的内容，在后面相关章节将进行介绍和评价。本节以下内容将重点介绍和评价保险合同法部分修订中所涉及的内容。为便于表述，对于修订前的《保险法》简称为“原法”，对于修订后的《保险法》本部分简称为“新法”。

按照立法部门的说明，2009 年《保险法》中保险合同法部分的修订，其指导思想是偏重被保险人利益的保护，解决保险实务中的“投保容易理赔难”的问题，修订重点是进一步明确保险合同当事人双方的权利义务，完善有关保险合同的具体制度或者规定。

从整体上看，在修订前的《保险法》中，第二章规定“保险合同”，分为三节，依次为一般规定、财产保险合同、人身保

---

〔1〕 参见郭宏彬：“中国《保险法》（保险合同法部分）修订介评”，载《中韩商法对话国际研讨会论文集》2010 年。

险合同，共60条；在修订后的《保险法》中，“保险合同”依然规定在第二章，同样分为三节，但结构顺序有所调整，依次为一般规定、人身保险合同、财产保险合同，共57条。

2009年《保险法》中保险合同法部分的主要修订内容及评价如下：

（一）完善如实告知义务，限制保险人合同解除权

新法第16条〔1〕对于原法第17条的修改，主要目的是减轻投保人如实告知义务负担，防止保险人权利滥用。较之原法的规定，主要变化是：

（1）进一步明确询问告知主义，即明确限定投保人如实告知义务的范围和内容为保险人“提出询问的”事项，也即推定保险人“提出询问的”事项为重要事实，对于保险人未提出询问的事项，无论其客观上是否重要，投保人均不负有告知义务。

（2）将投保人违反如实告知义务的主观要件中的“过失”调整为“重大过失”。

（3）增加保险人合同解除权除斥期间的规定，即“前款规定的合同解除权，自保险人知道有解除事由之日起，超过30日不行使而消灭。自合同成立之日起超过2年的，保险人不得解

---

〔1〕新法第16条规定：“订立保险合同，保险人就保险标的或者被保险人的有关情况提出询问的，投保人应当如实告知。投保人故意或者因重大过失未履行前款规定的如实告知义务，足以影响保险人决定是否同意承保或者提高保险费率的，保险人有权解除合同。前款规定的合同解除权，自保险人知道有解除事由之日起，超过三十日不行使而消灭。自合同成立之日起超过二年的，保险人不得解除合同；发生保险事故的，保险人应当承担赔偿或者给付保险金的责任。投保人故意不履行如实告知义务的，保险人对于合同解除前发生的保险事故，不承担赔偿或者给付保险金的责任，并不退还保险费。投保人因重大过失未履行如实告知义务，对保险事故的发生有严重影响的，保险人对于合同解除前发生的保险事故，不承担赔偿或者给付保险金的责任，但应当退还保险费。保险人在合同订立时已经知道投保人未如实告知的情况的，保险人不得解除合同；发生保险事故的，保险人应当承担赔偿或者给付保险金的责任。保险事故是指保险合同约定的保险责任范围内的事故。”

除合同；发生保险事故的，保险人应当承担赔偿或者给付保险金的责任。”

（4）引入“弃权”规则，明确规定“保险人在合同订立时已经知道投保人未如实告知的情况的，保险人不得解除合同；发生保险事故的，保险人应当承担赔偿或者给付保险金的责任。”

新法第16条是对如实告知义务的规定。如实告知义务是各国保险法所共有的一项重要制度，是保险法最大诚实信用原则对投保人的要求，是投保人的先合同义务，也是保险合同成立的基础条件，如有违反，则保险人享有合同解除权和抗辩权，可以解除合同并对业已发生的保险事故拒赔。但依据民法原理，解除权为形成权，应有除斥期间，原法恰恰疏漏了对除斥期间的规定，这在保险实务上极易导致保险人对解除权的滥用，诱发保险人的道德风险，损害投保方的利益。例如长期寿险合同，保险人知道投保人违反了如实告知义务而迟迟不解除合同，继续收取后期的保费，一旦出险，则以此理由拒赔。如此将使得投保方的利益长期处于不确定的状态，既得不到保险的真实保障，又支付了不应支付的费用。这显然不切合保险本义，也不符合法理。新法对此修订，可以有效防止保险公司利用法律漏洞逆向选择。

如实告知义务在各国保险业的发展过程中，曾被不合理地严苛适用，例如对于告知范围不作限定，要求告知内容客观真实，不考虑不实告知内容与保险事故之间的因果关系等，对于投保人和被保险人是不利的，有失公平。

最大诚实信用原则对于保险人规制的主要制度是“弃权”和“失权”（禁止反言）制度。新法针对实践中存在的保险公司业务人员和保险代理人为促成投保，在订立合同时明知投保人未如实告知仍然同意承保的情况，明确规定在此情况下，保险人不得解除合同和拒赔，以防止保险人延迟行使合同解除权和抗辩权，损害投保人或被保险人的利益。这是弃权规则的具体适用。

总之，新法对于如实告知义务的规定，在利益平衡的视角，对于投保人和被保险人是有利的。在如实告知义务制度所包含的诸多可选择的构成因素中，立法取向偏重于投保人和被保险人的利益，诸如：

（1）在告知内容“重要事实”的认定标准方面，选择询问告知主义而非无限告知主义；

（2）在告知义务主体范围方面，选择投保人而非投保人和被保险人；

（3）在如实告知内容的真实性标准方面，选择主观主义而非客观主义；

（4）在违反告知义务的法律后果方面区别对待：故意违反如实告知义务的，不考虑不实告知事项与保险事故之间的因果关系，而重大过失的情形则考虑不实告知事项与保险事故之间的因果关系，如果无因果关系存在则保险公司须承担保险责任；

（5）对保险人合同解除权除斥期间的规定；

（6）适用弃权规则。

应当说，新法对于如实告知义务制度的修订，减轻了投保人的义务负担，有利于控制保险人及其代理人的不正当业务行为，也符合法理，是比较成功的。

（二）系统规制保险格式条款，保护被保险人的利益

保险合同通常采用保险公司拟定的格式条款，因为格式条款所固有的弊端以及保险行业所特有的信息不对称状况，相对于保险人，投保人和被保险人处于弱势，保险合同纠纷也常常

因此发生。虽然中国对于保险条款的监管，采用审批制与备案制相结合的方式，[1]在一定程度上可以促使保险人公平合理地拟定保险条款和保险费率，但在保险合同法中系统规制保险格式条款，对于切实保护投保人和被保险人的利益仍然是有必要的。

新法在保险合同法部分对于保险格式条款的规制主要包括三个方面的内容：

（1）规定保险人对保险格式条款的说明义务。新法第 17 条[2]对原法第 18 条进行了修订，扩展了保险人的缔约说明义务的内涵，明确了保险人履行说明义务的具体形式。

（2）新增第 19 条[3]，明确规定保险人拟定的免除保险人依法应承担的义务或者加重投保人、被保险人责任以及排除投保人、被保险人或者受益人依法享有的权利的格式条款无效，以保护被保险人的利益。

---

〔1〕 新法第 136 条规定："关系社会公众利益的保险险种、依法实行强制保险的险种和新开发的人寿保险险种等的保险条款和保险费率，应当报国务院保险监督管理机构批准。国务院保险监督管理机构审批时，应当遵循保护社会公众利益和防止不正当竞争的原则。其他保险险种的保险条款和保险费率，应当报保险监督管理机构备案。保险条款和保险费率审批、备案的具体办法，由国务院保险监督管理机构依照前款规定制定。"

〔2〕 新法第 17 条规定："订立保险合同，采用保险人提供的格式条款的，保险人向投保人提供的投保单应当附格式条款，保险人应当向投保人说明合同的内容。对保险合同中免除保险人责任的条款，保险人在订立合同时应当在投保单、保险单或者其他保险凭证上作出足以引起投保人注意的提示，并对该条款的内容以书面或者口头形式向投保人作出明确说明；未作提示或者明确说明的，该条款不产生效力。"

〔3〕 新法第 19 条规定："采用保险人提供的格式条款订立的保险合同中的下列条款无效：（一）免除保险人依法应承担的义务或者加重投保人、被保险人责任的；（二）排除投保人、被保险人或者受益人依法享有的权利的。"

(3) 新法第 30 条[1]对原法第 31 条进行了修正，进一步明确了保险合同疑义解释原则，以保护格式条款非起草人，即投保方的利益，从而减少合同纠纷。

应该说，新法对于保险格式条款进行规制的三个方面的内容是递进关系，从保险合同缔约阶段保险人的说明义务到格式条款内容效力的法律限定，再到条款争议的解释原则，形成了系统性的规范，符合中国保险业现状的需求，相对于其他国家的立法，具有一定的开创性。

为平衡投保方的利益，原法中已经规定了疑义解释原则以及保险人的说明义务，但因相关规定操作性不强，实务中仍有大量纠纷产生。对此，新法细化了相关的规定，并结合中国保险知识普及不足的国情，以明确的强制性规范，限制保险人通过合同条款加重投保方的义务或者排除投保方的权利。这有利于促进保险人规范展业，减少合同纠纷，进一步保护投保方的权益。笔者认为，新法中增加的投保单要附格式条款的规定充分考虑到了中国国情，可以更好地保护投保方的权益，但同时也会增加保险人的交易成本。所以疑义解释原则的适用应当是有条件的，不宜滥用。对于该原则的明确规定，可以解决在原法背景下有些法院扩大化适用该原则进行裁判的问题。但新法尚未解决保险惯例解释原则与疑义解释原则冲突时，哪个优先适用的问题。

(三) 保险利益原则的修订

保险利益原则是保险合同法中的重要原则，但原法的规定

---

[1] 新法第 30 条规定："采用保险人提供的格式条款订立的保险合同，保险人与投保人、被保险人或者受益人对合同条款有争议的，应当按照通常理解予以解释。对合同条款有两种以上解释的，人民法院或者仲裁机构应当作出有利于被保险人和受益人的解释。"

存有缺陷。按照原法第 12 条，保险利益是指“投保人对保险标的具有的法律上承认的利益。”保险利益原则是指“投保人对保险标的应当具有保险利益。投保人对保险标的不具有保险利益的，保险合同无效。”据此，保险利益是保险合同的效力要件。

原法相关规定存在的问题大致有三个方面：

（1）因为保险利益原则的根本目的和功能是防范道德风险，但按照原法第 10 条的规定，“投保人是指与保险人订立保险合同，并按照保险合同负有支付保险费义务的人。”其并无保险金请求权，也即其不可能通过故意制造保险事故而获得保险金，因此，要求投保人对保险标的具有保险利益，对防范道德风险没有积极意义。而按原法第 22 条的规定，“被保险人是指其财产或者人身受保险合同保障，享有保险金请求权的人。”也即被保险人与保险事故发生与否有直接利益关系，因此，保险利益原则应当强调被保险人与保险标的之间的利益关系。

（2）没有区分财产保险与人身保险不同的保险利益。

（3）没有明确规定保险利益的时间要求，按照法律解释原理，应当是在合同期间自始至终具有保险利益，但这与各国立法惯例以及现实状况不符。因此，需要对保险利益原则重新界定。

新法第 12 条〔1〕、第 31 条、第 48 条对保险利益原则修改的内容包括：

（1）区别人身保险和财产保险，对保险利益的主体以及时

〔1〕新法第 12 条规定：“人身保险的投保人在保险合同订立时，对被保险人应当具有保险利益。财产保险的被保险人在保险事故发生时，对保险标的应当具有保险利益。人身保险是以人的寿命和身体为保险标的的保险。财产保险是以财产及其有关利益为保险标的的保险。被保险人是指其财产或者人身受保险合同保障，享有保险金请求权的人。投保人可以为被保险人。保险利益是指投保人或者被保险人对保险标的具有的法律上承认的利益。”

间要求分别规定，即人身保险的投保人在保险合同订立时，对被保险人应当具有保险利益；财产保险的被保险人在保险事故发生时，对保险标的应当具有保险利益。

（2）区别人身保险和财产保险，对不具有保险利益的后果分别规定，即订立人身保险合同时，投保人对被保险人不具有保险利益的，合同无效；财产保险的保险事故发生时，被保险人对保险标的不具有保险利益的，不得向保险人请求赔偿保险金。在财产保险范畴，保险利益不再是保险合同的效力要件。

（3）对于法律认定的人身保险利益范围，增加了“与投保人有劳动关系的劳动者”一项，这使得企业为员工投保团体人身保险更加便利。同时，为了防范道德风险，切实保障劳动者的利益，新法第39条又规定“投保人为与其有劳动关系的劳动者投保人身保险，不得指定被保险人及其近亲属以外的人为受益人。”

这是我国《保险法》的一项制度创新，既满足了现实需求，又预防了可能存在的道德风险。但忽略了对团体保险，特别是企业为员工投保的带有储蓄性质的长期人身保险的退保的限制问题，因为企业作为投保人有解除合同的权利，所以实务中存在企业在危机时瞒着员工退保的情况，合法地使员工及其亲属对保险合同的期待利益化为“泡影”。

修订后，一个明显的问题是第12条对保险利益的定义与第31条对人身保险利益的界定发生了概念上的逻辑矛盾，即将人身保险的被保险人等同于保险标的。

保险利益是一个抽象且复杂的概念，在我国，立法上和理论上以及实务上的“保险利益”概念，其内涵并不统一。保险利益的内涵、保险利益原则的功能和适用等问题，仍有深入研究和进一步讨论的必要。笔者认为，新法对于保险利益原则的修订，尚缺乏成熟的理论研究的支撑，虽较原法有所进步，但并不成功。

（四）完善保险受益人制度

保险受益人是保险合同的关系人，按新法第 18 条的规定，受益人是指人身保险合同中由被保险人或者投保人指定的享有保险金请求权的人。投保人和被保险人可以为受益人。新法第 39 条至 43 条对受益人的指定和变更、受益权的行使和丧失等问题作了规定，针对原法规定受益人制度的缺陷，进行了完善。例如第 42 条规定，受益人与被保险人在同一事件中死亡，且不能确定死亡先后顺序的，推定受益人死亡在先。这借鉴了美国相关立法的规定，填补了原法的空白。

但仍有一些问题未能解决：

（1）财产保险中可否指定受益人？如果不可以，那么实务中存在财产保险指定受益人的情况如何解释？如房屋按揭保险合同。如果可以，那么第 18 条对受益人的定义就不准确，进一步的问题是，财产保险中的受益人与人身保险中的受益人有何不同？

（2）被保险人与受益人均有保险金请求权，哪个优先？如果被保险人优先，指定受益人意义何在？同时，财产保险实务中受益人对保险金的优先权也就缺乏法律依据。如果受益人只是被保险人的“身故受益人”，那么“被保险人可以为受益人”的规定就没有实际意义。

（3）被保险人和投保人均可指定受益人，但投保人指定受益人应经被保险人同意。如此规定，投保人的受益人指定权如同虚设。

（4）对于受益人的变更形式和效力规定不明确，例如遗嘱可否变更受益人？

（5）当投保人破产等原因可能造成保险合同解除时，受益人是否享有知情权？可否基于对保险合同的期待利益而通过采取积极手段使得保险合同得以保留和延续？诸如日本新《保险法》中规定的“介入权”。

（6）保险受益权与继承权有本质区别，具有独立性。但是，受益人受益权的行使是否可以完全独立于投保人或者被保险人的债务？如果可以，是否存在投保人或者被保险人借用保险制度逃避债务或者规避遗产税的可能呢？可见，对于保险受益人制度，仍有深入研究、继续完善的余地。

（五）关于财产保险标的转让后的保险合同效力问题

新法第49条[1]对原法第34条进行了重大修改，按照原法第34条的规定，财产保险标的的转让应当通知保险人，经保险人同意继续承保后，依法变更合同，货物运输保险合同和另有约定的合同除外。据此规定，在保险实务中产生了很多纠纷，如带有保险的机动车或房屋买卖后出险的理赔纠纷。新法借鉴国外立法（主要为大陆法系国家或地区的相关立法）对此进行了修改，规定保险标的的受让人承继被保险人的权利和义务。这对解决现实问题，切实保护投保方的利益意义重大。

财产保险标的转让后，保险权利义务是否由新所有人自然承继，关系到两个法律问题：一是保险标的转让后对合同效力

〔1〕 新法第49条规定：“保险标的转让的，保险标的的受让人承继被保险人的权利和义务。保险标的转让的，被保险人或者受让人应当及时通知保险人，但货物运输保险合同和另有约定的合同除外。因保险标的转让导致危险程度显著增加的，保险人自收到前款规定的通知之日起30日内，可以按照合同约定增加保险费或者解除合同。保险人解除合同的，应当将已收取的保险费，按照合同约定扣除自保险责任开始之日起至合同解除之日止应收的部分后，退还投保人。被保险人、受让人未履行本条第二款规定的通知义务的，因转让导致保险标的危险程度显著增加而发生的保险事故，保险人不承担赔偿保险金的责任。”

的影响；二是与保险利益原则的冲突。对于前者可以有两种界定，其一认为是保险合同变更，如此便须保险人同意方可产生合同变更的法律效力，原法的规定即基于此，这在理论上并无不妥，但容易产生一个保险空白期（标的转让到变更保险合同期间），在此期间内出险保险公司不承担保险责任，因为原所有人转让保险标的后已无保险利益，而新所有人并非投保人或者被保险人，这对于投保方显失公平，且不符合现代商事交易效率原则。其二认为是债权让与，如此便无需保险人同意就可产生保险单承继的法律效果，一般要求在法定期间内通知保险公司即可，新法即基于此而修改。这样不仅对于投保方公平，也利于商事交易，还会减少纠纷。相应的理论障碍亦可得到合理说明，如合同相对性原则，用保险合同的利他性可以解释；保险标的转让后保险危险可能增加的问题，保险法中已有专门制度——危险增加通知义务，此处无需考虑。对于后者，即保险利益原则问题，按原法的规定，与上述的修改是有内在的理论冲突的，好在新法对此也进行了重大修改，理论冲突问题基本上也得到解决。

新法在“承继主义”前提下，为平衡各方利益，防范风险，规定了被保险人或受让人的通知义务，并赋予保险人在保险标的因转让导致危险程度显著增加的情况下的合同解除权。笔者认为，通知义务虽然不会增加被保险人或者受让人太多的交易成本，但规定为一般性条款似乎并无必要，且对于违反标的转让通知义务法律后果的规定并无实质意义，其与违反危险增加通知义务法律后果的规定（新法第 52 条）重复。新法中需要进一步明确“转让”的含义，是所有权的转让还是风险的转移？例如投保的房屋已经交付但未办理产权变更登记，此时如果发生保险事故，保险公司应否赔偿？这是个现实的问题。

另外，笔者认为，对此问题如按保单证券化来理解，可最大限度减少交易成本，即规定：财产保险标的转让，保单随之转让。一般情况无需通知保险公司，如果保险公司认为有必要通知，可在保险合同中特别约定。

（六）规定责任保险第三人的直接请求权

责任保险对于受损害第三人获得充分赔偿具有重要意义，第三人对保险金的直接请求权是保障第三人获得有效救济的重要制度安排。该请求权须以法律规定为基础，故各国保险立法通常对此有明确规定。关于责任保险，新法第65条、第66条对原法第50条、第51条进行了修订，重要的修改是新法第65条中增加了两款关于第三人直接请求权的规定，即“责任保险的被保险人给第三者造成损害，被保险人对第三者应负的赔偿责任确定的，根据被保险人的请求，保险人应当直接向该第三者赔偿保险金。被保险人怠于请求的，第三者有权就其应获赔偿部分直接向保险人请求赔偿保险金。”“责任保险的被保险人给第三者造成损害，被保险人未向该第三者赔偿的，保险人不得向被保险人赔偿保险金。”

因为原法并未明确规定第三人的直接请求权，所以新法新增加的两款内容有实质意义的进步，但也存在不足：

（1）对第三人的直接请求权有所限制，且限制条件“根据被保险人请求”〔1〕、“被保险人怠于请求”徒增操作难度而无积极意义。

（2）责任保险应按其功能侧重区分第三人利益保险和第一人利益保险，也即尚有一些责任保险是偏重于被保险人利益的，

---

〔1〕说明：严格意义上，“根据被保险人请求”并不是第三人行使保险金直接请求权的限制条件，因为在此种情况下，第三人并没有直接请求权，而是保险人负有向第三人直接赔偿的义务。

通常采用自愿保险方式而不采用强制保险方式。对于基于被保险人利益的责任保险，不加以区分地统统规定第三人直接请求权，在实务上有可能降低投保意愿。而对基于第三人利益的责任保险的第三人直接请求权加以限制并无必要。

（3）在被保险人破产情况下，第三人的直接请求权相对于破产债权有无优先权？新法对此没有明确规定。

（七）规定投保方违反出险通知义务的后果

保险事故发生后，投保人、被保险人或者受益人负有及时通知保险人的义务，称为“出险通知义务”。此项义务的设定，目的是利于保险人控制风险和核定损失。因为原法第22条没有规定违反出险通知义务的法律后果，因此实务中有在保险合同中任意约定保险公司抗辩（拒赔）权的情况，这有违权利义务相一致原则，对于投保方有失公平。新法第21条[1]针对此立法漏洞及现实问题，明确规定了投保方违反出险通知义务的法律后果，对于保险人的抗辩权进行了限制。此修订实为对投保方利益的保护，兼顾了权利义务对等和道德风险防范。

（八）明确理赔程序和时限，解决理赔难问题

新法进一步明确了保险公司理赔程序和时限，防止保险人不正当的拖延行为，具体表现为：

（1）第22条规定，被保险人或者受益人索赔时，保险人认为有关的证明或者资料不完整的，应当“及时一次性”通知投保人、被保险人或者受益人补充提供。

（2）第23条规定，保险人收到被保险人或者受益人的赔偿

---

〔1〕 新法第21条规定：“投保人、被保险人或者受益人知道保险事故发生后，应当及时通知保险人。故意或者因重大过失未及时通知，致使保险事故的性质、原因、损失程度等难以确定的，保险人对无法确定的部分，不承担赔偿或者给付保险金的责任，但保险人通过其他途径已经及时知道或者应当及时知道保险事故发生的除外。”

或者给付保险金的请求后，应当“及时”作出核定；情形复杂的，应当“在30日内”作出核定，但合同另有约定的除外。保险人应当将核定结果通知被保险人或者受益人；对属于保险责任的，在与被保险人或者受益人达成赔偿或者给付保险金的协议后10日内，履行赔偿或者给付保险金义务。保险合同对赔偿或者给付保险金的期限有约定的，保险人应当按照约定履行赔偿或者给付保险金义务。

（3）第24条规定，对不属于保险责任的，应当“自作出核定之日起3日内”向被保险人或者受益人发出拒绝赔偿或者拒绝给付保险金通知书，并说明理由。规定理赔的法定时限，有助于在一定程度上解决源于程序原因造成的理赔难的问题。

（九）其他方面的修改以及存在的问题

1. 新法第13条、第14条，对保险合同成立、生效以及保险公司承担保险责任时点的进一步明确，有利于解决实务中因对保险合同是否生效以及保险公司是否承担保险责任的不同理解而产生的纠纷。保险合同属于不要式合同，保险人是否签发保险单以及投保人是否缴纳保险费与保险合同成立、生效等问题并不直接产生关联，但投保人和保险人可以对合同的效力约定附条件或者附期限。

2. 新法第18条，删除了原法第19条规定的保险合同基本条款中的“保险价值”。因为“保险价值”条款只在定值保险合同中规定，在不定值保险合同中无需规定。

3. 新法第18条对于“保险金额”的规定延续了原法第24条中的规定，即“保险金额是指保险人承担赔偿或者给付保险金责任的最高限额。”该规定与人身保险实务不符，在寿险合同条款中，多有“赔付若干倍保险金额”的约定。

4. 新法第20条，与原法第21条类似，是关于保险合同变更的规定，但不明确“变更”是否为要式行为，在实务中易产生纠纷。

5. 新法第33条，延续原法第55条的规定，是对于“死亡保险”的限制，但法律条文中的用语“无民事行为能力人”和“未成年人”不统一，容易造成歧义。

6. 新法第38条对原法第60条的规定作了修改，规定保险人对于人寿保险（原法是“人身保险”）的保险费不得用诉讼方式要求投保人支付。这意味着对于“第三领域”的意外伤害保险和健康保险的保险费可以通过诉讼方式追索。

7. 新法第56条对原法第41条规定的重复保险的概念重新界定，规定“超额”为“重复保险”的构成要件。但该“重新界定”对于保险赔付无实质影响，只是减轻了投保人的“通知义务”。

总体上看，保险合同法的修订，广泛借鉴了他国先进经验，立足于中国现实问题，并有一定制度创新，是比较成功的。但同时也存在一些不足，反映出在一些基本理论研究上的弱点。

第三节　我国《保险法》的司法解释

自新《保险法》实施以来，保险业内部结构和外部环境又发生了较大变化，出现了一些新情况、新问题。对于新《保险法》的细化问题，保险业法部分主要通过授权国务院及保险监管机构制定法规以及部门规章的形式落实，新《保险法》颁布后，中国保监会（现为中国银保监会）已经修改或者制定一批规范性文件，如《保险公司管理规定》《保险专业代理机构监管规定》《保险经纪机构监管规定》《保险公估机构监管规定》等。对此，本书后面关于保险业法的章节会有涉及，本节不再展开论述。

对于保险合同法，主要是通过最高人民法院制定司法解释来统一裁判标准、弥补法律不足。关于《保险法》司法解释的制定，依据最高人民法院的规划，将采用与《公司法》《破产法》等司法解释相似的模式，分步制定实施。《保险法》的司法解释现在已经公布了四个，即最高人民法院关于适用《中华人民共和国保险法》若干问题的解释（一）（二）（三）（四），以下简称保险法司法解释（一）（二）（三）（四）。

一、《保险法司法解释（一）》的主要内容

《保险法司法解释（一）》（2009 年 9 月 21 日发布，自 2009 年 10 月 1 日与 2009 年《保险法》同时施行）共设有 6 条，主要规定新法与原法的衔接问题，且集中在保险合同纠纷案件范围。

此外，2012 年最高人民法院还颁布了《关于审理道路交通事故损害赔偿案件适用法律若干问题的解释》，对道路交通事故损害赔偿案件中涉及交强险的相关法律问题作了规定。

二、《保险法司法解释（二）》的主要内容[1]

《保险法司法解释（二）》（2013 年 5 月 31 日发布，自 2013 年 6 月 8 日起施行）共有 21 个条文，着重规定《保险法》“保险合同”一章一般规定部分适用中存在的问题，主要包括以下内容：

---

〔1〕 参见“最高人民法院民二庭负责人就‘保险法司法解释（二）’答记者问”，载最高人民法院网站，http://www.court.gov.cn/shenpan.xinangqing-542 6.html，最后访问时间：2013 年 6 月 15 日。

（一）规定不同投保人可以就同一保险标的分别投保

保险利益是保险合同法特有的制度，财产保险合同的被保险人对保险标的是否具有保险利益直接决定被保险人是否能够请求赔偿保险金。实践中，财产的使用人、租赁人、承运人等非财产所有权人有转移风险的需求，可能向保险公司投保，有些保险公司虽给予承保，但却在保险事故发生时以被保险人不是财产所有权人、不具有保险利益为由拒赔，有违诚实信用，不符合保险消费者的合理期待。为此，该司法解释第 1 条规定，不同投保人可以就同一保险标的分别投保，承认财产的使用人、租赁人、承运人等主体对保险标的也具有保险利益，防止保险人滥用保险利益原则拒绝承担保险责任。当然，任何人都不得通过保险合同获得超过损失的赔偿，故被保险人只能在其保险利益范围内依据保险合同主张保险赔偿。

（二）对保险合同订立过程中代为签名行为的后果作出细化规定

在一些保险合同的订立过程中，投保人可能没有亲自在投保单上签字，而是由保险业务员代为签名，由此引发了很多纠纷。为维护保险市场秩序，规范市场主体行为，该司法解释第 3 条第 1 款明确规定，投保人或者投保人的代理人订立保险合同时没有亲自签字或者盖章，而由保险人或者保险人的代理人代为签字或者盖章的，对投保人不生效。但投保人已经交纳保险费的，视为其对代签字或者盖章行为的追认。该规定旨在倡导投保人亲自签章，并对自己的行为负责，以此保护投保人利益。该司法解释第 3 条第 2 款对于保险人或其代理人代投保人填写保险单证的行为后果作出规定，保险人或其代理人代为填写保险单证比如投保单所附风险询问表，并经投保人签字或盖章确认的，代为填写的内容视为投保人的真实意思表示。但如果保险人或其代理人存在《保险法》规定的保险误导行为的，则不予认可，防止误导及欺诈行为的产生。

（三）规范保险公司的承保行为

督促保险公司尽快承保，并要求保险公司在保险标的符合承保条件的情况下，对其收取保险费后、作出承保意思表示前发生的保险事故承担保险责任，该司法解释第 4 条对此作出了规定。

（四）细化投保人如实告知义务

为防止保险人滥用投保人如实告知义务解除合同和拒赔，该司法解释明确了告知义务的范围以及保险合同解除与拒赔的关系等问题。

（1）将投保人告知范围限于其明知内容，防止无限扩大投保人告知内容的范围。该司法解释第 5 条规定，投保人仅对其明知的与保险标的或者被保险人有关的情况承担告知义务，故保险人不得以投保人未告知其不知道的事实为由拒绝赔偿。

（2）明确确立询问告知主义，将投保人告知范围限于保险人询问的范围和内容。该司法解释第 6 条规定，只有保险人询问的，投保人才承担告知义务，投保人的告知范围以保险人询问的范围和内容为限，且保险人原则上不得采用概括性条款进行询问。

（3）借鉴域外经验，引入弃权制度。该司法解释第 7 条规定，保险人在保险合同成立后知道或者应当知道投保人未履行如实告知义务，仍然收取保险费的，不得解除保险合同。

（4）规范保险合同解除与拒绝赔偿的关系，防止保险人随意拒赔。根据该司法解释第 8 条规定，保险人未行使合同解除权，直接以存在《保险法》第 16 条第 4 款、第 5 款规定的情形为由拒绝赔偿的，人民法院不予支持。换言之，保险人只有解除保险合同才可以投保人违反如实告知义务为由拒绝理赔，当然，如果当事人就拒绝赔偿事宜及保险合同存续另行达成一致，应当予以准许。这是司法解释作出的制度上的灵活安排。

（五）强化保险人的提示和明确说明义务

督促保险人切实向投保人解释免除保险人责任的格式条款，保护保险消费者的合法权益。

（1）明确保险人履行明确说明义务的范围，根据该司法解释第 9 条，保险人提供的格式合同文本中的责任免除条款、免赔额、免赔率、比例赔付或者给付等免除或者减轻保险人责任的条款，都属于“免除保险人责任的条款”，保险人对这些内容都必须进行提示和明确说明。

（2）提高提示和明确说明义务履行的标准，该司法解释第 11 条第 1 款规定，保险人可以采用文字、字体、符号或者其他明显标志等形式进行提示，且提示必须足以引起投保人注意，使投保人知道免除保险人责任条款的存在。该司法解释第 11 条第 2 款规定，保险人对保险合同中有关免除保险人责任条款的概念、内容及其法律后果的说明，必须达到常人能够理解的程度。该司法解释第 12 条虽允许保险人以网页、音频、视频等形式对免除保险人责任条款进行提示和明确说明，但其提示和明确说明必须达到第 11 条规定的标准，否则相关免除保险人责任条款不生效。

（3）明确保险人对其履行了明确说明义务负举证责任。

（六）明确非保险术语的解释规则

保险人在其提供的保险合同格式条款中对非保险术语所作的解释必须符合专业意义，不符合专业意义但有利于投保人、被保险人或者受益人的，人民法院予以认可。

（七）正确认定保险合同的内容

投保单与保险单或者其他保险凭证不一致的，如保险人对不一致情形未向投保人说明并经投保人同意的，应以投保单为准。

(八) 明确理赔核定期间起算点，解决理赔难问题

保险理赔是最易引起保险纠纷的原因之一，理赔难问题一直备受社会大众关注。《保险法》规定了“30日”理赔核定期间，但并未明确该期间的起算点。为避免保险人拖延赔付，司法解释明确该“30日”核定期间自保险人初次收到被保险人或者受益人索赔请求及有关证明或者资料之日起算。

(九) 排除保险人为被保险人、受益人设置索赔障碍

保险事故发生后，被保险人或者受益人起诉保险人，保险人不能以被保险人或者受益人未要求第三者承担责任为由作为抗辩，防止保险人拖延理赔。

三、《保险法司法解释（三）》的主要内容

《保险法司法解释（三）》(2015年11月25日发布，2015年12月1日起施行) 共有26个条文，着重解决《保险法》“保险合同”一章人身保险部分在适用中存在的争议，其主要内容包括以下几个方面：

(一) 明确人身保险利益主动审查原则，防范道德风险

人身保险以人的生命健康为保障对象，防范道德风险责任重大。为防止他人为谋取保险金杀害被保险人，《保险法》第31条要求，投保人在订立保险合同时必须对被保险人具有保险利益；第34条要求，以死亡为给付保险金条件的保险合同，需要经过被保险人同意并认可保险金额。以上规定的目的是保护被保险人的利益，避免被保险人因他人为其投保而遭受伤害，关系社会公共利益，直接影响合同效力。根据民事诉讼的基本原理，对于此类影响合同效力、关系社会公共利益的事项，法

院在审理案件时应主动审查。鉴于此，该司法解释第 3 条要求各级人民法院审理人身保险合同纠纷案件时，主动审查投保人订立保险合同时是否具有保险利益，以及以死亡为给付保险金条件的合同是否经过被保险人同意并认可保险金额，目的在于强化各级人民法院防范道德风险的意识，以更好地保护被保险人。

（二）细化死亡险的相关规定，鼓励保险交易

死亡险以被保险人的生命为承保对象，关系重大。为防止死亡险中可能存在的道德风险，《保险法》第 33 条、34 条对死亡险作出特别规定。实践中，以上规定存在不当适用的问题，有的保险公司在承保时未主动审查死亡险的订立是否符合以上规定，但在保险事故发生时却以保险合同违反以上规定为由主张保险合同无效并拒赔。针对该问题，该司法解释第 1 条对《保险法》第 33 条和第 34 条的规定进行细化。

（三）明确体检与如实告知义务的规定，维护诚实信用

人身保险公司在承保特定险种时会安排被保险人进行体检，以更好地控制风险。被保险人根据保险公司的安排进行体检后，投保人是否仍需要如实告知，审判实践中存在不同观点。针对该问题，此司法解释第 5 条明确规定，被保险人在保险合同订立时根据保险人要求到指定医疗机构进行体检，投保人如实告知义务不能免除，鼓励最大诚信；保险人知道被保险人的体检结果仍同意订立保险合同，构成弃权，不得再以投保人未就相关情况未履行如实告知义务为由要求解除合同，否则有违诚信。

（四）明确保险合同恢复效力的条件，维持合同效力

人身保险合同存续期间较长，为防止保险人仅因投保人未及时支付某期保险费解除保险合同，《保险法》第 37 条确立了复效制度，其规定的复效需要“保险人与投保人协商并达成协

议”，把能否复效的决定权交予保险人，剥夺了投保人申请复效的权利，使保险合同复效制度丧失了应有的功能。鉴于此，该司法解释第 8 条规定，投保人提出恢复效力申请并同意补交保险费的，保险人原则上应予恢复效力，除非被保险人的危险程度在中止期间显著增加。为防止保险人收到复效申请后长时间不作答复，该司法解释第 8 条还规定了保险人的答复时限。

（五）规范受益人的指定与变更，保护受益人的受益权

受益人是人身保险合同中特有的一类主体，是基于投保人或者被保险人的指定享有保险金请求权的人。实践中，受益人的指定一般都是由保险格式条款提前拟定，由投保人或者受益人进行选择。由于保险格式条款不够明确以及被保险人身份关系的变化，受益人如何确定在实务中存在争议。该司法解释第 9 条对实践中存在争议突出的情形进行了规定。

投保人或者被保险人指定受益人后，还可以变更受益人。对于受益人的变更，实践中有观点认为，受益人变更应当征得保险人同意，并且在保险人办理批注后才产生效力。这种观点不符合变更行为属于单方法律行为的特征，不利于投保人和被保险人自主决定权的实现。鉴于此，该司法解释第 10 条借鉴域外相关做法，规定投保人或被保险人变更受益人，自变更受益人的意思表示作出时生效。同时，为了保护保险人的合理信赖，变更受益人没有通知保险人的，不得对抗保险人。

（六）规范医疗保险格式条款，维持对价平衡

医疗保险是人身保险的重要类型。实践中，对医疗保险格式条款关于商业医疗与社会医疗的关系、基本医疗保险的标准核定医疗费用、定点医疗条款的效力等问题存在较大争议。鉴于此，根据保险人承保风险与投保人支付保险费应当保持平衡的基本原理，该司法解释第 18 条、第 19 条和第 20 条规定：保

险人要求扣减被保险人从公费医疗或者社会医疗保险取得的赔偿金额的，应当证明其在厘定保险费率时已将公费医疗或者社会医疗保险相应部分扣除，并按照扣减后的标准收取保险费；保险合同约定按照基本医疗保险的标准核定医疗费用的，保险人应参照基本医疗保险同类医疗费用标准给付保险金；被保险人未在保险合同约定的医疗服务机构接受治疗的，保险人可以拒绝给付保险金，但被保险人因情况紧急必须立即就医的除外。

此外，《保险法司法解释（三）》还对保险金请求权的转让、作为被保险人遗产的保险金给付、受益人与被保险人同时死亡的推定、故意犯罪如何认定等问题作了规定。

四、《保险法司法解释（四）》的主要内容[1]

《保险法司法解释（四）》（2018年7月31日发布，自2018年9月1日起施行）共21个条文，主要是关于财产保险合同的规范适用问题，包括四个方面内容：

（一）明确保险标的转让的相关问题

对保险标的已交付未登记时的权利行使主体予以明确；规定保险人已向投保人履行了保险法规定的提示和明确说明义务，保险标的受让人以保险标的转让后保险人未向其提示或者明确说明为由，主张免除保险人责任的条款不生效的，不予支持；明确被保险人死亡，继承保险标的的当事人承继被保险人的权利和义务；明确保险标的转让空档期的保险责任承担问题。

（二）明确保险合同主体的权利义务

列举与危险增加相关的常见因素，为法官提供裁判指引；

---

〔1〕参见“关于《最高人民法院关于适用〈中华人民共和国保险法〉若干问题的解释（四）》有关情况的新闻发布会”，载 http://www.court.gov.cn/zixun-xiangqing-110561.html，最后访问时间：2019年3月10日。

规定增加的危险属于保险合同订立时保险人预见或者应当预见的保险合同承保范围的，不构成危险程度显著增加；为解决保险事故发生时，被保险人应当采取措施防止或者减少损失，但保险人往往以施救措施未产生实际效果为由予以抗辩的问题，规定保险人以该措施未产生实际效果为由抗辩的，不予支持。

（三）明确保险代位求偿权的相关问题

规定保险人有权代位行使被保险人因第三者侵权或者违约等享有的赔偿请求权；明确在投保人和被保险人为不同主体时，保险人可以对投保人行使保险代位求偿权。

（四）明确责任保险的相关问题

对“被保险人怠于请求”的情形作出规定；对责任保险的被保险人因共同侵权依法承担连带责任的问题作出回应；明确被保险人对第三者所负的赔偿责任已经生效判决确认并已进入执行程序后，保险人的保险责任问题。

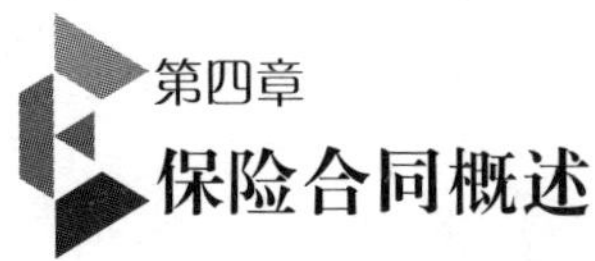

第四章 保险合同概述

第一节 保险合同的概念和特征

一、保险合同的概念

我国《保险法》第10条第1款规定，保险合同是投保人与保险人约定保险权利义务关系的协议。

上述定义包含三层含义：

1. 保险合同的主体：投保人和保险人，二者为保险合同的当事人。

2. 保险合同的内容：双方的权利和义务。具体而言，如我国《保险法》第2条规定的：投保人根据合同约定，向保险人支付保险费；保险人对于合同约定的可能发生的事故因其发生所造成的财产损失承担赔偿保险金责任，或者当被保险人死亡、伤残、疾病或者达到合同约定的年龄、期限等条件时承担给付保险金责任。从保险人承担责任的内容性质看，可分为补偿性合同和给付性合同两种，两种属性的合同适用的法律规则不尽相同。

3. 保险合同的性质：

（1）债权合同，而非物权合同。

（2）特种合同，即保险合同法是合同法的特别法，优先于《合同法》适用。

（3）消费合同。对这一定性，学界及司法界颇有争议，投保人是否为消费者？可否享有《消费者权益保护法》之特别保护待遇？有待于深入研究和法律明文规定。

二、保险合同的特征

保险是投保方转移风险的机制，即投保方以支付保险费为对价将风险转移给保险人承担，因此，保险合同是风险移受合同，或者说是保障性合同。在合同法理论的视角，保险合同具有以下特征：

（一）双务有偿合同

保险合同双方均负有义务，投保方的义务是支付保险费，保险方的义务是承担相应的风险。保险合同可否为单务无偿合同？有学者主张：保险为多数人分担少数人损失的互助计划，保险费即为参与保险者所负担的分摊份额，若无保险费的征收，则保险赔偿无从所出。因此，若无保险费之约定，保险契约的效力不发生，亦不得转变为他种法律关系。[1]甚至举出英国或者美国法院的判决表述："如果合同中没有关于保险费的约定，合同无效。"那么，实务中保险公司无偿赠与的保险合同是否有效？这种情况多是保险公司为推广宣传而对社会名人或者普通民众赠与意外伤害保险，无需投保方支付保险费，

---

〔1〕 参见桂裕：《保险法论》，三民书局1981年版，第30页；覃有土、樊启荣：《保险法学》，高等教育出版社2003年版，第53页；温世扬主编：《保险法》，法律出版社2003年版，第96~97页。

但并非“没有关于保险费的约定”，而是保险公司用公司商业推广费或者公司利润代替投保方支付了保险费，因此不能以此为由主张合同无效。当然，我国《保险法》中也没有与支付保险费相关的规定。事实上，按照大陆法理论、可以支持判决保险合同无效的我们更倾向认为，“没有关于保险费的约定”的保险合同，因约定投保方义务的必备法定条款的缺失而不能成立。

（二）射幸合同

射幸合同就是“碰运气”的合同，合同法理论上公认的射幸合同主要有两种：博彩合同和保险合同。射幸合同不同于交换合同——双方当事人有“实在”的对价，射幸合同中双方的给付要“碰运气”，保险合同就是如此。例如一项财产保险到期也未发生保险事故，保险公司不需支付保险金，投保方也不能以保险公司未尽义务为由主张退还保险费，因为保险公司虽然未赔偿保险金，但承担了保险期间内投保方的约定风险。换言之，保险公司的合同义务是承担约定的风险损失而不是事实上赔偿保险金。

（三）附和合同

随着保险业的发展和保险业务的急剧扩大，保险单呈现标准化趋势。标准化的保险单更为严谨科学，更易于监管，尤为重要的是降低交易费用，是保险业务能够快速发展的必然要求。除了特殊标的或者科技创新领域的保险合同可能需要双方商议签订，绝大多数保险合同采用保险公司事先拟订的标准保险单，即格式合同条款，因此，本来属于双方协商自愿签订的保险合同，变成了保险公司售卖事先设计好的各款“产品”。投保方只能做“买或者不买”的决定，根据需求选取保险公司设计的“规格化产品”，差异化的需求往往通过选择不同的“附加险”

来解决。因此，保险合同为附和合同，合同法中关于格式条款规制的规则大多可以适用或者被强调适用，如我国《保险法》第 30 条[1]规定的疑义解释规则就属于《合同法》第 41 条[2]被强调适用的情形。

（四）诺成合同

诺成合同相对于实践合同，是指合同的成立不以交付标的物或者履行其他给付为要件，反之则为实践合同。本问题换一种表达就是：保险合同是否以交付保险费为成立要件？从我国实在法考察，《保险法》第 13 条第 1 款规定："投保人提出保险要求，经保险人同意承保，保险合同成立。保险人应当及时向投保人签发保险单或者其他保险凭证。"即保险合同经要约承诺成立，为诺成合同。《保险法》第 14 条规定："保险合同成立后，投保人按照约定交付保险费；保险人按照约定的时间开始承担保险责任。"可为辅证：保险合同成立后，投保人按照约定交付保险费，即交付保险费是投保人的合同义务，与合同成立无关。

有学者还从逻辑上分析，来说明赋予保险合同以实践性将造成理论解释上的矛盾，此观点颇有说服力。[3]其一，如果认为交付保险费是保险合同的成立要件，则合同成立后，投保人已然不负对待给付义务，将无法解释保险合同的双务性。其二，

---

〔1〕 我国《保险法》第 30 条规定："采用保险人提供的格式条款订立的保险合同，保险人与投保人、被保险人或者受益人对合同条款有争议的，应当按照通常理解予以解释。对合同条款有两种以上解释的，人民法院或者仲裁机构应当作出有利于被保险人和受益人的解释。"

〔2〕 我国《合同法》第 41 条规定："对格式条款的理解发生争议的，应当按照通常理解予以解释。对格式条款有两种以上解释的，应当作出不利于提供格式条款一方的解释。格式条款和非格式条款不一致的，应当采用非格式条款。"

〔3〕 参见温世扬主编：《保险法》，法律出版社 2003 年版，第 55 页。

对于分期交付保险费的保险合同，以哪一期保险费作为合同成立的时点？进而每一期交付保险费的行为性质应否有别？理论上难以自圆其说。其三，如果未交付保险费使保险合同未成立，则保险人诉请保险费便无正当依据，而我国现行法中对人寿保险以外的保险费是可以诉请的。〔1〕

（五）不要式合同

以合同订立是否必须采取特定的形式或者履行特定的程序，可将合同分为要式合同和不要式合同。例如，必须采取书面形式或者必须履行登记或者公证程序合同方得订立的为要式合同。合同是否为要式，以法律规定为标准，体现立法对于效率与安全价值的平衡。

现代民商事立法，在合同形式上，多采不要式主义。我国《保险法》亦然，规定经投保人要约、保险人承诺，保险合同即为成立，而不以保险人签发保险单为保险合同成立的要件。上述我国《保险法》第 13 条仍为其实在法基础。将保险合同规定为不要式合同几乎是英、美、德、日等国保险立法的通例，例如英国 1906 年《海上保险法》第 21 条规定："保险人接受被保险人的投保申请后，无论当时是否出具保险单，海上保险合同即视为已经成立。"其实践意义在于：一是利于商事交易迅捷，促进保险业发展。二是防止保险人在保险合同订立环节拖延观望的道德风险，有利于保护投保方利益。

（六）继续性合同

依合同之义务在时间上有无持续性为标准，可将合同分为一时性合同和继续性合同。保险合同为典型的继续性合同，保险人在约定期间内须持续地承担约定的风险损失。

---

〔1〕 我国《保险法》第 38 条规定："保险人对人寿保险的保险费，不得用诉讼方式要求投保人支付。"

明确保险合同是继续性合同，其法律意义主要对保险合同的变更和解除产生影响：一是适用“情势变更原则”，例如我国《保险法》第 52 条规定，当保险标的的危险程度显著增加时，保险人可以按照合同约定增加保险费或者解除合同。二是对合同解除效力的影响，学界通常认为一般合同的解除具有溯及力，而继续性合同不具有溯及力。但保险合同在某些行使法定解除权的场合，基于惩罚违约方的考量，法律特别规定合同解除不具有溯及力，后文再详细对此阐述。

第二节　保险合同的种类

保险合同种类繁多，依据不同的标准，可对保险合同进行不同的分类。

一、财产保险合同和人身保险合同

依据保险标的的不同，可将保险合同分为财产保险合同与人身保险合同。这也是我国《保险法》对保险合同的法定分类，我国《保险法》第二章“保险合同”分为三节：一般规定、人身保险合同、财产保险合同。

这种分类的意义有二：一是对于保险合同法的法律适用给出了明确的区分，第一节“一般规定”下的规则同时适用于人身保险合同和财产保险合同，第二节“人身保险合同”下的规则只适用于人身保险合同而不适用于财产保险合同，第三节“财产保险合同”下的规则只适用于财产保险合同而不适用于人身保险合同。二是对保险业法的意义，为保险业的“分业经营”

规则提供了业务范围的划分标准。[1]

二、补偿性保险合同和给付性保险合同

依据保险合同的不同属性，在学理上可将保险合同分为补偿性保险合同和给付性保险合同。

补偿性保险合同，又称损失补偿保险合同，该保险基于损失的发生及损失额度的可评估性，强调保险的损失填补功能及防范道德风险属性，换言之，就是投保方不能因保险而获得超过实际损失的利益，否则就可能诱发道德风险，背离保险本义。财产保险合同均属补偿性保险合同。因此，保险法中损失补偿原则下的诸多规则和制度，诸如超额保险无效规则、重复保险分摊规则、保险代位追偿制度等均得适用。

给付性保险合同，又称定额给付性保险合同[2]，是指当事人双方预先约定一定数额的保险金额，于保险事故发生或者约定期限届满时，保险人即按保险金额给付保险金的保险合同。[3]人寿保险合同属于典型的定额给付性保险合同，意外伤害保险合同和健康保险合同也可归于此类。该种保险合同与上述补偿性保险合同显著不同，其并非以损失为前提，自然也不

〔1〕 我国《保险法》第95条规定："保险公司的业务范围：（一）人身保险业务，包括人寿保险、健康保险、意外伤害保险等保险业务；（二）财产保险业务，包括财产损失保险、责任保险、信用保险、保证保险等保险业务；（三）国务院保险监督管理机构批准的与保险有关的其他业务。保险人不得兼营人身保险业务和财产保险业务。但是，经营财产保险业务的保险公司经国务院保险监督管理机构批准，可以经营短期健康保险业务和意外伤害保险业务。保险公司应当在国务院保险监督管理机构依法批准的业务范围内从事保险经营活动。"

〔2〕 现在看来，"定额给付保险"作为"补偿性保险"的相对概念并不准确，它实为"非补偿性保险"，或者用"给付性保险"也可以表达非补偿性的属性。因为随着保险的发展，不定额的非补偿性保险已经出现。

〔3〕 参见温世扬主编：《保险法》，法律出版社2003年版，第60页。

必受损失填补原则所限。人寿保险合同中的生存保险或者年金保险，保险金的给付并不以保险事故和损失的发生为条件，也就无所谓补偿，保险金恰如储蓄中的“零存整取”或者“零存零取”一样，实为保险费的累积和孳息。人寿保险合同中的死亡保险以及意外伤害保险、健康保险，其约定的保险事故诸如死亡、伤残、患病固然与“损失”相关，但基于现代民法“人身无价”的理念，认为该“损失”是无法评估的，因此，保险金无论多少都不能视为超过“损失”的利益。所以，对于这类保险，上述损失补偿原则及相关规则、制度并不适用。需要补充说明的是，日本法上的“变额保险”[1]即属于此类。如果说人寿保险是保险与储蓄的结合，则变额保险就是保险与投资基金的结合，其保险金的数额要取决于投资的最后收益，无法事先确定。

那么，是否财产保险合同就等同于补偿性保险合同？是否人身保险合同就等同于给付性保险合同？不尽然。对于人身保险合同中意外伤害保险，特别是健康保险，保险公司也可以设计成补偿性合同，典型的如医疗费用保险，其将实际发生的医疗费用视为“损失”作为保险金赔偿的基础。但该类保险能否适用损失补偿原则下的诸多规则和制度，不同时期、不同国家的法律持不同的态度，例如美国法院对待这类保险合同中存在的“约定代位求偿权”条款的效力，就经历了从完全不承认到

〔1〕“变额保险”（variable insurance）是保险和金融商品相结合的人身保险商品，其性质属于金融衍生品。变额保险并非学术术语，其在我国被称之为“投资连接保险”“万能险”或者“分红型保险”。人寿保险是一种定额的金融债权，在签订保险合同时，原则上要将保险费以及保险金额固定下来，因此，在保险业被称之为“定额保险”。而“变额保险”则是相对“定额保险”而言，在保险有效期间，保险费和保险金额在一定的情况下可以变动的保险金融商品。参见沙银华：《日本经典保险判例评释》，法律出版社2002年版，第83页。

逐步承认的过程。这个过程不能简单看成是法官或法律的妥协，而应视为司法或立法的进步，因为从保险法的目的来看，只要这种补偿性的健康保险或者意外伤害保险本身具有合理性，则不应固守成规而阻碍保险业的发展。

因此，这个问题给我们的启发是我国《保险法》对于保险合同的分类是否合理？是应该以现有的保险标的来划分还是以是否具有补偿性来划分？从损失补偿原则下各项规则和制度的适用来看，无论怎样分类，两分法都不能满足清晰区分规范适用的需求，因为意外伤害保险和健康保险都存在或者被设计成补偿性合同或者被设计成给付性合同的可能。因而，日本保险法理论中的三分法〔1〕可能是更好的法定分类选择，即损害保险（相当于我国的财产保险）完全适用损失补偿原则，生命保险（相当于我国的人寿保险）完全不适用损失补偿原则，而被称为"第三领域保险"的伤害保险（相当于我国的意外伤害保险和健康保险）则依据合同的设计和条款的明确约定来确定是否可以适用损失补偿原则。当然退而求其次，在立法技术上，也可以在我国现行《保险法》法定险种两分法的基础上，通过对意外伤害保险和健康保险设置准用补偿性保险规则和制度的方法，达到上述合理区分适用法律规范的效果。

---

〔1〕 日本保险法理论上将保险分为三类：一是生命保险，属于"人保险"，是以人的生死为对象，根据生死的状况支付一定保险金的保险，也称为"定额保险"。二是损害保险，属于"物保险"，是以人的生死以外为对象的保险，它根据损失发生的程度给予经济补偿，补偿的金额根据实际损失程度而定，不事先予以确定，故又称为"不定额保险"。而对于人的损害的保险，日本保险界将其视为独立的"第三领域"，称之为"伤害保险"。参见沙银华：《日本经典保险判例评释》，法律出版社2002年版，第3~4页。

三、原保险合同与再保险合同

原保险合同与再保险合同，是依据保险人所承担保险责任的次序来划分的。原保险合同是指投保人与保险人原始订立的保险合同。原保险合同与再保险合同是相对的概念。再保险合同，又称分保合同或者第二次保险合同，是指原保险人将其所承保风险的一部分或全部向其他保险人投保而订立的保险合同。我国《保险法》第28条第1款规定："保险人将其承担的保险业务，以分保形式部分转移给其他保险人的，为再保险。"

理论上认为，再保险的性质是责任保险，是对原保险人承担责任的保险。因此，再保险合同相对于原保险合同而言是独立合同。但需注意，虽然理论上认为再保险的性质是责任保险，但我国《保险法》中有关责任保险的规定，诸如第三人的保险金请求权等规定，对再保险均不适用。

再保险合同的法律意义在于：一是在保险合同关系中，再保险接受人不得向原保险的投保人要求支付保险费。原保险的被保险人或者受益人不得向再保险接受人提出赔偿或者给付保险金的请求。再保险分出人不得以再保险接受人未履行再保险责任为由，拒绝履行或者迟延履行其原保险责任。[1]二是在保险监管中，再保险通常是对保险公司风险控制的一种监管手段，通常以法定再保险形式出现，即要求保险公司对于其承担的保险业务的一部分必须分保，以控制保险公司的风险。因此，再保险相对于原保险而言，其制度功能不限于对被保险人进行补偿，而在于分散保险公司风险。

〔1〕 参见我国《保险法》第29条。

四、单保险合同与复保险合同

依据投保人的一份保险需求对应的保险人数量，可将保险合同分为单保险合同与复保险合同。

单保险合同，是指投保人对同一保险标的、同一保险利益、同一保险事故，与一个保险人签订的保险合同。单保险合同并非法律术语，而是与复保险合同对应的概念。复保险合同，又称为重复保险合同，是指投保人对同一保险标的、同一保险利益、同一保险事故分别与两个以上保险人订立保险合同，且保险金额总和超过保险价值的保险。[1]

重复保险的赔付规则，也称为重复保险分摊规则，其法理基础是损失补偿原则。按照我国《保险法》第56条的规定，重复保险的投保人应当将重复保险的有关情况通知各保险人。重复保险的各保险人赔偿保险金的总和不得超过保险价值。除合同另有约定外，各保险人按照其保险金额与保险金额总和的比例承担赔偿保险金的责任。重复保险的投保人可以就保险金额总和超过保险价值的部分，请求各保险人按比例返还保险费。

五、定值保险合同与不定值保险合同

依据保险价值在订立保险合同时是否确定为标准，可将保险合同分为定值保险合同与不定值保险合同。这是基于财产保险合同的进一步分类。所谓定值保险合同，又称定价保险合同，是指当事人在订立保险合同时，预先评定保险标的的保险价值，并将其明确载于合同中的保险合同。财产保险合同中多数为不定值保险合同。

---

〔1〕 参见我国《保险法》第56条第4款。

六、足额保险合同、不足额保险合同与超额保险合同

依据合同约定的保险金额与保险标的的实际价值之比值不同，可将保险合同区分为足额保险合同、不足额保险合同与超额保险合同。这是对财产保险合同的进一步分类。

足额保险合同，是指合同约定的保险金额与保险标的的实际价值相当的保险合同。不足额保险合同，又称低额保险合同，是指合同约定的保险金额低于保险标的的实际价值的保险合同。超额保险合同，是指合同约定的保险金额高于保险标的的实际价值的保险合同。

对于投保方来说，足额保险合同提供的保障比较充分，又不会支付过多保险费。在发生保险事故时，发生全损则全额赔偿，发生部分损失则按实际损失进行赔偿。关于低额保险合同和超额保险合同的赔偿标准，下一章将有详述。

七、特定危险保险合同与一切危险保险合同

依据保险人的承保范围不同，可将保险合同区分为特定危险保险合同与一切危险保险合同。

特定危险保险合同，指保险人只承保合同中列举的一种或多种特定危险的保险合同。其中，仅明确列举一种危险的，称为单一危险保险合同；明确列出承保多种危险的，称为多种危险的保险合同。在多种危险的保险合同中，不论列举的危险数量为何，均属于特定危险保险合同。

一切危险保险合同，指保险人承保除合同中所列举的一种或多种特定危险之外的其他任何危险的保险合同。此类合同中所列举的危险属于保险人的免责范围。可见，一切危险保险合同中，保险人并不一定对所有危险承保。一切危险保险合同在

当下发展较快，相比特定危险保险合同，其具有如下优势：其一，为被保险人提供了相对充分的保障；其二，由于其是反向列举，故在发生保险事故时，易于判明责任承担范围，相应地降低各项成本。

八、个别保险合同与集合保险合同

依据保险标的（或者被保险人）是否单一为标准，可将保险合同分为个别保险合同与集合保险合同。个别保险合同，是指保险标的单一，以一人或一物为保险标的而订立的保险合同。大多数保险合同都属于个别保险合同。集合保险合同，是指保险标的为复数，以多人或多物为保险标的而订立的保险合同。例如人身保险中的团体保险，即属于集合保险合同，与财产保险不同的是其被保险人为复数而非保险标的为复数。〔1〕有的学者把以多数人为保险标的者称为团体保险，把以多数物为保险标的者称为集团保险。〔2〕

第三节　保险合同的主体

保险合同的主体是指与保险合同有着直接或间接关系，享有权利或者承担义务的人。在保险合同关系中，其主体主要包括保险人、投保人、被保险人及受益人。其中，保险人和投保人为订立保险合同的当事人，被保险人和受益人享有保险金请求权，为保险合同关系人。

另外，在保险市场上，还有一种人虽然不是保险合同的主体，但却为保险合同订立和履行起到重要的辅助作用，习惯上

---

〔1〕 参见李玉泉：《保险法》，法律出版社 1997 年版，第 96~97 页。

〔2〕 参见郑玉波：《保险法论》，刘宗荣修订，三民书局 1984 年版，第 46 页。

称之为保险合同的辅助人，主要是指保险代理人、保险经纪人和保险公估人。[1]有学者将其与保险合同当事人、关系人统称为保险合同法上的“人”。[2]本书也作如此安排，将本不属于保险合同主体的保险合同辅助人与保险合同当事人、关系人一并归入“保险合同主体”一节中介绍，是以说明。

一、保险人

保险人，又称承保人，是指与投保人订立保险合同，并按照合同约定承担赔偿或者给付保险金责任的保险公司。[3]

保险人具有如下法律特征：

（1）保险人是保险合同当事人。

保险人参与订立保险合同，享有保险合同项下的权利，如收取保险费、在法律规定的原因出现时或合同约定的条件成就时依法行使解除权等，也负有对被保险人或受益人承担合同约定的保险责任的义务。

（2）保险人是依法设立并被许可经营保险业务的保险公司。

各国保险业一般都存在严格的准入许可制度，非经审批设立的保险公司，一般不得经营保险业务。我国《保险法》第6条规定：“保险业务由依照本法设立的保险公司以及法律、行政法规规定的其他保险组织经营，其他单位和个人不得经营保险业务。”

（3）保险公司是保险基金的组织、管理和使用人。

保险人通过收取保险费组织保险基金，控制和管理保险基金，并在发生保险事故时使用保险基金来履行对被保险人或受

〔1〕参见李玉泉：《保险法》，法律出版社2003年版，第125页。

〔2〕参见樊启荣：《保险法》，北京大学出版社2011年版，第39页。

〔3〕参见《保险法》第10条第3款。

益人的保险赔偿或给付义务。

二、投保人

投保人，又称要保人，是指与保险人订立保险合同，并按照合同约定负有支付保险费义务的人。[1]在保险合同关系中，投保人是保险人的相对方，可以是自然人、法人或非法人组织。

投保人具有如下法律特征：（1）投保人是保险合同当事人；（2）投保人应当具有民事权利能力和行为能力；（3）投保人负有支付保险费的义务。

我国《保险法》第 14 条规定："保险合同成立后，投保人按照约定交付保险费，保险人按照约定的时间开始承担保险责任。"值得注意的是，投保人是否交付保险费，并不是保险合同的生效要件，但保险合同另有约定的除外。

三、被保险人

被保险人，是指其财产或者人身受保险合同保障，享有保险金请求权的人。[2]

被保险人具有如下法律特征：（1）被保险人是保险合同的关系人；被保险人并未直接参与保险合同的订立，不是保险合同的当事人。（2）被保险人是受保险合同保障的人；被保险人的财产或人身受保险合同保障。（3）被保险人是享有保险金请求权的人；（4）投保人可以为被保险人。

有学者主张，责任保险的受害人是法律上受到保险保障，享有保险金请求权的人，应为实质上的被保险人。[3]笔者认为，

---

〔1〕参见《保险法》第 10 条第 2 款。
〔2〕参见《保险法》第 12 条第 5 款。
〔3〕参见赵旭东主编：《商法学》，高等教育出版社 2015 年版，第 383 页。

被保险人的认定应以保险合同中注明的被保险人为准，即只认“形式上”的被保险人，不认什么所谓“实质上”的被保险人。至于谁事实上受到了保险保障并不重要，被保险人的认定逻辑是先有合同明确约定谁是被保险人，然后才有该被保险人依法得以行使保险金请求权。如此，有了明确约定的“被保险人”，保险利益原则才能得以适用。至于责任保险受害第三人的保险金请求权，与被保险人的请求权不同，其权利来源于法律对于具有特定功能类别保险的特殊规定。

四、受益人

（一）受益人的概念及特征

保险受益人，是指人身保险合同中由被保险人或者投保人指定的享有保险金请求权的人，投保人、被保险人可以为受益人。[1]

从以上定义，可以推知受益人具有如下法律特征：（1）受益人只存在于人身保险合同中。（2）受益人由被保险人或者投保人指定或者变更。（3）投保人、被保险人可以为受益人。（4）受益人资格和人数原则上不受限制。（5）受益人享有保险金请求权。（6）受益人无偿享有受益权及独立诉权。

但同时存在相应的疑问：财产保险合同中可否有受益人？投保人可以指定受益人的法理基础是什么？受益人的资格有无限制？投保人、被保险人和受益人之间可以有哪些交叉关系？这些问题与受益权相关，而关于受益权同样疑问重重：受益权的内容为何？由何而来？性质如何？与继承权的关系如何？如何行使及限制？如何保护？由此，由受益人与受益权扭成一个

〔1〕 参见《保险法》第18条第3款。

难解之结，是一尚未解决的理论课题。

（二）受益人制度的法理解释

我们把保险受益人与受益权的诸多问题归一到“受益人制度”以便于表达。研究从受益人制度的产生展开，追根溯源，探究其理论上的合理解释并对现行制度进行检讨。

保险制度的本意是为被保险人提供保障，因此，被保险人当然享有保险金请求权。但在死亡保险场合，被保险人死亡是保险金给付的条件，而死者是无法行使请求权的，因此，保险金只能按被保险人的遗产来处理或者由被保险人生前指定的受益人来领受保险金。因为按遗产处理往往会牵扯到诸多繁杂的法律关系，相对而言，指定受益人领受保险金会使保险合同履行更为简单易行，所以，受益人制度便自然产生了。这也可以视为受益人制度的“原型”，是我们探究受益人及受益权性质的基础。这种情形下的受益人，在我国保险实务中，一般称之为“身故受益人”，意思是在被保险人身故后享有保险金请求权。这种称谓对于生死两全型保险尤其具有重要意义，即在被保险人生存给付条件满足时，是由被保险人领受保险金；只有在被保险人死亡给付条件达到时，才由受益人领受保险金。

从受益人制度的“原型”出发，被保险人指定受益人行为的法律性质如何？合理的定性大致有几种：其一，将死亡保险的保险金视为被保险人的遗产，指定的受益人相当于被保险人对特定财产指定的遗嘱继承人。如此定性，受益人的受益权即为继承权，领受保险金不能回避被保险人的生前债务和遗产税，与实务不符。其二，是被保险人对其享有的保险合同利益的事先处分。如此定性，与前种解释类似，行为性质也是遗嘱指定继承人或者属于赠与行为，也难以回避被保险人的生前债务和赠与税。其三，是被保险人对其法定保险金请求权的让渡（债权让与）。以上几种定性，均无法解释投保人有受益人指定权。其四，法定特别权利。死亡保险从其制度价值看，并非为被保险人本人利益而设，更多是为与被保险人有利害关系的亲属的利益而设，是为补偿他们因被保险人死亡所带来的“损失”，保险金不应缴纳遗产税。如此定性，可以解释保险金不用考虑被保险人生前债务和纳税的问题，但指定亲属以外的人为受益人似乎并不妥当。

（三）受益人的指定和变更

根据我国《保险法》第39条、第40条、第41条以及《保险法司法解释（三）》的规定，人身保险的受益人由被保险人或者投保人指定或者变更。投保人指定受益人时须经被保险人同意，投保人指定受益人未经被保险人同意的，其指定行为无效。

被保险人或者投保人可以指定一人或者数人为受益人。受益人为数人的，被保险人或者投保人可以确定受益顺序和受益份额；未确定受益份额的，受益人按照相等份额享有受益权。投保人为与其有劳动关系的劳动者投保人身保险，不得指定被保险人及其近亲属以外的人为受益人。被保险人为无民事行为能力人或者限制民事行为能力人的，可以由其监护人指定受益人。

当事人对保险合同约定的受益人存在争议，除投保人、被保险人在保险合同之外另有约定外，按照以下情形分别处理：（1）受益人约定为“法定”或者“法定继承人”的，以继承法规定的法定继承人为受益人；（2）受益人仅约定为身份关系，投保人与被保险人为同一主体的，根据保险事故发生时与被保险人的身份关系确定受益人；投保人与被保险人为不同主体的，根据保险合同成立时与被保险人的身份关系确定受益人；（3）受益人的约定包括姓名和身份关系，保险事故发生时身份关系发生变化的，认定为未指定受益人。

投保人或者被保险人可以变更受益人，当事人变更行为自变更意思表示发出时生效。保险人收到变更受益人的书面通知后，应当在保险单或者其他保险凭证上批注或者附贴批单。如果投保人或者被保险人变更受益人未通知保险人，则对保险人不发生效力。投保人或者被保险人在保险事故发生后原则上不得变更受益人。

（四）受益权及其性质

受益人依法享有受益权，其受益权源于投保人或者被保险人指定的受益人身份，因此，一般而言，保险合同约定的受益人是谁，则由谁享有和行使受益权。

学者大多主张，受益权的性质是：固有权而非继受权，投保人或被保险人的债权人不能对保险金或保险金请求权实行强制执行；〔1〕优于继承权；期待权而非现实权。〔2〕我国保险实践中，大多数受益人可能并不知道自己是受益人，因此，受益权是否构成期待权值得商榷。我国受益人制度不同于德国，德国的受益人分为可变更和不可变更的受益人，可能涉及期待权的保护问题；而我国的做法是可以随意变更受益人，在保险事故发生前，受益人的受益权几乎没有什么意义，也不涉及保护的问题。

受益权可以放弃，但在保险事故发生前一般不得转让和继承，受益人的继承人可以继承受益权的情形一般仅能发生在不可变更受益人的场合，诸如日本的做法〔3〕。依据我国保险法司法解释，保险事故发生后，受益人可以将与本次保险事故相对

---

〔1〕 参见沙银华：《日本经典保险判例评释》，法律出版社 2002 年版，第 25 页。

〔2〕 参见覃有土、樊启荣：《保险法学》，高等教育出版社 2003 年版，第 353～355 页；郑玉波：《保险法论》，刘宗荣修订，三民书局 1984 年版，第 18 页。

〔3〕 参见沙银华：《日本经典保险判例评释》，法律出版社 2002 年版，第 31 页。

应的全部或者部分保险金请求权转让给第三人，但根据合同性质、当事人约定或者法律规定不得转让的除外。

需要注意的是，学者们关于受益权性质的讨论，大多是基于我国台湾地区保险法学者的著述和相关立法以及日本和德国相关法律的规定。而我国《保险法》对于受益人及受益权的规定并未完全继受我国台湾地区以及日本、德国有关受益人的理论和制度，对很多问题并无规定或者并无明确的规定，因此也不宜直接拿他们的结论作“成规”。诸如：（1）受益人是否区分可变更和不可变更受益人？进而受益权是否构成期待权还是只有期待利益甚至仅有“期待”？（2）受益权是固有权还是继受权？如果是固有权为何受益人不能处分受益权？进而是否要区分保险事故发生前和保险事故发生后？（3）受益权与被保险人继承人的继承权有何本质不同？以至于该保险金（甚至被保险人生存情形下的保险金给付）区别于被保险人的遗产，而置被保险人的债权人以及遗产税或赠与税或收益税[1]于不顾？保险金还是遗产，二者的“待遇”有着天壤之别，以至于有学者甚至提出或者从法条解读出“法定受益人”的概念？这些问题值得研究，以求法理上能够逻辑自洽。

（五）受益权的行使及丧失

1. 受益权的行使

根据我国《保险法》第42条以及《保险法司法解释（三）》

---

〔1〕 笔者认为，“保险金无需纳税”的所谓成规是个“阴谋”。损失填补性质保险的保险金不应缴纳所得税是合理的，但近似于储蓄、投资的人寿保险和投资性保险与前者有本质区别。如果储蓄利息或者投资收益需要缴纳收益税，则储蓄性和投资性保险的保险金也应缴纳收益税。说其是“阴谋”，是指相关利益者以损失填补性保险无需纳税的理由，以偏概全地为储蓄、投资性保险做了“挡箭牌”，这样就使得储蓄性和投资性保险产品较之金融市场中类似的银行储蓄和基金产品具有了天然的税费优势。显然，这不具有正当性。

的规定，被保险人死亡后，有下列情形之一的，保险金作为被保险人的遗产，由保险人依照《继承法》的规定履行给付保险金的义务：（1）没有指定受益人，或者受益人指定不明无法确定的；（2）受益人先于被保险人死亡，没有其他受益人的；（3）受益人依法丧失受益权或者放弃受益权，没有其他受益人的。

投保人或者被保险人指定数人为受益人，部分受益人在保险事故发生前死亡、放弃受益权或者依法丧失受益权的，该受益人应得的受益份额按照保险合同的约定处理。保险合同没有约定或者约定不明的，该受益人应得的受益份额按照以下情形分别处理：（1）未约定受益顺序和受益份额的，由其他受益人平均享有；（2）未约定受益顺序但约定受益份额的，由其他受益人按照相应比例享有；（3）约定受益顺序但未约定受益份额的，由同顺序的其他受益人平均享有；同一顺序没有其他受益人的，由后一顺序的受益人平均享有；（4）约定受益顺序和受益份额的，由同顺序的其他受益人按照相应比例享有；同一顺序没有其他受益人的，由后一顺序的受益人按照相应比例享有。

我国《保险法》第42条第2款规定："受益人与被保险人在同一事件中死亡，且不能确定死亡先后顺序的，推定受益人死亡在先。"该条款被称为共同灾难条款，借鉴了美国1940年《统一同时死亡法》[1]的规定，弥补了我国1995年《保险法》的空白。

---

〔1〕 美国1940年《统一同时死亡法》规定："人寿或伤害保险的被保险人及受益人皆死亡而不能证明为同时死亡者，推定被保险人后于受益人死亡，以确定保险金的归属。但是，如果能够证明受益人的死亡时间稍后于被保险人，保险金应作为受益人的遗产，而由受益人的继承人受领。"参见张俊岩主编：《保险法热点问题讲座》，中国法制出版社2009年版，第89页；许崇苗、李利：《保险合同法理论与实务》，法律出版社2002年版，第180页。

2. 受益权的丧失

因为受益权成为现实权利的前提是保险事故的发生，所以为防止道德风险的发生，我国《保险法》上对受益人及受益权设有双重限制。一是受益人由被保险人指定和变更，这在主观方面设置了一道“保险”，如果被保险人感觉受益人可能会有道德风险倾向，则可以及时变更受益人。二是在客观方面也设置了一道防范道德风险的“保险”，即规定了受益人丧失受益权的法定情形：“受益人故意造成被保险人死亡、伤残、疾病的，或者故意杀害被保险人未遂的，该受益人丧失受益权”。[1]

五、保险代理人

保险代理人是根据保险人的委托，向保险人收取佣金，并在保险人授权的范围内代为办理保险业务的机构或者个人。[2]

保险代理制度究其本质，应当属于民事代理制度，故完全适用民法关于民事代理的规定。具体而言，保险代理人与被代理人的法律关系主要表现为：保险人委托保险代理人代为办理保险业务的，应当与保险代理人签订委托代理协议，依法约定双方的权利和义务及其他代理事项。保险代理人根据保险人的授权代为办理保险业务的行为，由保险人承担责任。保险代理人没有代理权、超越代理权或者代理权终止后以保险人名义订立合同，使投保人有理由相信其有代理权的，该代理行为有效。保险人可以依法追究越权的保险代理人的责任。

基于理论或实践的需要，保险代理人依据不同标准可有不同分类：

1. 依据代理人的主体特征，可分为单位保险代理人和个人

〔1〕 参见《保险法》第43条第2款。

〔2〕 参见《保险法》第117条第1款。

保险代理人。单位保险代理人一般是独立于保险公司以外的保险代理机构，广义理解，既包括专门从事保险代理业务的专业保险代理机构，也包括兼业从事某方面保险代理业务的单位。个人保险代理人，一般是指与保险公司有委托代理关系的保险营销员。按照我国保险法的规定，个人保险代理人在代为办理人寿保险业务时，不得同时接受两个以上保险人的委托。

2. 依据代理人的职业特征，可分为兼业保险代理人和专业保险代理人。兼业保险代理人是指受保险人委托，在从事自身业务之外，兼营保险代理业务的单位。兼业保险代理人可以通过代理与其主营业务相关的保险产品，方便投保人投保。目前我国常见的兼业保险代理主要有银行代理、航空铁路等特种行业代理、企业特种险种代理以及群众团体特种险种代理等形式。专业保险代理人是指受保险人委托，专职从事保险代理业务的单位，在我国一般称作保险专业代理机构。所谓保险专业代理机构是指具备保险监督管理机构规定的资格条件，取得经营保险代理业务许可证，根据保险人的委托，向保险人收取佣金，在保险人授权的范围内代为办理保险业务的机构，包括保险专业代理公司及其分支机构。

3. 依据代理人的经营职责，可分为保险展业代理人和保险理赔代理人。保险展业代理人的主要经营职责是进行保险宣传，推销保险产品。保险理赔代理人则是专门代理保险人进行现场查勘、检验、定损、赔付等理赔工作。

在我国保险市场上，保险中介人中起步较早、规模较大、业务份额较高的当数保险代理人。尤其在一些业务量较小、业务面较广的分散险种上，保险代理人发挥着独特的优势。[1]

---

〔1〕 参见赵旭东主编：《商法学》，高等教育出版社2015年版，第416~417页。

六、保险经纪人

保险经纪人是基于投保人的利益，为投保人与保险人订立保险合同提供中介服务，并依法收取佣金的机构。[1]保险经纪人在我国一般称为保险经纪机构，其法律地位与一般商业居间人大致相同。

对于投保方来说，保险经纪人的专业知识和业务经验尤为重要。保险经纪人可以帮助被保险人以最低的保费获得最优承保，在保险索赔时，则有可能使被保险人在保险范围内得到最大限度的补偿。对于保险人来说，保险经纪人对其同样有益。现在，世界上大部分保险业务都是通过保险经纪人来完成的。

保险经纪包括直接保险经纪和再保险经纪。直接保险经纪是指保险经纪公司与投保人签订委托合同，基于投保人或被保险人的利益，为投保人与保险人订立保险合同提供中介服务，并按约定收取中介费用的经纪行为。再保险经纪是指保险经纪公司为原保险人与再保险人提供业务中介服务，并按约定收取中介费用的经纪行为。

保险经纪人从事保险经纪活动应当遵循合法、自愿、诚实信用和公平竞争原则。因保险经纪人在办理保险业务中的过错，给投保人、被保险人造成损失的，由保险经纪人承担赔偿责任。[2]

保险经纪人与保险代理人的法律地位不同，故在责任承担上也不同。例如：某年 3 月 15 日甲公司向某保险公司投保了保险期为 1 年的企业财产险，保险金额为 100 万元。次年该日，某公司向保险公司代理人乙提出续保，并递交了投保单，交纳了

〔1〕 参见《保险法》第 118 条。

〔2〕 参见赵旭东主编：《商法学》，高等教育出版社 2015 年版，第 417 页。

保险费。但乙因特殊原因，未及时向保险公司交付保险费和投保单，保险公司也没有签发保险单。一个月后甲公司发生火灾，致财物损失 80 万元。甲公司索赔，保险公司以未收到投保单和保险费以及未核保签发保险单为由抗辩拒赔。法院认为，乙是保险公司的代理人，代理人接受投保单和保险费的行为，应视为保险公司的行为，且该行为可以推定保险公司已经作出承保承诺，合同成立并生效，保险公司应当承担保险责任。

本案中，如果乙不是保险代理人而是保险经纪人，则保险公司的抗辩理由成立，保险合同未成立，保险公司无需承担保险责任。而保险经纪人乙因在办理保险业务中的过错，给投保人、被保险人造成了续保未成功、得不到保险赔偿的损失，故应承担赔偿责任。

七、保险公估人

保险公估人，是指接受委托专门从事保险标的或者保险事故的评估、勘验、鉴定、估损、估损理算等业务，并按约定收取报酬的人。保险公估人在我国一般被称作保险公估机构。

保险公估机构主要经营下列业务：（1）保险标的承保前或承保后的检验、估价及风险评估。（2）对保险标的出险后的查勘、检验、估损理算及出险保险标的的残值处理。（3）风险管理咨询。保险公估机构从事保险公估业务应当遵循合法、独立、客观、公正、公平的原则，其行为后果由其自己承担。

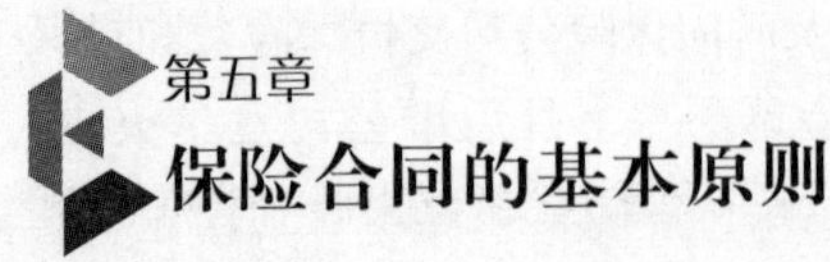

第五章 保险合同的基本原则

关于哪些是保险合同的基本原则？如何界定？学界存在不同的观点：[1](1) 七原则说，即合法性原则、平等自愿原则、公平竞争等价有偿原则、诚实信用原则、保险利益原则、损害赔偿原则、近因原则。(2) 五原则说，即坚持保险与防灾防损相结合的原则、最大诚实信用原则、保险利益原则、保险利益原则、损失补偿原则。(3) 四原则说，即最大诚实信用原则、保险利益原则、损失补偿原则、近因原则。(4) 两原则说，即最大诚实信用原则和保险利益原则。我国《保险法》中并无关于保险合同基本原则的明文规定，关于保险合同基本原则的探讨都是在理论层面，不同的观点可能都具有一定的合理性。

关于保险合同的基本原则，本书认为有以下几点需要说明：

(1) 保险合同基本原则与保险法基本原则。有的著述中将保险合同基本原则称为保险法的基本原则是不严谨的。作为商法的保险法，早期就是保险合同法，并不包含保险业法，例如大陆法系典型国家的《商法典》中只有关于保险合同的规定而无关于保险业的规定，这个时期的保险法的基本原则也就是保险合同法的基本原则。现今各国的保险法立法体例，多为保险

〔1〕 参见温世扬主编：《保险法》，法律出版社2003年版，第34页。

合同法与保险业法分别立法，其中保险合同法部分直接称为“保险法”，在这种立法体例的国家，将保险合同法的基本原则称为保险法的基本原则也无不妥。但我国《保险法》的立法体例是包含保险合同法与保险业法的统一法典形式，保险合同法与保险业法是我国保险法的两大组成部分，因此，“保险法的基本原则”的表述应该是贯穿保险合同法和保险业法两个领域的基本原则。而保险合同法与保险业法性质截然不同，保险合同法是私法，属于民商法范畴，保险业法是公法，属于经济法或者行政法范畴，私法与公法不可能具有共同的基本原则。因此，严谨的表述应该是保险合同法基本原则，或者是保险合同基本原则。

（2）保险合同基本原则与民商法基本原则。保险合同法属于民事特别法，民法的基本原则或者商法的基本原则无疑可以适用于保险合同法，但不宜延伸成为或者替代保险合同法的基本原则。保险合同法作为特别法，可以有也应该有其不简单等同于民商法基本原则的特有的基本原则。保险合同法的基本原则应然产生于保险经济机制原理以及保险法的立法目的，而不是民法基本原则在保险合同领域简单的延伸，因此，如果保险合同法基本原则与民法基本原则相悖，也应以“特别法”的态度对待这些基本原则，承认其优先效力。同理，民商法中已有的基本原则，恰如民商法的一般规则，除非需要特别强调的情形，无需在保险合同法中重复。在我国这样的成文法国家，明确规定保险合同法的基本原则，对于正确解释和适用保险合同法规范具有重要意义，可以确保保险制度正常发挥其功能，把保险法的立法宗旨落到实处。

另外，需要说明的是，有学者认为保险合同的基本原则的界定标准应当是可以同时适用于财产保险合同与人身保险合同，进而在基本原则中排除了损失补偿原则和近因原则。[1]这在逻辑上似乎合理，但过于机械。因为作为其界定标准的财产保险合同与人身保险合同的分类并不绝对，损失补偿原则能否适用于某些人身保险也存在争议。其实，任何法的基本原则也不可能适用于该法的所有规则，因此以“贯穿”或者“全覆盖”作为界定基本原则的标准并不妥当。所以，本书主张以能否正确反映保险合同特有的经济机理和保险法的立法目的为界定标准来提炼保险合同法的基本原则，这样才能发挥应用保险合同基本原则正确解释和适用保险法规范的功能。在这个意义上，本书采“四原则说”，即最大诚实信用原则、保险利益原则、损失补偿原则、近因原则。

第一节　最大诚信原则

一、最大诚信原则概述

根据《布莱克法律词典》，最大诚信（utmost good faith）指最充分的诚实信用，绝对且完美的坦白或公开和诚实，无任何隐瞒或欺瞒，不论其程度是何等轻微。[2]

最大诚信原则最早产生于海上保险，在海上保险初期，因当时通讯工具极为落后，在商订保险合同时，被保险的船货往往在千里之外，保险人是否承保仅凭投保人提供的有关资料，如果当事人一方以欺诈、隐瞒手段订立合同，将使得对方深受其害，所以要求当事人双方必须具有高于一般合同的诚实信用。

---

〔1〕 参见温世扬主编：《保险法》，法律出版社 2003 年版，第 34 页。

〔2〕 See Henry Camphell Black, *Black's Law Dictionary*, Thomson West, 2014, p. 1520.

英国《1906年海上保险法》首先确立了该原则。[1]该法第17条规定："海上保险合同是建立在最大诚信原则的基础上的合同，如果任何一方不遵守这一原则，他方可以宣告合同无效。"我国《保险法》第5条规定："保险活动当事人行使权利、履行义务应当遵循诚实信用原则。"

最大诚信原则的基本内涵是，保险合同双方当事人在订立保险合同时及合同有效期内，应向对方提供足以影响对方作出是否订立合同及确定履约方式等决定的全部实质性重要事实，不得隐瞒或欺骗；同时绝对信守合同订立的约定与承诺。否则，一方可以此为由主张保险合同无效或不履行合同约定的义务，受到损害的，可以向对方求偿。[2]

最大诚信原则在保险法的确立，与保险机制的原理或者说保险合同的性质有关。笔者认为，保险合同与博彩合同一样属于射幸合同，合同双方对待给付不对等，依赖于偶然事件或者碰运气是其重要的特点。射幸合同不强调对待给付上的公平而强调诚信，是其本性的当然反映。这与赌场不管个别公平只讲诚信无欺是一个道理，保险合同领域不存在个别交易的公平原则，而是把诚信原则推到极致。其实，保险法的根本任务就是鼓励诚信、反对欺诈、防范道德风险，以此维护保险之本义，发挥保险应有之功能。在这个意义上，最大诚信原则是贯穿整个保险法的最为核心的基本原则，其他原则如保险利益原则、损失补偿原则、近因原则等都是诚信原则的具体化的要求和体现。

最大诚信原则最初主要是对投保方的约束，而现在也约束保险人。最大诚信原则在立法上主要体现为以下制度或者规则：投保方的如实告知义务和保险人的缔约说明义务。需要说明的

---

〔1〕 参见温世扬主编：《保险法》，法律出版社2003年版，第39页。

〔2〕 参见范健、王建文、张莉莉：《保险法》，法律出版社2017年版，第52页。

是，在保险法理论上，对于投保方的约束还有信守保证，即保证条款或条件条款效力规则；对于保险人的约束还有弃权规则和禁止反言规则，因为这些制度或者规则在我国保险法上并无明文规定，[1]司法实践上也难以适用，本书对此不展开阐述。

二、投保方的如实告知义务

（一）如实告知义务的意义

如实告知义务，是指投保方在订立保险合同时，应当将有关保险标的和被保险人的信息向保险人作出如实陈述的义务。我国《保险法》第16条第1款规定："订立保险合同，保险人就保险标的或者被保险人的有关情况提出询问的，投保人应当如实告知。"可见，该义务不属于合同义务，而是法定的投保人的先合同义务。

如实告知义务是最大诚信原则对投保方的要求。在订立保险合同时，保险人需了解有关保险标的或者被保险人的情况来评估风险情况，以此作为承保决策的基础。但是，缔约双方当事人对保险标的的情况存在信息不对称问题，对此，投保方无疑具有信息优势。因此，法律通过赋予投保方如实告知义务的方式，以解决对于保险标的和被保险人风险情况存在的信息不对称问题。而且，如此处理相比规定由保险人自行调查和评估风险更为经济可行，符合经济效率原则。

（二）如实告知义务的履行

1. 告知义务的主体

关于告知义务的主体，各国的保险立法不完全相同。区别

---

[1] 我国《保险法》第16条第6款，规定的是一种个别的法定弃权情形，但还不能算作是确立了可以在司法裁判中通用的完整的弃权规则。而禁止反言规则本就属于英美衡平法上的规则，成文法难以体现。

在于，除了投保人之外，被保险人是否负有告知义务。理论上，被保险人对于自己的情况或者保险标的的情况，比投保人更为了解，且其享有保险金请求权，应该负有告知义务。但因其不是合同当事人，有些被保险人可能是无民事行为能力的人，或者因其他原因不便参与合同订立，因此，由其承担如实告知义务可能会增加投保方负担。同时，如果投保人、被保险人均负有如实告知义务，在告知内容的分配、告知内容出现矛盾时如何认定等技术操作方面也有诸多麻烦。因此，采用单一主义或者选择主义可能是更好的立法选择。我国《保险法》采用单一主义，规定仅投保人负有如实告知义务。

2. 对告知内容和形式的要求

投保人负有如实告知义务，但应当告知哪些事项以及如何告知，各国立法也有不同。理论上讲，告知的内容应当是对保险人承保决策有影响的“重要事实”，但哪些属于“重要事实”，投保方难以判断，应由保险人事先明示。

关于投保人履行告知义务的形式，根据其是主动告知所了解的所有信息，还是针对保险人的询问在一定范围内回答其所了解的信息，在国际上存在两种立法模式。前者为主动申告主义，又称无限告知主义，是指法律对告知的内容没有确定性的规定，只要事实上与保险标的的危险状况有关，而且被认为保险人知道或应该知道的任何重要事实，均有告知义务。这一标准较为严格，对于投保人未免有失公平。后者为询问告知主义，又称询问回答主义，是指投保人的告知以保险人提出询问为限，提出询问的要如实回答，没有询问的，不负告知义务。这一标准较为缓和，为多数国家或地区所采用。投保人履行如实告知义务的方式，通常是填写保险人提供的书面形式的询问表。

我国采询问告知主义。除我国《保险法》第 16 条的规定以外，我国《保险法司法解释（二）》第6条规定："投保人的告知义务限于保险人询问的范围和内容。当事人对询问范围及内容有争议的，保险人负举证责任。保险人以投保人违反了对投保单询问表中所列概括性条款的如实告知义务为由请求解除合同的，人民法院不予支持。但该概括性条款有具体内容的除外。"该条文含义如下：（1）投保人负有告知义务的范围和内容，取决于保险人询问的事项。保险人未询问的内容，投保人不负告知义务。（2）投保人履行告知义务的方式是对保险人询问的内容如实作答，对未询问的内容无需主动告知。（3）保险人承担对询问范围及内容的举证责任。（4）保险人的询问应当具体、明确，采用不含有具体内容的概括性条款，不产生询问的效力。例如，询问"被保险人有身体不适吗?"即为概括性询问条款，如何回答均不构成不实告知。

如实告知义务的理论基础是最大诚信原则，其对告知内容不要求客观真实，一般仅要求投保人诚信作答即可，内容也以投保人知悉或者应知为限；甚至仅以知悉为标准，不以应知为标准。根据我国《保险法司法解释（二）》第5条规定："保险合同订立时，投保人明知的与保险标的或者被保险人有关的情况，属于《保险法》第16条第1款规定的投保人'应当如实告知'的内容。"

（三）违反如实告知义务的构成要件

违反告知义务通常有两种情形：一是告知不实，包括误告或错告；二是未予告知，包括隐瞒和遗漏。因为是最大诚信原则的要求，所以投保人的主观心态对法律后果往往也产生影响，一般要求达到故意或者重大过失的标准，才会认定违反如实告知义务。投保人主观无过错，一般不需承担不利后果。例如，被保险人患有癌症但并不知情，回答"未患有癌症"并不违反如实告知义务。

根据我国《保险法》第16条的规定，构成如实告知义务的违反，应当符合两个条件：（1）投保人主观故意或者重大过失而未履行如实告知义务；（2）该行为必须重要到“足以影响保险人决定是否同意承保或者提高保险费率”，即实质影响到保险人的承保决策。投保人违反如实告知义务的，保险人可以解除保险合同。

（四）违反如实告知义务的法律后果

我国《保险法》第16条根据投保人故意和重大过失的不同的主观状态，规定了不同的法律后果：

1. 投保人故意不履行如实告知义务的，保险人对于合同解除前发生的保险事故，不承担赔偿或者给付保险金的责任，并不退还保险费。

2. 投保人因重大过失未履行如实告知义务，对保险事故的发生有严重影响的，保险人对于合同解除前发生的保险事故，不承担赔偿或者给付保险金的责任，但应当退还保险费。在此种情形下，法律强调违反如实告知义务与保险事故发生之间应有一定的因果关系，即对保险事故的发生“有严重影响”，保险人才可解除合同并不予保险赔偿或给付。

关于是否需要不实告知与保险事故之间存在因果关系才构成如实告知义务的违反，各国立法倾向不一。例如，下面介绍的日本案例，争议点就在于有无因果关系。[1]

A和Y保险公司签订了以A为被保险人的生命保险合同，一年后A因患尿毒症死亡。A的受益人X向Y请求支付保险金。Y在理赔中发现A在投保时隐瞒了患有梅毒性脊髓炎的既往病史，违反了如实告知义务，就以此为由，解除合同，拒绝向X

〔1〕 参见沙银华：《日本经典保险判例评释》，法律出版社2002年版，第35~37页。另说明：在日本判例介绍中，一般以X代表原告，Y代表被告，而诉讼外的人物则用ABC等表示。

支付保险金。X 提起诉讼，提出 A 死于尿毒症而非隐瞒的梅毒性脊髓炎，认为二者无因果关系，按照《日本商法典》[1]的规定，Y 有支付保险金的义务。

一审 Y 败诉，不服上诉。最终判决认为梅毒性脊髓炎与尿毒症有因果关系（有医学证据），依据《日本商法典》第 678 条第二项和第 645 条第二项但书的规定，判决保险公司 Y 胜诉，不需给付保险金。按上述法律依据，如果证明无因果关系，则保险公司 Y 则须支付保险金。

此案例告诉我们，按《日本商法典》，只有不实告知是保险事故发生的原因，保险公司才可以此对抗投保方。

英国的情形与日本不同，在英国完全不考虑这种因果关系，诚信本身更重要。英国有一个非常有趣的案例，投保人为男性，为自己投保寿险，保险公司询问他的婚姻情况，他填写了“单身”，而他实际上是已婚。被保险人死亡后，保险公司拒赔，受益人起诉保险公司。原告的律师主张，从保险人的角度看，这一错误陈述不能构成对重要事实的不实陈述。因为这一错误陈述恰恰对保险人有利，原因是已婚男子的平均寿命要长于单身男子，所以单身男子所交的保险费要多于已婚男子。但法庭不同意这种观点，法庭认为原告律师所说的理由并没有错，但是，对投保人婚姻状况的具体询问就使这一事实变成了重要事实，因此，保险人胜诉。[2]

---

〔1〕 日本 2008 年颁布《保险法》，将《日本商法典》中关于保险合同的规定吸收进《保险法》中。

〔2〕 参见陈欣：《保险法》，北京大学出版社 2000 年版，第 62 页。笔者注：英国 Consumer Insurance（Disclosure and Representations）Act 2012（《2012 年消费者保险法》）和 Insurance Act 2015（《2015 年保险法》）对此进行了修正，针对投保方违反如实告知义务对保险人承保决策产生影响的不同，规定了不同的法律后果，还规定了比例赔付的方式。

（五）保险人解除权的限制

我国《保险法》第 16 条对于保险人解除权的限制有两款规定，分别为法定弃权条款和不可抗辩条款。

一是该条第 6 款规定："保险人在合同订立时已经知道投保人未如实告知的情况的，保险人不得解除合同；发生保险事故的，保险人应当承担赔偿或者给付保险金的责任。"这款规定的是保险人法定弃权的情形，即保险人在订立合同时已知投保人违反如实告知义务，而未行使相应的解除权，推定其放弃了合同解除权和抗辩权。此后发生保险事故，保险人不能再主张解除合同和抗辩。

二是该条第 3 款，该款习惯被称为"不可抗辩条款"或者"不可争条款"。

我国 2009 年修订的《保险法》中，引入了不可抗辩条款。根据该条款的规定，保险人基于投保方在投保时违反最大诚信原则、未履行如实告知义务而享有的合同解除权，自保险人知道有解除事由之日起，超过 30 日不行使而消灭。自合同成立之日起超过 2 年的，保险人也不得解除合同。发生保险事故的，保险人应当承担赔偿或者给付保险金的责任。

该条款对于限制保险人滥用权利、保护投保方利益的意义重大，也弥补了我国《保险法》修订以前如实告知义务制度存有的缺憾。不可抗辩条款源于保险人解决保险业诚信危机的自觉行为，经历了从合同约定条款到法定强制条款的嬗变，最终成为世界各国保险法所普遍规定的一项制度。不论英美法系还是大陆法系，绝大多数国家以成文法形式规定了不可抗辩条款，且均为强制性规范，不因当事人的约定而排除适用。

不可抗辩条款的法理基础包括：（1）诚实信用原则；（2）对信赖利益保护的原则；（3）禁止权利滥用原则，解除权属于形成权，应有除斥期间规定，以防止保险人的道德风险。

不可抗辩条款在司法适用方面仍存在一些争议，如：(1) 短期保险如财产保险是否适用？(2) 与作为一般法的合同法上的撤销权可否同时适用？如可适用是否会使不可抗辩条款的目的落空？(3) 对于投保方与保险公司工作人员或者体检医生内外串通、带病投保等严重欺诈行为是否适用？

三、保险人的缔约说明义务

(一) 缔约说明义务的意义

缔约说明义务，是指保险人在订立保险合同时，应当将保险合同的条款特别是免除保险人责任的条款向投保方作出明确的提示和说明的义务。我国《保险法》第 17 条规定："订立保险合同，采用保险人提供的格式条款的，保险人向投保人提供的投保单应当附格式条款，保险人应当向投保人说明合同的内容。对保险合同中免除保险人责任的条款，保险人在订立合同时应当在投保单、保险单或者其他保险凭证上作出足以引起投保人注意的提示，并对该条款的内容以书面或者口头形式向投保人作出明确说明；未作提示或者明确说明的，该条款不产生效力。"

与投保方的如实告知义务相似，保险人的缔约说明义务也不是合同义务，而是法定的保险人的先合同义务。保险人违反缔约说明义务，不会涉及违约责任，而是依法产生相应的法律后果。缔约说明义务的理论基础也是最大诚信原则。

首先，在保险合同订立场合，双方当事人信息不对称，投保方对于风险情况具有信息优势，而保险人对于保险技术以及合同条款的拟订具有信息优势。前者以如实告知义务平衡，后者则以缔约说明义务加以平衡。因此，作为技术优势方和合同拟订者的保险人，在订立保险合同时，应当向投保方明确说明合同条款特别是免除其责任的重要条款，以使投保方能够正确理解合同的内容以及双方具体的权利义务。

其次，保险合同是附和合同，大多采用格式条款形式。依据合同法对于格式条款规制的法理和规范，格式条款提供方在一定条件下理应向相对方就格式条款的内容履行说明义务。

（二）缔约说明义务的履行

1. 缔约说明义务的主体

缔约说明义务的主体是保险人，或者说是“保险方”，包括保险公司业务人员、保险代理人以及其他具有代理权限的人。

2. 缔约说明义务的对象

根据我国《保险法》第 17 条的规定，缔约说明义务针对的是由保险人提供格式条款的场合，如果合同内容是由双方议商拟订的，则不存在缔约说明义务。说明的对象也分为两个层次：一是对普通格式条款，负有说明合同内容的义务。二是对于免除保险人责任的条款，负有在合同及相关文本上提示和以口头或书面明确说明的义务。

对于前者，我国《保险法》并未明确规定违反该义务的法律后果，可以依据《合同法》的一般规定处理，在保险法的适用上，可能会涉及合同疑义解释原则。

对于后者，我国《保险法》明确规定了违反该义务的法律后果，实为缔约说明义务的核心内容。因此，哪些条款属于“免除保险人责任的条款”是适用该规则的前提性问题。从法解释学角度，“免除保险人责任的条款”不限于保险合同中的“免责条款”或者“责任免除”条款，只要客观上免除保险人应负保险责任的条款，无论其置于保险合同中何种位置，均可认定为“免除保险人责任的条款”。

根据《保险法司法解释（二）》第9条的规定：保险人提供的格式合同文本中的责任免除条款、免赔额、免赔率、比例赔付或者给付等免除或者减轻保险人责任的条款，可以认定为《保险法》第17条第2款规定的“免除保险人责任的条款”。保险人因投保人、被保险人违反法定或者约定义务，享有解除合同权利的条款，不属于《保险法》第17条第2款规定的“免除保险人责任的条款”。

《保险法司法解释（二）》第10条规定，保险人将法律、行政法规中的禁止性规定情形作为保险合同免责条款的免责事由，保险人对该条款作出提示后，投保人、被保险人或者受益人以保险人未履行明确说明义务为由主张该条款不生效的，人民法院不予支持。

3. 缔约说明义务的履行方式

对于“免除保险人责任的条款”如何做到“提示”和“明确说明”？关系到是否履行缔约说明义务的认定。根据我国《保险法司法解释（二）》第11条、第12条和第13条的规定，其司法认定标准如下：

（1）“提示”义务的认定标准。保险合同订立时，保险人在投保单或者保险单等其他保险凭证上，对保险合同中免除保险人责任的条款，以足以引起投保人注意的文字、字体、符号或者其他明显标志作出提示。

（2）“明确说明”义务的认定标准。保险人对保险合同中有关免除保险人责任条款的概念、内容及其法律后果以书面或者口头形式向投保人作出常人能够理解的解释说明。保险人对其履行了明确说明义务负举证责任。投保人对保险人履行了符合上述要求的明确说明义务在相关文书上签字、盖章或者以其他形式予以确认的，应当认定保险人履行了该项义务。但另有证据证明保险人未履行明确说明义务的除外。

（3）通过网络、电话等方式订立的保险合同，保险人以网页、音频、视频等形式对免除保险人责任条款予以提示和明确说明的，人民法院可以认定其履行了提示和明确说明义务。

（三）违反缔约说明义务的法律后果

对于属于上述“免除保险人责任的条款”，保险人须举证证明其做到了“提示”和“明确说明”。如果保险人不能证明其做到“提示”或者“明确说明”的，即构成保险人的缔约说明义务的违反，则该“免除保险人责任的条款”依法不发生效力，即该条款对双方当事人没有约束力。

需要注意，“不发生效力”不同于无效，不涉及对该“免除保险人责任的条款”内容的实质审查和判定，因此，违反缔约说明义务的法律后果仅个案适用。

第二节　保险利益原则

一、保险利益原则的确立及其功能

（一）保险利益原则的确立

纵观保险制度之历史沿革和各国保险法的发展，保险利益原则之创设的根本目的在于防止道德风险的发生，从而更好地实现保险“分散风险，补偿损失”的功能。这一点在保险理论界已经成为共识。如前文所述，正是风险所具有的偶然性特征，决定了保险存在的可能性，同时也决定了保险行为的射幸性，即保险的赔付依赖于特定风险的偶然发生，这和赌博极为相似。如果许可投保方可以以与其无任何关系的他人的财产或者人身为保险标的进行投保，且当保险标的发生保险事故时投保人可以得到保险赔偿，便会致使投保方“谋财而损财”或“谋财而害命”，即诱发道德危险。18世纪以前，英国保险法因为没有关于保险利益的规定，就出现过以他人财产投保而赌博、故意造成损失或者在损失发生时放任损失扩大、甚至为了保险赔偿而杀害被保险人的情况，造成社会的极大不安定。因此，英国在1746年的《海上保险法》中规定：无法证明利益存在者，保险合同无效；在1774年制定的《人寿保险法》中规定：人寿保险的投保人和被保险人之间必须具有保险利益，否则合同为无效。英国的保险法首次规定了保险利益原则，并为其他国家所效仿，且确立为保险合同的一项基本原则。[1]

（二）保险利益原则的功能

保险制度因其“分散风险和补偿损失”的功能而具有积极意义，并得以存续和发展，任何人均不应通过保险而获得无损失的利益或者超过损失的利益。这正是保险的本义所在，因此保险立法及各项原则的确立均应以此为宗旨。确立保险利益原则的价值亦在于此，归纳起来，有以下三个方面的功能：

1. 防止利用保险赌博

保险和赌博在目的、效果及社会评价（包括道德和法律等角度）方面均存有差异，但最根本的区别在于保险中有保险利益的存在。保险利益原则不许可随便以他人的财产或人身作为保险标的投保，便有效地防止了不受损失而获利，从而保证了保险的损失补偿职能，遏制了赌博。

2. 防止发生道德风险

道德风险是保险术语，是指投保方为获保险赔偿而故意促使保险事故发生或在保险事故发生时放任损失扩大。坚持保险

---

〔1〕 参见郭宏彬：“保险利益原则之再界定”，载《中央政法管理干部学院学报》2001年第3期。

利益原则，无损失则不赔偿，损失多少赔偿多少，有效地防止了为获得不当利益而发生道德危险。

3. 限制保险赔偿的额度

在保险实务中，保险赔偿的最高额以保险金额为限，而保险金额是以保险利益为基础的。这体现了保险的“补偿”性。〔1〕

二、保险利益的内涵

（一）保险利益的概念

根据我国《保险法》的规定，保险利益是指投保人或者被保险人对保险标的具有的法律上承认的利益。

投保人或者被保险人与保险标的之间存在法律上的利害关系为保险利益的识别要素。因此，对于人身保险，投保人对自己的寿命或者身体所具有的所属关系、与他人之间所具有的亲属关系或者信赖关系，可以成立保险利益；对于财产保险，被保险人对保险标的因保险事故的发生造成保险标的受到损害的利害关系，或者因保险事故的不发生而免受损害的利害关系，均可成立保险利益。〔2〕正如有的学者描述的一样，保险利益是指投保人或者被保险人在保险标的上因具有各种利益关系而享有的经济利益。这种经济利益，被保险人因保险标的发生保险事故而遭受损失，因保险事故的不发生而继续享有。〔3〕

（二）保险利益与保险标的之区分

对于“保险利益”，也有学者称作“可保权益”“保险权

〔1〕 参见郭宏彬：“保险利益原则之再界定”，载《中央政法管理干部学院学报》2001 年第 3 期。

〔2〕 参见邹海林：《保险法》，社会科学文献出版社 2017 年版，第 146 页。

〔3〕 参见孙积禄：《保险法论》，中国法制出版社 1997 年版，第 65 页。

益”[1]或者“可保利益”，这无关紧要。但关于保险利益的内涵，在现实中存在着很多争议和误解，其中有一种倾向是将保险利益等同于保险标的，将保险利益视为保险合同的客体而成为保险合同不可或缺的要素，甚至还有学者认为保险利益具有区分险种的功能。这种对于保险利益的认识因与我国保险法的规定不契合，故而给我国保险立法、司法带来混乱。

保险标的是我国保险法上的特有概念，完全不同于保险利益。任何保险合同都不能没有保险标的，欠缺保险标的，保险合同不能成立；但保险合同的成立与生效，却可以没有保险利益。保险标的与保险利益在保险合同中的地位完全不同，这也是我国保险法赋予保险利益和保险标的不同内涵的原因，绝不能将二者混同。我国《保险法》明确区分保险利益和保险标的这两个术语，保险利益仅仅解决被保险人（投保人）与保险标的之间的关系问题，并由此影响被保险人的权利或利益，但保险合同的权利义务关系并不指向保险利益，也即保险利益的有无，对于财产保险合同，不构成其成立和生效的条件；而对于人身保险合同，投保人对被保险人应当具有保险利益仅在合同订立时具有意义，合同成立后，保险利益的有无并不影响合同的效力和被保险人的权利。所以，保险利益不能也不可能构成保险合同的要素，故不能成为保险合同的客体。[2]

三、保险利益的认定

对于是否具有保险利益的认定，应区分财产保险和人身保

---

〔1〕 参见汤俊湘：《保险学》，三民书局1984年版，第65页。其著者认为“保险利益”的译法易使人误以为保险有何利益，译成“可保权益”或“保险权益”较为妥当。

〔2〕 参见邹海林：《保险法》，社会科学文献出版社2017年版，第148页。

险分别来考察。

（一）财产保险利益的认定

对于如何构成财产保险的保险利益，按照大多学者的观点，应从以下几个方面来认识：

1. 保险利益必须是合法的利益

不合法的利益不能作为保险利益为保险合同或保险法所保障。如对盗窃、抢劫之财物的占有利益，走私、贩毒的经济利益，劫匪对劫持的飞机或者人质的期待利益等，均不能构成保险利益。保险利益的合法性要求，是基于保险的社会公益性的需要，保险合同当事人不能以合同的约定来排除或限制保险利益原则的适用。没有保险利益，不论保险人是否引证，保险合同绝对不具有约束力，法院在审理保险合同纠纷案件时，可以当事人缺乏保险利益为由，判决保险合同无效。〔1〕保险利益的合法性和公益性，实际上可以概括为保险利益的两个特征。狭义的合法性是指保险利益的构成不能违反法律的规定，公益性要求不能违反社会公共秩序和善良风俗，不能以当事人的合意来对抗法律对保险利益的要求，而广义的合法性则包含狭义的合法性和公益性。保险利益的公益性，体现了保险的本义，限制了保险人的赔偿及其程度。

2. 保险利益应为经济上的利益

所谓“经济上的利益”，是指可以体现为货币形式的利益或称为“金钱利益”，保险是以补偿损失为目的，以支付货币为补偿方式的制度，若损失不是经济上的利益，就不能用金钱来计算，则损失无法补偿。保险是一种补偿性的合同行为，其目的在于补偿被保险人的利益损失，如无利益的损失，则不存在补

---

〔1〕参见王卫耻：《实用保险法》，文笙书局1981年版，第113页。

偿问题，因此保险利益必须和损害联系起来。

3. 保险利益是可以确定的利益

唯有保险利益这种经济利益是可以确定的利益，在实践上才具有可操作性，在保险标的发生损失时，保险人才可以据此进行补偿。所谓可以确定的利益，是指被保险人对保险标的的现有利益或者因现有利益而产生的将来预期利益可以确定。对于人身保险而言，可以确定的利益也可以称为法律规定或合同约定的利益。

对于上述之保险利益认定的要件，可能并不准确，尤其对"合法性"的解释，尚有可以讨论的空间。根据早期英国的保险判例，对于什么是保险利益的法理基础存在着不同的看法，归纳起来大致有三种理论：法定关系理论、实际利益理论和存在合法关系的实际利益理论。第三种理论也被称作"双重验证理论"，是前两种理论的折衷，似乎更为合理。该理论认为，保险利益应该是"法定关系"和"实际利益"的统一，两者缺一不可。如果一个人对保险标的具有严格的法定权利关系，而这种法定关系却永远不具有价值，那么，合理的结论就应该是不存在保险利益，因为缺乏实际利益。[1]另一方面，如果一个人虽有实际利益却缺乏法定权利，那么他也不具有保险利益。例如，甲每天需经过武汉长江大桥上下班，如果大桥不能通行，甲会遭受损失，因为他需要乘船绕行，既费时间又增加费用。甲虽有"实际利益"，但对大桥却没有"法定关系"，因此他对大桥不具有保险利益。[2]可见，"合法性"不宜简单解读为不违法，

〔1〕 例如，某乙 90 岁对某甲的财产具有法定的继承权，如果甲无子嗣，乙既有法定关系又有实际利益；但是，如果甲有 10 个已经成年的儿女和 15 个孙子女，乙虽有严格的法定权利却永远无法实现其价值，乙不具有保险利益。

〔2〕 参见陈欣：《保险法》，北京大学出版社 2000 年版，第 35~37 页。

而是存在法定关系或者具有法定权利。

总之，作为财产保险之保险利益的具体认定，核心在于被保险人对保险标的是否具有“法律上承认的利益”，可以解释为“法定权利或关系”和“经济利益”两个要素。其中，“法定权利或关系”主要包括：所有权、合法占有权、合同权利、法律责任、真实期待利益等。

（二）人身保险利益的认定

我国《保险法》第31条规定，投保人对下列人员具有保险利益：（1）本人；（2）配偶、子女、父母；（3）前项以外与投保人有抚养、赡养或者扶养关系的家庭其他成员、近亲属；（4）与投保人有劳动关系的劳动者。除前款规定外，被保险人同意投保人为其订立合同的，视为投保人对被保险人具有保险利益。

我国《保险法》对人身保险的保险利益采用列举的方式，规定了四种法定具有保险利益的情形。除此之外，以“被保险人同意”作为认定是否具有保险利益的一般规定，即遵循“同意原则”，只要被保险人同意投保人为其投保，则即认定投保人对被保险人具有保险利益。

国外立法或判例对于家庭关系、婚姻关系、血缘关系之外的具有一定经济利益关系的人之间是否具有保险利益往往也有比较明确的规定，例如，澳大利亚保险法规定，雇主与雇员相互之间具有保险利益，公司对其管理人员和雇员具有保险利益。有些商务关系也被认定为具有保险利益，例如债权人对于债务人的生命具有保险利益，合伙人对于其他合伙人的生命具有保险利益等。

本书认为，因为我国《保险法》上对投保人、被保险人法律地位和权利义务的定位，投保人不具有保险金请求权，因此，也就不存在投保人以他人生命或身体投保而获利的可能。不要求投保人对被保险人具有保险利益，并不会导致道德风险。所以，从保险利益原则制度功能角度来判断，人身保险根本没有适用保险利益原则的必要。被保险人对于受益人指定和变更以及保险合同质押和转让的“同意权”，基本可以在主观方面控制住道德风险的发生。

四、违反保险利益原则的法律后果

我国《保险法》对于人身保险和财产保险之保险利益规定有不同的时间要求，对于没有保险利益的，也分别规定了不同的法律后果：

（一）人身保险

人身保险的投保人在保险合同订立时，对被保险人应当具有保险利益。订立合同时，投保人对被保险人不具有保险利益的，合同无效。

（二）财产保险

财产保险的被保险人在保险事故发生时，对保险标的应当具有保险利益。保险事故发生时，被保险人对保险标的不具有保险利益的，不得向保险人请求赔偿保险金。

第三节　损失补偿原则

一、损失补偿原则概述

（一）损失补偿原则的意义

学界通常认为，损失补偿原则也称损失填补原则，是指当保险合同约定的保险事故发生并造成保险标的损失时，保险人在保险责任范围内就保险标的因保险风险造成的实际损失依约进行赔偿。[1]

笔者认为上述定义的表述没有突出该原则的实质内涵，损失补偿原则的实质在于“补偿”或“填补”，是限制保险赔偿金额的基本原则。因此，损失补偿原则，是指保险损失发生后，保险人的赔偿金额不能超过被保险人的实际损失。或者说，投保方不得通过保险获得超过其实际损失的利益。

将损失补偿原则作为保险合同的基本原则之一，具有如下意义：

其一，损失补偿原则符合保险本义，是保险基本功能的体现。保险机制的实质是风险损失的社会化分担，而非公共大赌场，因此，投保方通过保险机制只能获得对损失的填补而不能在损失之外获得利益，否则就使保险机制失去了正当性基础。这也正是保险分散风险、组织经济补偿之功能的体现。概言之，损失补偿原则使保险成其为保险，而非赌博。

其二，损失补偿原则可以防止诱发道德风险。道德风险是保险的副产品，也是最大的敌人，保险法的基本使命就是防范道德风险。如果被保险人可以通过保险谋取利益，就极有可能诱发道德风险。损失补偿原则限制保险赔偿的金额，使被保险人不能通过保险谋取超过其实际损失的利益，从而能够消除被保险人逆向选择的动因，控制道德风险的发生。概言之，损失补偿原则使保险避免走向其反面。

显然，损失补偿原则与保险利益原则在功能上有相通之处，都是强调不能通过保险谋取不当利益，以防范赌博和道德风险。在财产保险合同场合，保险利益原则强调的是“有损失，才有赔偿”，而损失补偿原则强调的是“损失多少，赔偿多少”，前

---

〔1〕 参见范健、王建文、张莉莉：《保险法》，法律出版社 2017 年版，88~89 页；贾林青：《保险法》，中国人民大学出版社 2007 年版，第 76 页。

者是定性要求，后者是定量要求。不难看出，在财产保险领域，损失补偿原则是可以吸收并替代保险利益原则的。而在人身保险领域，只要坚持投保人没有保险金请求权，保险利益原则就是多余的。总之，结合本书前文所述，在我国《保险法》中，保险利益原则的功能在无意中已被“被保险人的保险金请求权”所替代了，保险利益原则仅剩下画蛇添足的意义，徒增理论和实践困扰罢了。

（二）损失补偿原则的适用

对于损失补偿原则的适用，应当注意把握以下几点：

1. 损失补偿原则的适用范围

在理论上，损失补偿原则适用于以损失为基础的补偿性保险。保险可分为补偿性保险和给付性保险，补偿性保险以财产保险为代表，给付性保险以人寿保险为代表。在人身保险中，定额给付性保险和投资性变额保险属于保险的变异，并不以损失为基础，因此，不能适用损失补偿原则。在死亡保险、意外伤害保险和疾病保险中，虽然作为给付条件的人之死亡、伤残和疾病也可以看作是一种损失，但由于该种损失难以做定量化衡量，所以也难以适用损失补偿原则。因此，在我国《保险法》中，损失补偿原则及其派生制度规定于第二章的第三节“财产保险合同”项下，只适用于财产保险合同而不适用于人身保险合同。

2. 损失补偿的方式

损失补偿的方式主要有两种：一是金钱赔付，二是修复或者替换。其中，金钱赔付是损失补偿的主要方法，主要针对那些保险标的在保险事故中全部或者部分损毁或者灭失的情形。在发生保险损失后，保险人一般应按照合同约定向被保险人支付保险金，以填补被保险人的实际损失。而对于有些保险标的，诸如机动车、船舶、航空器等交通工具或者房屋等地上建筑物，行业习惯是修复或者替换，以恢复保险标的之原状及使用功能。例如，机动车损失保险，对于受损的机动车辆一般采用修理或者更换零件的方式赔偿，这种保险保障的是恢复车辆外观和性能等，而并不仅仅是购买受损零件的价值，还应包括维修工时费等相关服务费用，因此，车损险的保险费主要对应的是车辆修理费用，而不是车辆本身，或者说，车损险的保险费计算不是简单地依据车辆价值的比例或者零部件的价值，而是根据修理车辆发生费用的相关数据。而房屋保险，也大多采用修复的方式，因为房屋价值中有相当部分是土地使用权，土地使用权在保险事故中是很难受损的。

3. 损失补偿数额的计算标准

因为损失补偿原则的精髓在于限制赔偿额度，也即投保方不得通过保险获得超过其实际损失的利益。因此，损失补偿数额的计算标准是落实损失补偿原则的关键所在。概言之，损失补偿数额受被保险人的实际损失和保险金额的限制。

首先，损失补偿金额不得超过被保险人的实际损失。一是强调“被保险人的”损失，这暗含保险利益原则的要求，也即如果保险标的受损，但被保险人没有利益损失，则被保险人不能主张保险赔偿，例如投保的机动车转让后发生损失，原合同中所列的被保险人并没有利益受损，也就不能再主张赔偿。二是强调“实际损失”，比较客观的标准应该是损失发生时保险标的的价值损失，以当时当地的市场价格衡量。按照实际损失赔付，也是实务中保险人在保险事故发生后才对保险标的评估核损的原因所在。

需要说明的是，定值保险算是例外，因为定值保险往往用于海上运输中的货物以及一些价值不易确定的艺术品等财产，按照保险事故发生的当时当地的市场价评估其“实际损失”比较困难，也易生争议，因此在投保时即评估或协商确定其价值，以此作为保险事故发生后确定“实际损失”的基础。

其次，损失补偿金额以保险合同约定的保险金额为限。我国《保险法》第 18 条第 4 款规定，保险金额是指保险人承担赔偿或者给付保险金责任的最高限额。〔1〕保险金额也是保险费计算的基础，保险费金额通常以保险金额乘以保险费率得出。投保方以缴纳保险费为对价，换得保险人承担其特定风险。为了限制保险人所承担的风险额度，也兼顾与其所收取的保险费的对价平衡，所以，保险金额是保险人承担赔偿责任的上限。

质言之，投保方购买保险的“保障数量”，就是保险金额所限定的额度，在该额度内的保险损失，保险人承担赔偿责任；而超过该额度的损失，不在保险人承担损失的范围之内，保险人不用承担赔偿责任。这对于责任保险尤为重要，因为责任保险的特点之一就是限额责任。

4. 损失补偿原则的派生规则和制度

损失补偿原则是保险合同法上诸多制度的基石，保险法上许多规则和制度，如超额保险的赔偿规则、重复保险的赔偿规则、保险代位求偿权制度等，都是由它派生出来的。〔2〕对于这些规则和制度，后面将分别阐述。

二、损失补偿原则的派生规则

如本书前一章所述，财产保险合同可以分为定值保险合同

〔1〕 保险实务中，有些综合性人身保险合同将“保险金额”作为保险给付的一种基数标准对待，例如约定因疾病死亡给付 3 倍保险金额，因意外伤害死亡给付 5 倍保险金额，等等，无疑已经突破了保险金额作为给付最高限额之法定含义的上限。

〔2〕 参见樊启荣：《保险法诸问题与新展望》，北京大学出版社 2015 年版，第 144 页。

和不定值保险合同，也可以分为足额保险合同、低额保险合同和超额保险合同。在不同场合，损失补偿原则的适用规则也有些许不同，分述如下：

（一）定值保险合同的赔偿规则

财产保险合同中多数为不定值保险合同。定值保险合同，通常适用于保险标的的实际价值不易确定的保险场合，例如货物运输保险、海上保险以及古玩、字画等艺术品或矿石、标本等价值不易确定的财产保险。

区分定值保险与不定值保险在形式上的标准，通常以保险合同中是否有“保险价值”条款为判断标准，保险合同中有“保险价值”条款并载明具体数额的，一般认定为定值保险，没有该条款或有该条款但并未载明具体数额的，一般认定为不定值保险。

定值保险与不定值保险的赔偿规则不同。不定值保险的赔付规则是出险之后对保险标的进行评估，以保险标的当时当地的实际价值为基础进行赔付。定值保险在出险后不再对保险标的的实际价值进行评估，以合同约定的保险价值的数额为赔付基础，全损全赔，部分损失按照比例赔付。定值保险合同因为在缔约时已对保险标的的价值进行评估确定，故在保险事故发生时，无需对保险标的的实际价值再加以评估，简化了理赔程序。

例如，某公司以一件玉雕为保险标的向保险公司投保内陆货物运输保险，保险价值以发票金额180万美元确定。在运输途中玉雕毁损，被保险人索赔。保险公司经市场调查，发现此玉雕之同类产品的市场价格仅为50万元人民币，遂以投保人未履行如实告知义务而超额投保为由拒赔，双方发生诉讼。此案应如何处理？

首先，确定本案所涉及保险合同为定值保险合同；然后，按照定值保险合同的赔偿规则，在出险后不再对保险标的的实际价值进行评估，以合同约定的保险价值的数额为赔付基础，全损全赔，部分损失按照比例赔付。因此，保险公司应当按照保险合同所确定的保险价值 180 万美元为标准进行赔付。本案不涉及投保人未履行如实告知义务和超额投保问题，保险公司的抗辩理由不成立。需要注意的是，在定值保险场合，保险公司若想抗辩拒赔，只有一个办法，即主张并证明投保方欺诈，这往往很难。

(二) 低额保险的赔偿规则

足额保险合同，是指保险合同约定的保险金额与保险标的的实际价值相当的保险合同。而低额保险，又称不足额保险，是指保险合同约定的保险金额低于保险标的之实际价值的保险。不足额保险的保险事故发生后，保险人承担保险责任的方式主要有两种：一是比例分担，即按保险金额与保险标的实际价值的比例计算保险金。我国《保险法》即采用此模式，第 55 条第 4 款规定："保险金额低于保险价值的，除合同另有约定外，保险人按照保险金额与保险价值的比例承担赔偿保险金的责任。"二是第一危险赔偿方式，即不考虑保险金额与保险标的实际价值的比例，在保险金额限度内，按照实际损失承担保险责任。此种模式对被保险人利益的保障更为充分，在我国，须在合同中特别约定方可适用，通常保险费较第一种模式更多。

不足额保险合同产生的原因主要有三种：其一，投保人自愿选择此种类型的合同，以节省部分保险费。其二，基于保险人规定，限制投保人足额投保，以使被保险人承担部分风险，以使投保人提高注意。其三，由于客观因素影响，合同订立后，保险标的价值上涨，从而使得保险标的的实际价值高于保险金额。

（三）超额保险的赔偿规则

超额保险，是指保险合同约定的保险金额超过保险标的之实际价值的保险。例如，保险标的的实际价值 10 万元，保险金额约定为 15 万元。此种情形下，保险损失如何赔偿？我国《保险法》第 55 条第 3 款对超额保险的效力及赔偿规则进行了规定："保险金额不得超过保险价值。超过保险价值的，超过部分无效，保险人应当退还相应的保险费。"由此可见，合同约定的保险金额中超过保险标的实际价值的部分为无效，保险人不予赔付，但保险人应当退还相应的保费。概言之，超额保险的赔偿规则就是无论全部损失还是部分损失，均按保险标的之实际损失的价值赔偿。

超额保险合同产生的原因大致有两种：其一是由于投保方善意而形成，投保人对超额情形并不知情，或者因市场价格变动导致。其二是处于投保方恶意而形成，在订立合同时，明知超额，为谋取不正当利益而投保，以便在保险事故发生后可获得超过实际损失的保险金。我国《保险法》并未区分善意与恶意，对恶意行为并无惩罚措施，这可能会激励恶意超额投保情形的发生。

结合上述阐述，本书对我国《保险法》第 55 条的内容进行如下探讨：

我国《保险法》第 55 条第 1 款和第 2 款区分了定值保险合同与不定值保险合同，第 3 款和第 4 款分别规定了超额保险合同和低额保险合同的赔偿规则。笔者认为，该条规定过于"简单粗暴"，存在概念不清、法理不通的情况，很多人非经专业解读难以看懂。具体而言，该条规定存在如下问题：

1. 对"保险价值"的概念表述不清。在本条中，"保险价值"有两种含义，一是在定值保险中双方约定的保险标的价值，通常表现为记载于合同中的“保险价值”条款，二是在不定值保险中保险事故发生时的保险标的之实际价值，对此，保险合同不预先约定而是在出险后再进行客观评估。在一个法条中对同一概念的表述，却有两种不同含义，是造成错误解读的原因。

2. 规定超额保险，超过部分“无效”，过于简单。且不论认定“无效”的理由是否充分，但认定超额部分“无效”，用语不严谨。因为随着保险标的价格的波动，“超额部分”也是反向波动的，在保险合同存续期内，认定不断波动的“超额部分”无效，难以想象也无以言表。进而，“无效”的法律后果是对价返还，这大概也是后续规定退还相应保险费的缘由。其实，规定“超额部分”不予赔偿即可，不用扣上“无效”的帽子。

3. 规定超额保险退还相应的保险费不合理。《保险法》第56条规定的重复保险也存在同样的问题。这大概也是认定超额部分“无效”的后遗症。该规定错误的逻辑起点是对“保险金额”概念的误解，认为保险金额应当与保险标的的实际价值严格对应。依照其逻辑，因为保险只按保险标的实际价值赔偿，超过实际价值部分并未得到保险保障，因此，依据保险金额所计算缴纳的保险费中，超过保险标的实际价值的部分并未获得保障对价，故为保险人不当得利，应当返还。但若如此，对于没有出险的超额保险，其多收的相应保险费是否也应当退还？依据上述逻辑，这部分保险费也属于保险人的不当得利，当然也应当退还。现实中，保险标的之市场价格往往是波动的，要求其与预定的保险金额相吻合几乎是不可能的，超额保险现象非常普遍；投保人甚至还可以为未来预期的利益投保，在预期利益变成现实利益之前，其所缴纳的保险费都没有得到保险保障的对价。那么依据上述逻辑，如果投保方能够提供证据证明哪段期间是超额保险，或者哪段期间不具有保险利益，则相应日期、相应超额部分的保险费，都可认定为保险人的不当得利，都应当退还。这显然是不合理的，也“创造”了大量诉讼隐患。

合理的解释应该是，保险金额是保险人提供保险保障的额度，不必与保险标的之实际价值相吻合。保险金额约定越高，保险保障的幅度空间越大。投保人支付保险费所购买的是一个保障额度，就如为手机买的流量套餐一样，投保方多支付保险费，买到了更宽额度的保险保障，因此，保险公司不存在不当得利问题，超额保险不应退费。故相关立法应该修正。

（四）重复保险的赔偿规则

重复保险，是指投保人对同一保险标的、同一保险利益、同一保险事故分别与两个以上保险人订立保险合同，且保险金额总和超过保险价值的保险。〔1〕

1. 重复保险的构成要件

根据我国《保险法》第56条的规定，构成重复保险应当满足下列要件：

（1）重复保险的投保人系同一投保人。若为不同投保人分别投保，则不属于重复保险。

（2）重复保险的保险标的同一。投保人就不同的保险标的订立保险合同，当然不构成重复保险。

（3）重复保险系投保人就同一保险利益投保。即使投保人是就同一保险标的投保，但若是基于不同的保险利益，则亦不构成重复保险。例如对于同一保险车辆，分别投保车损险和第三者责任险，则为不同之利益，不构成重复保险。

（4）重复保险是对同一保险事故投保。即使投保人基于同一保险利益，就同一保险标的投保，但若是就不同的保险事故

〔1〕参见我国《保险法》第56条第4款。

投保，则不构成重复保险。例如，投保车损险和附加的盗抢险即为就不同的保险事故投保，不构成重复保险。

（5）重复保险的数个保险合同应在同一保险期间内。我国《保险法》第56条并未明确指出这一要件，但可通过重复保险的功能得出这一推论。若投保人就同一保险标的、同一保险利益、同一保险事故分别与两个以上保险人订立保险合同，但是是在不同的保险期间之内，则保险人不会对此承担重复的保险责任，投保人亦不会重复获得保险金，故不会违反损失补偿原则。只有在数个保险合同的保险期间完全或部分重合时，才会在重合的部分使得众保险人承担重复的保险责任，此时才构成重复保险。

（6）投保人与两个以上保险人分别订立保险合同。若投保人与一个保险人就同一保险标的、同一保险利益、同一保险事故订立保险合同，则可能属于超额保险，并不属于重复保险。

（7）投保人订立了两个以上保险合同。此要件涉及重复保险与共同保险之区分。若投保人与两个以上保险人订立了一份保险合同，则属于共同保险之范畴。共同保险中，数个保险人对同一风险共同承担保险责任。

（8）保险金额总和超过保险价值。我国《保险法》采狭义重复保险之概念，即要求保险金额总和超过保险价值。

（9）重复保险合同基于损失补偿合同。给付性的人身保险合同，即使符合上述诸多要件，但因为不适用损失补偿原则，故亦不构成保险法上的重复保险合同。

2. 重复保险的分摊规则

重复保险合同中存在两个或两个以上保险人，各保险人之间如何承担责任，通常认为存在以下三种立法模式：

（1）优先主义。此种立法模式通常与分担主义共存。当各保险人同时订立保险合同时，仍采分担主义承担责任。当各保险人订立保险合同存在先后顺序时，则按照订立保险合同的先后顺序承担责任，即由在先订立保险合同的保险人优先承担保险责任，进行赔付，若不足以填补被保险人所受实际损失，再由下一顺位订立保险合同的保险人承担保险责任。但是，优先主义立法模式加重了在先保险人的保险责任而降低了在后保险人的责任，各保险人间责任分担有失公平。日本采用此种立法模式。

（2）连带主义。此种立法模式下，各保险人在自己所承保的保险金额限度内，对被保险人负连带责任。被保险人可以同时或不同时向部分或全部保险人请求给付保险金。不同保险人之间按其所收取保费的比例分担。保险人向被保险人给付超出自己应担份额的保险金后，就超出部分可向其他保险人追偿。连带主义立法模式对被保险人的保护较为充分，保险人之间的责任分担较为公平。德国、英国等均采此种立法模式。

我国《海商法》对于海上保险亦采此例，其第 225 条规定："被保险人对同一保险标的就同一保险事故向几个保险人重复订立合同，而使该保险标的的保险金额总和超过保险标的的价值的，除合同另有约定外，被保险人可以向任何保险人提出赔偿请求。被保险人获得的赔偿金额总和不得超过保险标的的受损价值。各保险人按照其承保的保险金额同保险金额总和的比例承担赔偿责任。任何一个保险人支付的赔偿金额超过其应当承担的赔偿责任的，有权向未按照其应当承担赔偿责任支付赔偿金额的保险人追偿。"

（3）分担主义。此种立法模式下，各保险人根据其保险金额与保险金额总额之比例，分担保险责任。我国、意大利、法国等采此种立法模式。

我国《保险法》第56条第2款规定："重复保险的各保险人赔偿保险金的总和不得超过保险价值。除合同另有约定外，各保险人按照其保险金额与保险金额总和的比例承担赔偿保险金的责任。"可见，保险人与投保人有约定的，依照约定。没有约定的，重复保险的各保险人按照保险金额与保险金额总额之比例分担保险责任。

但此条款似乎强调的是保险人之间的责任分担，而对于投保方可否选择主张保险赔偿的规定并不明确。在实务上，被保险人对于不同的保险人是否只能以其应承担的份额主张赔偿？保险人可否以应承担份额进行抗辩？若如此解读，被保险人重复保险的后果就是使得本可以一个诉求能解决的问题，必须依法进行多个诉求才能获得完全赔偿，费时费力，不符合投保方的效率。笔者认为，该法条仅在于分配各保险人的责任负担，不应影响被保险人在各保险人中选择对象来依据合同主张赔偿，各保险人也不得以自己依法应承担的份额进行抗辩。

三、保险代位求偿权制度

(一) 保险代位求偿权的意义

保险代位求偿权，是指在财产保险中，保险人按照约定赔付了被保险人的全部或部分损失以后，取代被保险人的地位，行使被保险人对损失的权利或救济。

对被保险人而言，当因第三人行为而发生保险事故导致保险标的受损时，被保险人既享有对保险公司的保险金请求权，还享有对第三人的损害赔偿请求权。这两项请求权均指向对被保险人所受损失的补偿，若被保险人可同时行使这两项请求权，则会导致其获得双倍赔偿，从中获益，这就违反了损失补偿原则。因此，当被保险人已行使对保险公司的保险金请求权并获得赔付后，应将其对第三人的损害赔偿请求权转移给保险公司，从而防止其不当得利。

对保险人而言，当其履行保险义务向被保险人支付保险金后，其必欲向第三人主张权利，获得相应的弥补。但若被保险人不向保险人转移其所拥有的损害赔偿请求权，保险人欲主张权利而无权利，不利于减轻保险人的负担。

对第三人而言，若无保险代位求偿权，则被保险人就其损害在保险公司处获得赔付，丧失了向第三人请求二次赔偿的资格；保险人虽欲向第三人主张权利，但苦于无权利，亦无法向第三人追偿。此时，造成损害的第三人本身就处于真空状态，无人可向其问责，从而无需承担后果，这一结果显然是不公平的。

综上，保险代位求偿权对被保险人、保险人及第三人均有重要意义：防止被保险人不当得利；减轻保险人负担；确保第三人承担后果。如果没有保险代为求偿权，则会形成被保险人有权而不得行使，保险人欲行使而无权，第三人虽有赔偿义务却无人问责的僵局。[1]但保险代位求偿权的理论基础仍是损失补偿原则，因此，防止被保险人通过保险获得超过损失的利益，属于该制度的核心功能。

需要说明的是，一般而言，保险代位求偿权被称为“权利代位”，与此对应，保险法或者海商法上还有“物上代位”，例如我国《海商法》中第249条和第250条规定的委付制度。我国《保险法》第59条规定：“保险事故发生后，保险人已支付了全部保险金额，并且保险金额等于保险价值的，受损保险标的的全部权利归于保险人；保险金额低于保险价值的，保险人

〔1〕 刘宗荣：《新保险法：保险契约的理论与实务》，中国人民大学出版社2009年版，第247页。

按照保险金额与保险价值的比例取得受损保险标的的部分权利。”即属于类似于委付制度的物上代位。物上代位与权利代位原理相通，但具体规则不同，物上代位是“买断”，是全部权利和义务的总括代位，不受保险赔偿金额所限。

（二）保险代位求偿权之取得

保险人欲取得保险代位求偿权，应满足如下要件：

1. 发生保险损失，被保险人对保险人享有请求权。只有发生了保险合同约定的保险事故并使得保险标的遭受损失，被保险人方可向保险人请求支付保险金。

2. 被保险人有对第三者之赔偿请求权。此为保险人取得代位求偿权的先决条件之一。若被保险人对第三者无赔偿请求权，则保险人通过被保险人触及第三者之联系无法形成，保险人自然无法取得代位求偿权。被保险人对于第三者请求权的基础，既可以基于侵权关系，也可以基于违约关系。我国《保险法司法解释（四）》第 7 条规定：“保险人依照保险法第 60 条的规定，主张代位行使被保险人因第三者侵权或者违约等享有的请求赔偿的权利的，人民法院应予支持。”

3. 保险人依约履行了赔偿义务。若保险人未履行赔偿义务、未向被保险人支付保险金，则被保险人的损害并未得到赔偿，其也就不存在二次获赔并从中获利的情况。此时，为了保障被保险人的利益，不应使其将对第三者的损害赔偿请求权转移给保险人。只有当保险人已经赔付保险金，使被保险人之损害得到赔偿时，才可将被保险人之权利转移至保险人。我国《保险法》第 60 条第 1 款规定：“因第三者对保险标的的损害而造成保险事故的，保险人自向被保险人赔偿保险金之日起，在赔偿金额范围内代位行使被保险人对第三者请求赔偿的权利。”

保险代位求偿权的性质界定是保险代位求偿权行使、限制等制度或规则的基础，而其性质的界定又与其取得方式相关。一般而言，保险代位求偿权在性质上具有从属性，从属于被保险人对第三者的赔偿请求权，保险代位求偿权的属性和内容，均不能超越被保险人对第三者的权利。而第三者对抗保险人行使代位求偿权的事由，包括第三者对于被保险人的抗辩事由以及被保险人对抗保险人的事由。

对于保险代位求偿权之取得，我国《保险法》在立法上采当然代位主义，即当满足法定条件时，保险人当然取得代位求偿权，而无需被保险人向其转移对第三者的请求权。该法定的前提条件就是“保险人自向被保险人赔偿保险金之日起”。因此在我国，保险代位求偿权又是保险人享有的一种独立于被保险人权利的法定的权利。实务中，被保险人签署权利转让书的做法，并非保险人取得保险代位求偿权的必要条件。需要说明，从保险代位求偿权的来源看，在法定代位求偿权之外，还有约定代位求偿权。[1]

根据我国《保险法司法解释（二）》第16条的规定，保险人应以自己的名义行使保险代位求偿权，保险人代位求偿权的诉讼时效期间应自其取得代位求偿权之日起算。根据我国《保险法司法解释（四）》第12条的规定，保险人以造成保险事故的第三者为被告提起代位求偿权之诉的，以被保险人与第三者之间的法律关系确定管辖法院。

---

〔1〕约定代位求偿权，是指在某些带有补偿性的健康保险或者综合性的意外伤害保险合同中，约定保险人可以行使代位求偿权。这涉及保险代位求偿权能否在一些补偿性人身保险合同中适用的问题。对此，美国法院经历了从不支持到逐渐支持其约定效力的过程。我国《保险法司法解释（三）》第18条，承认了某些医疗费用保险的补偿性。但对于约定代位求偿权在人身保险合同中的适用，立法仍持谨慎态度。

（三）保险代位求偿权行使的限制

保险人行使代位求偿权，受到一定限制：

1. 适用范围的限制

保险代位求偿权适用于财产保险，不适用于人身保险。我国《保险法》第46条规定："被保险人因第三者的行为而发生死亡、伤残或者疾病等保险事故的，保险人向被保险人或者受益人给付保险金后，不享有向第三者追偿的权利，但被保险人或者受益人仍有权向第三者请求赔偿。"这是因为人身难以用金钱衡量损失，人身损害赔偿不适用损失补偿原则，被保险人或者受益人也不存在不当得利的问题，因此，保险代位求偿权在人身保险中一般没有适用的必要。

2. 适用对象的限制

保险代位求偿权不适用于被保险人的家庭人员或组成人员，除非保险事故是由他们故意造成。我国《保险法》第62条规定："除被保险人的家庭成员或者其组成人员故意造成本法第60条第1款规定的保险事故外，保险人不得对被保险人的家庭成员或者其组成人员行使代位请求赔偿的权利。"这是因为被保险人的家庭成员或其组成人员与被保险人往往利益相连，共用"一个钱袋"，一旦保险人向其追偿，几乎无异于向被保险人本人追偿，"左手赔偿，右手追回"。为避免因此而使保险的功能无法实现，故将因被保险人的家庭成员或者其组成人员的原因造成保险事故的情形排除于代位追偿范围之外，但若系其故意造成，则不在此限。不足的是，上述法条对于被保险人的"家庭人员"和"组成人员"的范围界定不清，造成许多司法实务的困扰。

3. 行使额度的限制

保险代位求偿权的范围不能超过保险人赔付给被保险人的

金额。我国《保险法》规定，保险人“在赔偿金额范围内”代位行使被保险人对第三者请求赔偿的权利。即保险人不得高于其赔偿给被保险人的保险金数额向第三者求偿，即使第三者应当赔偿被保险人的数额高于保险金。或者说，第三者对被保险人应当承担的高于保险金的赔偿部分，仍属于被保险人的权利。

4. 利益冲突的限制

保险代位求偿权不能影响被保险人的剩余请求权。当保险人赔付给被保险人的金额少于被保险人实际损失，即被保险人仍存在部分损失未获赔偿时，其行使代位求偿权不能影响被保险人就未获赔偿部分继续向第三者请求赔偿的权利。当第三者财产不能同时满足保险人的代位求偿权和被保险人的剩余请求权时，应当优先满足被保险人的权利。

（四）被保险人的相应义务

1. 不得弃权

我国《保险法》第 61 条第 1 款规定：“保险事故发生后，保险人未赔偿保险金之前，被保险人放弃对第三者请求赔偿的权利的，保险人不承担赔偿保险金的责任。”诚然，在保险人未赔偿保险金前，其并未取得代位求偿权，在法理上，被保险人可以放弃其对第三者的请求权。但如此做法必将使得保险人无法向第三者代位追偿，从而损害保险人的权利。故法律进行规定，若被保险人在保险人赔付前放弃对第三者的请求权，则保险人对被保险人不负赔偿责任。

《保险法》第 61 条第 2 款规定：“保险人向被保险人赔偿保险金后，被保险人未经保险人同意放弃对第三者请求赔偿的权利的，该行为无效。”保险人向被保险人赔付后，依我国法律，其已在赔付范围内自动取得对第三者的代位求偿权，对于此请求权，被保险人无处分权。因此，在未经保险人同意的情况下，被保险人放弃对第三者请求权的行为系无效行为。

2. 必要协助

当保险人向被保险人支付保险金并取得代位求偿权后，被保险人应就保险人向第三者行使追偿权提供必要的协助。我国《保险法》第63条规定："保险人向第三者行使代位请求赔偿的权利时，被保险人应当向保险人提供必要的文件和所知道的有关情况。"

3. 过失扣减

在某些情况下，被保险人虽未放弃对第三者的请求权，但其行为可能已对保险人行使代位求偿权造成妨害。此种情况下，我国《保险法》第61条第3款规定："被保险人故意或者因重大过失致使保险人不能行使代位请求赔偿的权利的，保险人可以扣减或者要求返还相应的保险金。"

第四节　近因原则

一、近因原则的意义

所谓近因，就是造成保险标的损失的最直接、最有效的原因。其中的"近"，并非指在时间或空间上的接近，而是在风险与损失之间因果关系上的接近。

近因原则，也称作近因规则，是判断保险人是否承担保险责任的规则，也即只有造成保险标的损失的"近因"属于保险合同约定承保的保险风险或者保险事故，保险人才承担保险责任。例如，保险合同约定承担房屋单一火灾损失，则水灾造成该房屋的损失，保险人不应予以赔偿，因为造成保险标的房屋发生损失的"近因"水灾，并非该保险合同承保的风险。这看起来很简单，但现实生活往往复杂精彩，如果水灾又导致了房屋起火，那么，损失到底由哪个原因导致？近因原则便显得重要起来。

近因原则源自英美保险法的理论与实务，近因原则所要解决的基本问题，是保险人对被保险人承担保险责任的正当性问题，即保险事故的发生与保险标的的损失之间存在因果关系。[1]应该说，任何保险产品，均不承保所有的风险损失，总会规定有"除外责任"，即使称作"一切险"的保险，也只是承保除了"除外责任"以外的所有风险造成的损失。因此，保险合同约定的承保风险或者承保事故，是精算保险费率的基础条件，没有约定于保险合同中的风险损失，就不是保险人应当承担的保险责任。因此，近因原则也是限制保险赔偿的原则，与保险利益原则、损失补偿原则相关联。近因原则是从保险人的视角或者保险合同解释的视角，解决"要不要赔偿"的问题，而保险利益原则是从被保险人的视角解决"要不要赔偿"的问题，损失补偿原则也是从被保险人的视角解决"要赔偿多少"的问题。近因原则发展中出现的"比例因果关系"理论，似乎可以补缺保险人视角下"要赔偿多少"的问题。

在我国保险法中，没有使用"近因"或"近因原则"的术语，但并不意味着我国没有近因原则，我们习惯用"直接原因"或者"有效原因"来表述，其对应的正是因果关系原则。近因原则主要适用于财产保险，但也可适用于人身保险。

二、近因原则的适用

（一）单一原因造成损失

若保险标的损失系由单一原因导致，则该原因即为近因。

---

〔1〕 参见邹海林：《保险法》，社会科学文献出版社 2017 年版，第 198 页。

若此原因属于保险合同约定的保险人应承担保险责任的风险，则保险人对此损失应予以赔付。否则，保险人对此原因导致的保险标的损失不承担保险责任，不予赔付。例如，若合同约定的风险为水渍险，但保险标的损失系因淡水雨淋而导致，对此损失保险公司则不予赔付。

（二）多种原因造成损失

1. 若多种原因同时发生，即众原因同时导致损害结果，无时间先后之分或无法辨明各原因发生的时间顺序，此种情况下，若众原因均对损害结果的发生有直接和实质的影响，则众原因均属于近因。对于保险人承担保险责任的具体情形，应结合具体情况分别讨论：

（1）若同时导致损害结果的众原因均属于保险合同约定的风险范围，则保险人应对全部损害结果承担保险责任，均予赔付。

（2）若众原因中仅有部分属于保险合同约定的风险范围，另有部分原因不属于，则保险人只需承担属于保险风险的原因所致损失范围内的保险责任。若无法明确划分各原因所致损失范围，则由保险合同双方当事人协商确定。

（3）若众原因均不属于保险合同约定的风险范围，则保险人无须承担保险责任。

2. 若多种原因连续发生，即众原因依次发生，且彼此之间因果关系并未中断，此种情况下，最先发生的原因为近因。对于保险人承担保险责任的具体情形，应结合具体情况分别讨论：

（1）若连续发生的众原因均属于保险合同约定的风险范围，则保险人应对全部损害结果承担保险责任，均予赔付。

（2）若连续发生的众原因中，部分属于保险合同约定的风险范围，另有部分原因不属于，则应再度分情况处理：若前因系保险风险，后因非保险风险，且前后因之间具有因果关系，后因系前因的必然结果，则保险人应对全部损害结果承担保险责任，均予赔付。若前因非保险风险，后因系保险风险，且前后因之间具有因果关系，后因系前因的必然结果，则保险人无须承担保险责任。

（3）若众原因均不属于保险合同约定的风险范围，则保险人无须承担保险责任。

3. 若多种原因间断发生，即众原因虽在时间上存在先后顺序，但存在某一介入因素，使众原因之间的因果关系链条断裂，并最终导致损害结果，此种情况下，该介入因素为近因。若此原因属于保险合同约定的保险人应承担保险责任的风险，则保险人对此损失应予以赔付。否则，保险人对此原因导致的保险标的损失不承担保险责任，不予赔付。

正如美国学者布鲁塞所说的："近因仍然是一团乱麻和一堆荆棘，一个令人眼花缭乱、扑朔迷离的领域。"[1]近因原则的适用在实务上颇难把握，举例分析如下：

某年寒冬，甲公司购买乙公司一批柑橘，共计 5000 筐，价值 10 万元。由铁路运输至哈尔滨市，共装两节车厢。托运人通过铁路承运部门投保了货物运输综合险。结果，货物到达目的地以后，收货人发现：一节车厢门被撬开，保温棉被被掀开 2 米，货物丢失 200 筐，冻坏变质 400 筐。直接损失 12 000 元。当时气温为零下 20 摄氏度。乙公司向保险公司索赔，保险公司同意赔偿丢失的货物 200 筐，拒绝赔偿被冻坏的 400 筐。认为造成该 400 筐损失的原因是天气寒冷，不在货物运输综合险的保险责任范围内。法院认为：造成保险标的被冻坏的直接、有效

〔1〕 参见李玉泉：《保险法》，法律出版社 1997 年版，第 87 页。

的原因是盗窃，而不是天气寒冷，判保险公司赔偿600筐的全部损失。

又如这个案例，夏某为丈夫汪某投保一年期意外伤害险，保险金额为30万元，受益人为夏某。某日，汪某在散步时突然跌倒，送医院抢救无效死亡。医院诊断为“脑溢血死亡”。事后，夏某向保险公司提出给付30万元保险金的请求，理由是汪某意外跌倒，导致脑溢血死亡。保险公司抗辩：汪某一直患严重的高血压，被保险人是由于高血压引起突发脑溢血死亡，不属于意外伤害保险的承保范围，保险公司不应承担给付保险金的责任。夏某诉至法院，本案争议的焦点：被保险人是意外跌倒引起脑溢血死亡，还是脑溢血引起死亡？即被保险人死亡的近因为何？法院最后认为，原告不能提供任何证明被保险人发生了意外伤害的证据，故驳回原告的诉讼请求。

三、“比例因果关系” 理论

为了更加合理地解决各种不同原因力在保险事故中发挥作用的判定标准，比例因果关系理论应运而生。一般来讲，对于保险合同纠纷，从合同法角度法官只会判定保险公司应否赔偿，而不会判定合同履行的比例。但保险赔偿确实有些承担比例责任更为合理的情形，诸如海上运输货物保险，出现多因一果的情形，一部分原因属于保险责任，一部分原因不属于保险责任，我们会在整个损失中区分哪些是属于保险责任造成的，而只对这部分损失予以赔偿。这个道理应该同样也可适用于不大可分的保险标的受损的场合。

日本的做法或许可以给我们一些启示。日本不采用英美法系的近因原则，而是以“传统的因果关系理论”和“比例因果关系理论”为主要的理论。传统的因果关系理论主张对因果关系进行判定，只有两种可能，就是“有”因果关系，还是“没有”因果关系。而比例因果关系理论则主张对因果关系不能采用“有”还是“没有”的做法，而是根据事实关系判断在具体的事件中，因果关系占有多大的比例，从而根据比例来定性。〔1〕

在此选择一个案例来说明因果关系理论在日本的司法适用情况：A在交通事故中身受重伤，引起急性肾功能衰竭，大腿肌肉坏死。大腿肌肉坏死引起感染无法控制，被迫截肢保命。由于事故前，A患有严重的肝功能不全的疾病，因此，遇车祸后，原病各项指标急速上升。一年后，A原病并发而亡。A的家属X向事故责任者Y1的保险公司Y2主张赔偿请求，Y2以A死于肝病，与交通事故无直接因果关系为由拒赔。X起诉，裁判所运用“比例因果关系理论”，对X的大部分请求（80%）予以认可。〔2〕

〔1〕 参见沙银华：《日本经典保险判例评释》，法律出版社2002年版，第101页。

〔2〕 参见沙银华：《日本经典保险判例评释》，法律出版社2002年版，第111~114页。

第六章 保险合同的订立与效力

第一节 保险合同的形式和内容

一、保险合同的法定形式

（一）口头合同与书面合同

合同的形式有口头合同和书面合同之分。现代法律以承认口头合同的效力为原则，以要求必须采用书面形式为例外。一般而言，合同的法定形式与其性质密切相关，履行期限特别长、技术性特别强或者特别重要的合同往往需要采用书面形式订立。保险合同的保障性、射幸性、附和性等性质无疑说明保险合同是一种重要的合同。例如英国《1906 年海上保险法》规定，口头保险合同不能作为诉讼证据。美国纽约州和加利福尼亚州保险法规定，按照合同条款规定承诺人生存期间不能履行的合同必须采用书面形式。在死亡保险中，保险人在被保险人死亡之后才履行给付保险金的义务，这类寿险合同就必须采用书面形式。[1]本书认为，一般性合同可以承认口头合同的效力，而

〔1〕 参见陈欣：《保险法》，北京大学出版社 2000 年版，第 17 页。

“重要”的合同宜采用书面形式订立。在保险合同中，长期的寿险合同以及双方议商、不采用格式条款而订立的保险合同应当定位为要式合同，以明确双方的权利义务，避免扯不清的纠纷。

（二）口头保险合同的证明

我国《保险法》第13条第1款明确规定“投保人提出保险要求，经保险人同意承保，保险合同成立。保险人应当及时向投保人签发保险单或者其他保险凭证。”由此可见，我国《保险法》规定保险合同为不要式合同，承认口头保险合同的效力。也就是说，在保险人签发保险单或者其他保险凭证等书面保险合同之前，存在口头保险合同。存在口头保险合同的认定标准应当是能够证明双方已就合同的必备条款达成了协议，而不是双方仅仅具有签订合同的意向。因此，证明口头保险合同成立，往往需要证明双方已经就保险公司拟订好的某款特定的保险商品作出了要约和承诺的意思表示，而该款保险商品的内容就是合同的具体内容，是明确的。有时保险公司或其代理人收取保险费的行为，也可以推定保险公司具有同意承保的意思。

当口头保险合同与之后出具的保险单或者其他保险凭证等书面保险合同内容不一致时，应该如何确定其效力？参照英美合同法中的“口头证据原则”，“在一般情况下，双方一旦达成了书面保险合同，在此之前的一切口头合同或口头承诺均告失效，不能再作为诉讼的依据，除非以口头合同或口头承诺抗辩的一方能够证明对方违反口头合同或口头承诺是出于欺诈。”〔1〕但如此，显然对投保方不利。投保方应当及时研读正式保险单，必要时可以行使法定合同解除权进行救济。

〔1〕 参见陈欣：《保险法》，北京大学出版社2000年版，第18页。

二、保险单证

因保险业发展的需要与国家干预的原因，保险合同呈现标准化态势。保险单证，是保险合同的书面凭证，或与保险合同订立、变更有关的书面凭证。保险单证主要包括：

（一）投保单

投保单是投保人用以向保险人表达要约的书面申请。同时，投保单也是投保人了解保险合同主要内容的资料。某些附带有询问表的投保单，填写投保单中的询问表，是投保人履行如实告知义务的主要方式。

（二）保险单

保险单是保险人向投保人签发的记载保险合同内容的正式书面凭证，是合同双方履约的依据。在某些场合，保险单也称保险证券，是投保方的权利凭证。

（三）保险凭证

保险凭证，又称小保单，是保险人向投保方签发的证明保险合同成立或者保险单已经签发的凭证。保险凭证是简化保单，与保险单具有相同的法律效力，通常用于团体险和机动车责任险等场合，便于投保方携带。

（四）暂保单

暂保单又称临时保单，是在正式保险单签发之前短期使用的保险合同，通常适用于财产保险，人寿保险也有使用。其保障内容与正式保险单可以相同也可以不同，特点在于有效期短。例如，美国惯用临时保险合同（印于寿险首期保费收据背面）为寿险合同审核期内的预期被保险人提供临时的意外伤害保险，以解决收取首期保险费至正式承保前“保险空白期”的保障问题。

（五）预约保险合同

预约保险合同，类似于保险合同的“批处理”，通常适用于货运保险和再保险。

（六）批单

批单实为变更保险合同的凭证，其效力优于保险单。后发的批单效力优于先发的批单。

（七）其他书面协议形式

除上述保险单证之外，保险合同双方可以通过商议专门订立保险合同，而不采用保险人提供的格式条款。现今网上电子签名保险单和卡式网上激活保险单等电子保险单，也可视为保险合同的“其他书面形式”。

三、保险合同的内容

（一）保险合同的基本条款

我国《保险法》第18条第1款规定，保险合同应当包括下列事项：

（1）保险人的名称和住所；

（2）投保人、被保险人的姓名或者名称、住所，以及人身保险的受益人的姓名或者名称、住所；

（3）保险标的；

（4）保险责任和责任免除；

（5）保险期间和保险责任开始时间；

（6）保险金额；

（7）保险费以及支付办法；

（8）保险金赔偿或者给付办法；

（9）违约责任和争议处理；

（10）订立合同的年、月、日。

除此之外，投保人和保险人可以在保险合同中约定与保险有关的其他事项。

（二）保险合同的特约条款

保险合同的特约条款一般包括附加条款、保证条款、协会条款等。

附加条款通常是对基本条款的补充或者变更，用以扩大或者限制基本条款中所规定的权利和义务。附加险一般被认为是基本险的附加条款。

保证条款是保险合同中投保方承诺某种事实状态存不存在或者做与不做某种行为的条款。保证条款被认为是保险合同存在的重要基础，被要求严格遵守。一旦投保方违反承诺，则会影响合同的效力。

协会条款，一般特指由伦敦保险人协会拟订的有关船舶和货运保险条款的总称，常被国际市场上海上保险者选用，其优点是内容成熟通用，不易产生歧义。

第二节　保险合同的效力

一、保险合同的成立和生效

（一）保险合同的成立

保险合同的订立，是指投保人与保险人就双方权利义务关系意思表示一致的法律行为。保险人向投保人宣传、推销保险的行为，属于要约邀请。投保人填写投保单并将其交给保险人或者其代理人的行为，即为要约。保险人向投保人表示接受要约的意思表示行为，即为承诺。通常情形，经投保人要约，保险人承诺，保险合同成立。

保险合同是诺成合同，而非实践合同，不以投保人交纳保险费为合同成立要件，交纳保险费是投保人最为主要的合同义务。

保险合同是不要式合同，不以保险人签发保险单为成立要件，保险单是记载合同内容的载体，是证明保险合同存在的书面文件。例如，甲购买一辆轿车并向某保险公司营业部投保，营业部收取了保险费，开具了保费收据和保险单，保险单记载保险期间自次日零时开始。但因故未在保险单上加盖“保险单专用章”。结果次日下午，甲的车出险全损，报案索赔。保险公司以尚未签发保险单，保险合同没有成立为由拒赔。法院认为，签发保险单并非保险合同成立的要件，保险公司营业部收取保险费及开具保险单的行为可以推定保险公司已经承保，未盖“保险单专用章”的保险单上记载的内容即为合同内容，保险期间已经从出险当日的零时开始，保险公司应当承担保险责任。

（二）保险合同的生效

保险合同的生效，是指已经成立的保险合同对合同当事人或者关系人产生法律约束力的状态。依据合同法的原理，一般情况下，合同成立即生效。如果合同约定了生效条件或者生效期限，则以生效条件成就或者生效期限到达时合同生效。

需要注意的是，保险合同生效与保险责任起始时间不一定一致，这也是保险合同的特殊之处。一般合同有两个时点，即成立时间和生效时间。而保险合同有三个时点，即成立时间、生效时间和保险责任起始时间。

保险合同的生效时间是指保险合同的法律拘束力产生的时间。而保险责任的起始时间是指保险人开始承担保险责任的时间。保险责任期间与保险合同效力期间往往不同，例如简易人寿保险或健康保险，通常在合同中规定一个观察期条款，保险合同生效后，需等观察期到期，保险人才开始承担保险责任。对于观察期内出现的保险事故，保险人不需承担保险责任。保险责任期间与保险合同存续期间也可以不同，例如早期的海上保险，承认追溯保险的效力，保险责任起始时间通常可以追溯到合同订立之前的某个时点。而现今的某些“事故发生型”责任保险，因为第三人索赔迟延，会出现“大尾巴责任”的现象，保险合同已经期限届满，但保险人仍需对保险期间内发生的事故承担保险责任。

二、保险合同的无效

一般而言，一个有效的保险合同应当符合这样的条件：主体合格、内容合法、意思真实。相反，主体不合格的合同通常效力待定，内容不合法的合同无效，而意思不真实的合同为可撤销合同。但保险合同的效力判断有所不同，通常优先适用保险法中的相关规定，保险法没有规定的，可以适用合同法中的规定。我国《保险法》中没有关于撤销权的规定，对于欺诈等意思表示不真实的情况，均以解除权处理，没有解除权规定的或者解除权受限的情况下，能否援引合同法中的撤销权，学界存在争议。

所谓保险合同无效，是指不符合法律规定，不具有法律约束力，双方权利和义务不受法律保护的合同。合同无效可分为全部无效和部分无效，保险合同条款一般不存在效力问题，即使法律规定为无效的情形，通常也是部分无效，不涉及合同整体的效力。

（一）主体不合格的情形

保险人方面主体不合格的情形主要包括：保险人没有经营保险业务资格或者超范围经营，或者代理人没有代理权或者超越代理权而订立合同的情形。保险人不具备依法设立的合法资格，因为违反行业特许强制性规定，签订的合同应认定为无效。保险人超越范围经营而订立保险合同，如果投保人是善意的，应当认定为合同有效。保险代理人无权代理或越权代理而订立的合同，依据民事代理原理和规则处理。

投保人方面主体不合格的情形主要包括：投保人无完全行为能力以及人身保险的投保人对被保险人无保险利益两种情况，前者适用民法规定；对于后者，《保险法》明确规定合同无效。

（二）内容不合法的情形

保险合同内容不合法主要包括以下情形：

1. 保险标的违法，例如以走私的货物、毒品、军火等为保险标的投保，保险合同无效。

2. 重复保险或超额保险中的超额部分，《保险法》不区分善意或恶意，一概规定为无效，以坚持损失补偿原则，防范道德风险。

3. 死亡保险容易引发道德风险的情形无效。

我国《保险法》第33条规定："投保人不得为无民事行为能力人投保以死亡为给付保险金条件的人身保险，保险人也不得承保。父母为其未成年子女投保的人身保险，不受前款规定限制。但是，因被保险人死亡给付的保险金总和不得超过国务院保险监督管理机构规定的限额。"

《保险法》第34条规定："以死亡为给付保险金条件的合同，未经被保险人同意并认可保险金额的，合同无效。依照以死亡为给付保险金条件的合同所签发的保险单，未经被保险人书面同意，不得转让或者质押。父母为其未成年子女投保的人身保险，不受本条第1款规定限制。"

（三）意思不真实的情形

保险人提供的格式条款显失公平的，该条款无效。我国

《保险法》第19条规定，采用保险人提供的格式条款订立的保险合同中的下列条款无效：（1）免除保险人依法应承担的义务或者加重投保人、被保险人责任的；（2）排除投保人、被保险人或者受益人依法享有的权利的。但因保险合同中双方对价显失公平难以证明，故该法条主要起宣示作用，司法中应当慎用。

第三节 车损险“无责免赔”条款的法律效力

保险合同的效力问题，因为涉及金融行业产品的广泛影响，对其评判和认定需要考量的因素比较复杂，所以，正确理解和适用相关的法律条文尤其重要。本节以一个典型案例的分析为线索，探讨保险合同条款效力的评判方法以及相关法律条文的解释和适用。[1]

一、典型案例与法院判决

（一）基本案情

原告为其所有的轿车向被告保险公司投保了机动车损失保险（简称“车损险”）、第三者责任险等，其中，车损险的保险金额为122 000元，第三者责任险的保险金额为200 000元。双方在保险条款中约定：【第4条】被保险人或其允许的合法驾驶人因下列原因造成被保险机动车的损失，保险人负责赔偿：（一）碰撞、倾覆、坠落……【第20条】因第三方对被保险机动车的损害而造成保险事故的，保险人自向被保险人赔偿保险金之日起，在赔偿金额范围内代位行使对第三方请求赔偿的权利。【第25条】保险人依据被保险机动车驾驶人在事故中所负

〔1〕参见郭宏彬、张丽佳：“车损险‘无责免赔’条款的法律效力”，载谢宪、李友根主编：《保险判例百选》，法律出版社2012年版，第449页。

的事故责任比例，承担相应的赔偿责任。公安交通管理部门处理事故时未确定事故责任比例且出险地的相关法律法规对事故责任比例没有明确规定的，保险人按照下列规定承担赔偿责任：保险机动车一方负全部（主要/同等/次要）事故责任的，保险人按100%（70%/50%/30%）事故责任比例计算赔偿；保险机动车一方无事故责任或无过错的，保险人不承担赔偿责任。

2009年9月1日（保险期间内），原告驾驶的被保险机动车与一辆货车相撞，经交通管理局调查认定原告在事故中无责，对方全责。随后，原告向被告保险公司索赔，被告拒绝赔付。原告遂诉至法院，请求依法判令被告赔付原告车辆损失8700元，并承担诉讼费用。

被告保险公司抗辩：虽然原告与被告订有保险合同，且已发生保险事故，但因原告在此次交通事故中无责任，依据保险条款第25条，被告不应承担赔偿责任，原告的损失应由侵权第三方赔偿。

（二）法院判决要旨

法院判决结果：支持原告的诉讼请求。

判决理由如下：

（1）原告与被告之间签订的保险合同合法有效，双方均应依约履行各自的义务。原告发生的交通事故属于保险责任，被告应按保险合同约定承担赔偿责任。（2）虽然侵权第三方应承担赔偿责任，但其是否有足够赔偿能力尚不确定。为了更好保护被保险人的利益，根据《保险法》第60条第1款（因第三者对保险标的的损害而造成保险事故的，保险人自向被保险人赔偿保险金之日起，在赔偿金额范围内代位行使被保险人对第三者请求赔偿的权利。）以及保险条款第20条，被保险人有权选择向保险公司索赔，而保险公司在理赔后可以行使代位求偿权向侵权第三方追偿。(3) 根据被告抗辩所依据的保险条款第25条，被保险人在交通事故中无责任，则保险公司不赔付，与鼓励机动车驾驶者遵守交通法规的社会正面导向相背离，既不符合缔约目的，也有违公平原则，故本案应该适用上述保险条款第20条的约定。

二、"无责免赔"条款的效力分析

(一) 本案焦点问题和分析路径

本案的焦点是保险合同中"无责免赔"条款〔1〕(保险条款第25条) 的法律效力问题。虽然本案判决理由并未明确否定"无责免赔"条款的效力，但支持判决结果的基础是对"无责免赔"条款效力的认定。笔者认为本案判决结果正确，但对理由的说明并不充分。

"无责免赔"条款被社会大众和新闻媒体指责为"霸王条款"，〔2〕更有律师向中国保监会（现为中国银保监会）提出质询并要求废除该条款，〔3〕而法院对于大量有关"无责免赔"条款效力争议案件的判决并不一致，虽然认定该条款无效的判决居多，但判决理由多缺乏说服力。因此，本案具有典型性，有深入研究之必要。

从本案判决结果出发，否定"无责免赔"条款对当事人的效力有两大路径：一是认定该条款本身合理合法，但对当事人未产生效力；二是认定该条款本身即不合理或不合法，为无效

〔1〕 此为大众和媒体对类似本案中保险条款第25条的习惯称谓，也有称为"按责任赔付""无责不赔"条款的，指代相同。

〔2〕 参见张兰："车险无责免赔涉嫌霸王条款 赔偿该找肇事方"，载《金融时报》2011年2月23日。

〔3〕 参见央视《每周质量报告》："中消协呼吁废止'按责任赔付'霸王条款"，载新浪网新闻中心，http://news.sina.com.cn，最后访问时间：2011年2月24日。

条款。两种路径在效果上截然不同，前者仅对个案，而后者“影响一片”。因为在我国，保险监管的内容包括保险条款和保险费率，保险公司拟订的保险条款依法由保监会（现为银保监会）审批或备案。一方面，在保监会（现为银保监会）的“指引”下，各保险公司的同类条款大致相同；另一方面，这也意味着通用的保险条款是由专家审查或论证过的，一般不会存在不合理或不合法的内容。因此，法院判定保险条款本身无效需特别谨慎，否则就极有可能触动保险业内所有相关的保险条款的法律效力。本文拟区分两个路径在法律适用层面对本案及其所涉及的问题进行分析探讨。

（二）“无责免赔”条款不产生效力的判决理由

如果假定“无责免赔”条款本身合法有效，则否定其对当事人产生效力的理由有两个：

其一，保险人违反缔约说明义务。依据《保险法》第17条，保险人在订立保险合同时对免除保险人责任的条款未向投保人作出提示或者明确说明的，该条款不产生效力。结合本案，若要适用《保险法》第17条，需要说明或证明两点：（1）“无责免赔”条款是不是“免除保险人责任的条款”？在法解释视角，第17条中规定的“免除保险人责任的条款”是实质要求，应不限于保险合同中的“责任免除”条款部分，只要该条款客观上免除了保险人的某些责任，均应属于“免除保险人责任的条款”。结合本案车损险条款第4条规定的保险责任来看，“碰撞”损失属于保险责任，该“碰撞”既包括单方事故，也包括双方事故，并未涉及双方事故责任的比例。而“无责免赔”条款无疑在客观上免除了保险人按照“保险责任”一般条款规定的部分保险责任，当属“免除保险人责任的条款”，而非“赔偿处理”条款的应有内容。质言之，在具体保险条款性质的界定上，但凡规定“保险责任”条款例外情形的条款，无论其置于保险合同的哪个部分，均应认定其为“免除保险人责任的条款”。(2) 保险人是否就此向投保人作出了提示或者明确说明？从本案看，保险公司并未证明其履行了缔约说明义务。由此，可认定本案“无责免赔”条款不产生效力。

其二，适用疑义解释规则。所谓“疑义解释规则”，即《保险法》第30条所规定的，采用格式条款的保险合同的双方对合同条款发生争议，按通常理解有两种以上解释的，应作出有利于投保方的解释。这与《合同法》第41条对格式条款的司法规制一脉相承。本案若要适用《保险法》第30条，须存在合理的疑义。“无责免赔”条款本身的意思是明确的，即只承保双方交通事故中因己方责任造成的己方车损，而不承保因对方责任造成的己方车损，换言之，因第三人责任造成的己方车损不视为保险损失，但这与合同第20条规定的“代位求偿权”条款相冲突。保险公司行使代位求偿权的前提之一就是第三人对保险事故负有责任，按照“无责免赔”条款，第三人负全责时保险公司不赔，自然不能取得代位求偿权；而第三人负有部分责任时，保险公司不赔偿第三人应负责任部分，向第三人追偿也无合理性基础。因此，若适用“无责免赔”条款，就不可能适用“代位求偿权”条款，反之亦然。那么，保险公司在合同中规定“代位求偿权”条款的动机就值得怀疑，除了使投保人产生“保险公司负责赔偿第三人造成的保险损失”的合理期待或是“美丽误解”之外，还会是什么呢？由此，两个条款的冲突便产生了合理的疑义，法官有理由选择对投保方有利的“代位求偿权”条款适用。

(三)“无责免赔”条款本身的法律效力

实践中，围绕“无责免赔”条款产生了太多的争议和纠纷，因此，分析和探讨“无责免赔”条款本身的合法性与合理性，不仅有助于法官断案，也有助于保险业完善保险条款。如果上文所阐述的否定“无责免赔”条款对当事人产生效力的理由不复存在，也即保险人对于该条款尽到了明确说明义务且在合同中删除了“代位求偿权”条款，能否从该条款本身找到否定其效力的根据？

1.“无责免赔”条款的合法性分析

需要说明，此处所谓“合法性”是狭义的，是对“无责免赔”条款是否违反某些具体法条的认定，不涉及对违反法律一般原则的判断。同时，不违反某些法条在逻辑上并不能充分说明其合法性。所以，本文此处的分析不是定性分析。

我国《保险法》明文规定保险条款部分无效的情形中，与“无责免赔”条款有关的仅有第 19 条，即保险人通过格式条款免除保险人依法应承担的义务或者加重投保方责任、排除投保方依法享有的权利的，该条款无效。实践中很多法院也是根据此条判定“无责免赔”条款无效。该条源自《合同法》第 40 条，其立法意图主要是对显失公平的格式条款进行矫正。一般而言，如果保险人利用其优势地位在格式条款中规定使双方权利义务显失公平的内容，则可以适用《保险法》第 19 条宣告该条款无效。但需注意的是，《保险法》第 19 条主要起宣示作用，在司法实践中须谨慎适用，非显失公平的情形通常不适用该法条。

在保险条款中，涉及对投保方显失公平的情形主要是对价不对等，例如保险的价格（保险费率）过高，或者保险公司只收保险费而不承担风险。那么，“无责免赔”条款是否构成显失公平呢？显然难以成立。理由是：（1）在理论上，保险费率的确定不仅是基于科学的精算制度，而且还要经受政府职能机构的监管程序，所以投保方对此难以提出有效的质疑。(2)“无责免赔”条款并不构成《保险法》第19条规定的“免除保险人依法应承担的义务”。任何保险条款都是承保部分特定的风险而不可能承保所有的风险，“无责免赔”条款并非该赔不赔，其实质是“无责未保”，是对保险公司承担保险责任的划分，即保险公司只承保因投保方责任造成的己方车损，而未承保因对方责任造成的己方车损。换言之，后者并非保险公司承保的风险，保险公司自然不必对此承担保险责任。相应地，保险公司收取的保险费，也是承保相应风险的对价，故亦不存在只收保险费而不承担风险的显失公平的情形。因此，“无责免赔”条款本身并不构成对《保险法》第19条的违反。

2. “无责免赔”条款的合理性分析

“无责免赔”条款具有一定的合理性，该条款的设计初衷是通过险种和保险责任的细化，解决机动车双方事故中的重复赔偿问题并简化理赔程序，符合保险法上的损失补偿原则以及制度设计所应遵循的经济效益原则。在假定机动车事故双方均有车损险和第三者责任险的情况下〔1〕，任一投保方因己方责任造成的己方车损，可获得己方车损险的赔偿，因对方责任造成的己方车损，可获得对方第三者责任险的赔偿。即便对方的第三者责任险不足以弥补对方责任给己方造成的损失，己方仍可依据侵权法向对方主张赔偿。如此，投保方不会因既有保险又存在侵权第三方而获得双重赔偿，保险公司也不必费时费力地行使代位求偿权或与侵权方的保险公司协调保险金的分担问题。相反，如果对于事故责任比例不加区分完全纳入保险责任范围，

〔1〕 在“交强险”实施之前，车损险是基本险，第三者责任险为附加险，属于法定强制保险。投保附加险必以车损险为基础，因此，如果依法投保，车损险与第三者责任险是必保的险种。

则事故任一方均将获得己方车损险与对方第三者责任险或对方基于侵权责任的双重赔偿，这将有违保险法损失补偿原则。相应地，必须依靠双方的保险公司分别行使代位求偿权来加以矫正。如此必将增大保险公司的理赔成本，也将带动保险费的增加，不符合经济效益原则。另外，“代位求偿权”条款主要针对非交通事故场合因第三人责任造成被保险机动车损失的情形，与“无责免赔”条款应属于并行关系，分别适用于不同场合。例如，楼上住户扔下花盆砸坏被保险机动车，保险人在赔偿被保险人后，可以行使代位求偿权向责任人追偿，此时不适用“无责免赔”条款。

对“无责免赔”条款精巧的制度设计在技术层面为我们勾画出一幅近乎完美的蓝图，但判断保险条款合理性的最为重要的标准是在价值层面看其是否会诱发道德风险，此为充分条件，但凡可能诱发道德风险的条款即为不合理条款，可视为违反民法公序良俗原则。当然，经济效益原则也是判断保险条款合理性的一个标准，但不应是保险公司的经济效益而应是投保方的经济效益。“无责免赔”条款的不合理之处在于：（1）容易诱发道德风险；（2）不能满足保险需求，有违经济效益原则。

“无责免赔”条款的设计是基于一个假定，即“因对方责任造成的己方车损”，投保方可以通过对方的第三者责任险或者向对方追究侵权责任得到赔偿，但问题的关键在于，这个假定有时并不成立。对方第三者责任险的保险金额不足或者对方的侵权赔偿能力不足等因素都可能导致投保方不能得到充分的赔偿，同时向对方索赔往往会产生高昂的成本，因此，未被己方保险纳入承保范围的“因对方责任造成的己方车损”最终能否获得对方充分的赔偿是不确定的利益，在此情形下，理性的投保方会偏好确定的利益而选择将对方责任的事故变为己方责任的事故，进而确定地从己方保险公司获得比较充分的赔偿，这无疑会诱发投保方的逆向选择。同时，“无责免赔”条款激励了违法行为，因为违法应负全责的投保方得到了最确定的保险保障，而守法无责的投保方却要不确定地依赖对方的赔偿能力。在这个意义上，该条款构成了道德风险，违反了民法公序良俗原则，可以认定为无效。

“无责免赔”条款将“因对方责任造成的己方车损”排除在保险责任之外，就从客观上排除了己方为这部分车损主动投保的可能，该部分车损能否最终获得充分的赔偿，要被动地取决于对方是否有足够金额的第三者责任险或者有足够的赔偿能力，这显然忽视了投保方对保险的期待和需求，影响了保险社会职能的发挥。至于“无责免赔”条款所要解决的双重赔偿问题不足为虑，通过代位求偿权制度即可解决。而保险公司行使代位求偿权带来的成本增加，在保险行业协会或保险监管机构的协调下会得到合理的控制，并经保险费率的适当调整而由投保方整体合理分担。相应地，投保方向责任方追偿的成本则会大大降低，更符合经济效益原则。

总体上看，“无责免赔”条款因其容易诱发道德风险、激励违法行为而在价值层面不具有合理性，也违反公序良俗原则，法院可以判定其无效。但更好的处理方式是通过保险监管机构行使职能来完善或停用该条款，以更好地保障投保方的利益。

第七章 保险合同的履行与解释

第一节　投保方的义务

投保方作为保险合同的缔约当事人，应当按照法律规定或合同约定履行其义务。投保方的义务主要包括交纳保险费、出险通知、预防危险、危险增加的通知以及出险施救。其中，后三项为财产保险合同中特有的义务。

一、交纳保险费义务

（一）交纳保险费的意义

保险费，又称保费，是投保人将保险风险转移给保险人所支付的对价，也是保险人承担保险责任之保险基金的来源。通常情形下，保险费由纯保险费和附加保险费两部分构成。纯保险费主要用于保险赔付支出；附加保险费主要用于保险业务的各项营业支出，包括税费、代理手续费、企业管理费、工资及工资附加费、固定资产折旧费以及企业合理利润等。[1]保险费的计算公式：保险金额乘以保险费率，其中，保险费率也被称

〔1〕 参见张洪涛、郑功成主编：《保险学》，中国人民大学出版社 2000 年版，第 120 页。

为保险价格，通常以每百元或每千元的保险金额应缴的保险费来表示。交纳保险费不是保险合同成立的条件，而是投保人的最主要的合同义务。只有投保人交纳保险费，保险制度方得以运转，在保险事故发生时，保险人才有资金向被保险人进行赔付。

（二）保险费交纳的方式

我国《保险法》第14条规定：“保险合同成立后，投保人按照约定交付保险费，保险人按照约定的时间开始承担保险责任。”我国《保险法》第35条规定：“投保人可以按照合同约定向保险人一次支付全部保险费或者分期支付保险费。”保险费的交纳方式和时间主要依据合同约定，可一次性支付，也可分期支付。

（三）违反交纳保险费义务的法律后果

就财产保险合同而言，一般一次付清保险费，当事人也可约定分期交付。

若投保人未在期限内交付保险费，保险人可采用以下方式以维护自身权益：其一，可向投保人催告，限期交纳保费及迟延利息；其二，可诉请投保人交纳保费；其三，在合同约定的情况下，保险人也可以解除合同。[1]

就人身保险合同而言，一般分期交纳保险费。但我国《保险法》规定，保险公司不能诉请投保人支付人寿保险的保险费。[2]对于意外伤害保险和健康保险的保险费，保险公司可以诉请交纳。

在合同约定分期支付保险费的人身保险合同中，投保人在支付首期保险费后，对其以后的交费享有一定的宽限期，该宽

---

〔1〕参见我国《保险法》第36条、第37条。

〔2〕参见我国《保险法》第38条。

限期为保险人催告后30日或超过约定期限60日。[1]在交费宽限期内发生保险事故的，保险人应当按照约定承担保险责任，但可以扣减欠交的保险费。

（四）人身保险合同效力中止与复效制度

若投保人超过法定或约定的宽限期仍未支付当期保险费，保险人有权中止保险合同或约定减少保险金额。之后，如果投保人补交保险费及利息后，经保险人同意，保险合同的效力可以得到恢复。[2]

保险合同效力中止需满足以下条件：其一，保险合同系经当事人约定的分期支付保险费的人身保险合同。其二，投保人已支付首期保险费。其三，投保人超过法定或约定的宽限期仍未支付当期保险费。

保险合同复效需满足以下条件：其一，保险人与投保人协商并达成协议，即经过保险人同意。对此，我国《保险法司法解释（三）》第8条规定，若投保人提出恢复效力申请并同意补交保险费的，除被保险人的危险程度在中止期间显著增加外，保险人应当同意恢复效力。保险人在收到恢复效力申请后，30日内未明确拒绝的，应认定为同意恢复效力。其二，投保人补交了保险费。保险合同自投保人补交保险费之日恢复效力，保险人可以要求投保人补交相应利息。

需要注意的是，保险合同双方在合同效力中止之日2年内达成复效协议，已中止的保险合同复效，此不必多言。然若逾期未达成复效协议的，保险人有权解除合同。若保险人解除合同，则此保险合同效力终止，自此无法复效；若保险人未解除合同，则合同的效力仍处于中止状态。

---

〔1〕参见我国《保险法》第36条。

〔2〕参见我国《保险法》第36条、第37条。

二、出险通知义务

（一）出险通知的意义

出险通知，即对保险事故发生的通知。我国《保险法》第21条规定："投保人、被保险人或者受益人知道保险事故发生后，应当及时通知保险人。"由此可见，出险通知义务的义务人包括投保人、被保险人或者受益人，三者是或然关系，其中任何一人履行出险通知义务即可。

要求投保人、被保险人或者受益人在知道保险事故发生后及时通知保险人，可以使保险人及时采取措施，防止损失进一步扩大，同时尽快保全证据，确定保险事故的性质及造成损失的原因。此外，保险人及时获知保险事故的发生，还可以使保险人尽快核定损失程度，进行理赔，使被保险人或受益人尽快得到补偿。

（二）出险通知的方式和期限

我国法律并未明文规定保险人履行出险通知义务的方式，一般而言，书面或口头方式通知均可。

投保人、被保险人或者受益人在获知保险事故发生后，应及时通知保险人。所谓及时，就是尽可能地快。关于"及时"之认定，在我国保险实务中，通常由双方当事人进一步约定具体的通知期限。有约定的，应从其约定；若无约定，则应在合理期间内通知。

（三）违反出险通知义务的法律后果

若投保人、被保险人或者受益人知道保险事故发生后，故意或者因重大过失未及时通知保险人，致使保险事故的性质、原因、损失程度等难以确定的，保险人对无法确定的部分，不承担赔偿或者给付保险金的责任。但保险人通过其他途径已经及时知道或者应当及时知道保险事故发生的除外。

三、维护保险标的安全义务

（一）维护保险标的安全的意义

我国《保险法》第51条第1款规定："被保险人应当遵守国家有关消防、安全、生产操作、劳动保护等方面的规定，维护保险标的的安全。"由此可见，维护保险标的安全义务的义务人是被保险人，投保人不负有此义务。

在财产保险中，被保险人的风险依据保险合同移转给保险人，此时保险标的虽仍处于被保险人控制之下，但由于保险风险已得到保障，被保险人的注意程度可能会有所降低，从而在一定程度上间接提高保险标的发生损失的可能性。为了敦促被保险人防范风险、减少无谓损失，保险法通常为被保险人设立预防风险、维护标的安全的义务。

（二）维护保险标的安全义务的履行

维护保险标的安全义务对被保险人的要求主要体现在两个方面：一是应当遵守国家有关消防、安全、生产操作、劳动保护等方面的规定；二是配合保险人为维护保险标的安全所采取的措施或者行动。

保险风险移转带来的另一结果，即是保险人对保险标的的注意程度提升。由于其无法直接控制保险标的，保险人会希望对保险标的采取一定的安全措施，以保障其安全，从而减少保险人的可能赔付负担。这些防灾防损的行为往往是保险合同成立的基础条件，且对社会整体效益而言也是有益的。因此，我国《保险法》规定，保险人可以按照合同约定对保险标的的安全状况进行检查，及时向投保人、被保险人提出消除不安全因素和隐患的书面建议。经被保险人同意后，保险人可以为维护保险标的的安全采取安全预防措施。[1]对于保险人的上述合理行为，被保险人应予以配合。

(三) 违反维护保险标的安全义务的法律后果

当投保人、被保险人未按照约定履行其对保险标的的安全应尽责任的，保险人有权要求增加保险费或者解除合同。[2]

四、危险增加通知义务

(一) 危险增加通知的意义

我国《保险法》第52条第1款规定："在合同有效期内，保险标的的危险程度显著增加的，被保险人应当按照合同约定及时通知保险人，保险人可以按照合同约定增加保险费或者解除合同。保险人解除合同的，应当将已收取的保险费，按照合同约定扣除自保险责任开始之日起至合同解除之日止应收的部分后，退还投保人。"由此可见，危险增加通知义务的义务人为被保险人。需要说明，此处之"危险"即为本书所采的"风险"，二者含义相同。

危险程度的大小是确定保费的重要依据，也是保险合同订立的基础条件。可以说，保险合同是由双方当事人在对危险程度进行衡量与评估的基础上，由投保人支付对价、保险人承担风险的合同。因此，危险程度是双方当事人订立合同时所必须考虑的关键因素。然而，保险合同是继续性合同，虽然在订立合同之时，双方当事人可以对危险程度进行充分考量，但随着时间发展和情势变更，危险情况可能发生变化，可能导致当事人之间对价平衡发生变化。此变化是双方当事人在订立合同时所无法预料，却又与合同息息相关的。因此，考虑到投保方对

〔1〕 参见我国《保险法》第51条第4款。
〔2〕 参见我国《保险法》第51条第3款。

保险标的的控制，其通常在保险人之前知道保险标的的危险情况是否发生以及发生了怎样的变化。法律通常要求投保方在知悉危险增加后通知保险人，以便保险人重新评估风险、变更保险费以平衡对价。可见，危险增加的通知也是诚信原则对投保方的要求。

（二）危险增加通知义务的履行

1. “危险增加”的认定

危险增加，是指订立合同时当事人双方所无法预见的有关保险标的的危险因素及危险程度的增加。首先，“危险增加”应具有非预见性，即应属合同订立时双方当事人无法预见的情况。若为订立合同时双方当事人应当预见或可以预见的危险，则不属于应通知的“危险增加”的范围。其次，“危险增加”应具有显著性，即“危险增加”的情事需属于足够重要以致影响双方对价关系之平衡的事项。危险增加的通知是为使双方当事人之间的对价关系保持平衡状态，若危险加重，但程度轻微，对双方关系之平衡并无影响，则不属于应当通知的“危险增加”之情事。

2. 危险增加通知的方式和期限

我国《保险法》对于危险增加通知的方式没有规定，可以口头通知也可书面通知，只要使保险人得到危险增加的信息即可。

对于通知的期限要求，以“及时”为判断标准，即尽可能快。导致保险标的危险增加的原因可大致分为两类：其一是由投保方实施的某种行为引起的；其二是因投保方行为之外的某种客观情况引起。根据危险增加的原因不同，通知时限亦有所不同。若是人为原因所导致，则义务人应在行为实施前通知；若是客观情况所导致，则义务人应在知晓危险增加后及时通知。

合同如有对于通知期限的约定，从其约定。

3. 危险增加通知后保险人的选择

根据我国《保险法》第 52 条第 1 款的规定，在义务人通知危险增加之情况后，保险人可以按照合同约定增加保险费或者解除合同。保险人解除合同的，应当将已收取的保险费，按照合同约定扣除自保险责任开始之日起至合同解除之日止应收的部分后，退还投保人。

保险人在接到危险增加通知后，如果未及时作出解除合同或者增加保险费的意思表示，可以推定其放弃合同解除权和抗辩权。

（三）违反危险增加通知义务的构成要件

被保险人违反危险增加通知义务的构成要件：（1）有危险显著增加的事实。若危险虽有加重，但程度轻微，对双方关系之平衡并无影响，则被保险人未就此类事项通知保险人，不违反危险增加通知义务。（2）被保险人明知或应知危险增加的事实。若被保险人不知危险增加事实，且没有知悉该事实之义务，则其未通知保险人该事项属合理情形，不违反危险增加通知义务。（3）被保险人未及时通知保险人关于危险增加的事实。

（四）违反危险增加通知义务的法律后果

根据我国《保险法》第 52 条第 2 款规定，被保险人未履行前款规定的通知义务的，因保险标的的危险程度显著增加而发生的保险事故，保险人不承担赔偿保险金的责任。

需要注意的是，被保险人违反危险增加通知义务，保险人对新增危险所造成的损失不承担赔偿责任。如果所发生的保险事故与新增加的危险没有因果关系，保险人不得免除责任。

理论上一般认为，存在以下情形保险人不能依据被保险人违反危险增加通知义务而免责：（1）危险增加系保险人通过其他途径已经知道或应当知道，即使义务人没有通知危险增加情形，保险人也不得免除责任。（2）投保方为履行法定救助义务或为保险人利益所致危险增加，保险人不免除责任。

例如，甲新建楼房后为该楼房投保家庭财产保险，后将该楼房出租给乙，乙用该楼房贮存易燃化学药品，甲知情但未将此情况通知保险公司。之后，化学药品起火，该楼房全部烧毁，保险公司应否赔偿？

本案涉及被保险人危险增加通知义务。在本案中，（1）被保险人甲将其投保家庭财产保险的楼房出租给乙用于贮存易燃化学药品，明显超出家庭用房的使用范畴，保险标的的危险程度显著增加。（2）甲知悉或应知悉该事实而未及时通知保险人，有重大过失，违反了危险增加通知义务。（3）作为保险事故的火灾是由新增危险即易燃化学药品造成的，新增危险与保险事故发生有直接因果关系。（4）保险人事先对此并不知情亦无过错，不属于弃权不得免责情形。所以，依据《保险法》第52条之规定，保险人对此不承担赔偿责任。

五、出险施救义务

（一）出险施救的意义

我国《保险法》第57条第1款规定："保险事故发生时，被保险人应当尽力采取必要的措施，防止或者减少损失。"所谓出险施救，是指在保险事故发生后，被保险人应积极采取措施抢救财产，以减少损失。出险施救义务，又称防止损失扩大义务，其义务人为被保险人。

保险事故发生后，善意的被保险人通常会及时采取施救措施，设法防止损失扩大。但也有被保险人由于自己已经投保，故而对保险事故的发生及保险标的损失持消极态度，放弃施救或者纵容损失扩大。这样的行为不仅不利于保险人，同样也不利于保险共同体的整体利益。因此，出险施救义务的最大意义在于促使被保险人注意管理财产，不要放纵损失扩大，从而在一定程度上维护保险人及保险共同体的利益。

（二）出险施救义务的履行

出险施救义务是合同法上“减轻损失规则”在保险法上的具体运用，具有法定性，因此，当事人不能通过约定加以变更或者排除其适用。[1]笔者认为，施救行为可能会给施救人带来人身风险，例如火灾发生后的灭火及抢救财产行为，就极有可能造成施救人的伤亡，专业的事情应该由专业的人员去做，对于被保险人来说，及时报警就已经算是尽到了施救义务，而不能要求被保险人像消防员一样参与灭火活动或者冲入火海抢救保险财产，因此，不宜过于强调施救义务，在司法上也应针对具体情形采用宽松的标准来判定施救义务是否履行。

另外，出险施救往往需要付出代价，因为施救行为可以减少保险损失，直接减轻了保险人的赔偿负担，保险人是直接受益者，因此，各国保险立法对被保险人的施救行为加以鼓励的同时，也直接规定施救费用由受益者保险人承担。我国《保险法》第 57 条第 2 款也如此规定：“保险事故发生后，被保险人为防止或者减少保险标的的损失所支付的必要的、合理的费用，由保险人承担；保险人所承担的费用数额在保险标的损失赔偿金额以外另行计算，最高不超过保险金额的数额。”在司法实践中，施救费用是否“必要”“合理”的判断标准均应从宽，以鼓励出险施救；但也不能不考虑经济效率原则，避免因挥霍性施救过度增加保险人的施救费用负担，所以我国《保险法》限

---

〔1〕 参见温世扬主编：《保险法》，法律出版社 2016 年版，第 159 页。

定施救费用以保险金额为限。

（三）违反出险施救义务的法律后果

正如本书前面指出的那样，不宜过于强调施救义务，施救义务应定性为弱义务，故对于被保险人违反施救义务后的法律后果，我国《保险法》并未明确规定，也就是说，即便被保险人违反了施救义务，也没有什么不利的法定后果。在实践中，保险合同当事人通常约定，被保险人违反施救义务导致损失扩大，就损失扩大部分保险人不予赔付。

第二节　保险人的义务

保险人作为保险合同的缔约当事人，应当按照法律规定或合同约定履行其义务。保险人的义务主要包括签发保险单证义务、承担保险责任的义务、承担法定费用的义务、依法降低保险费的义务等，其中承担风险是其最为主要的义务。

一、签发保险单证的义务

根据我国《保险法》第13条第1款之规定，投保人提出保险要求，经保险人同意承保，保险合同成立。保险人应当及时向投保人签发保险单或者其他保险凭证。可见，保险合同属不要式合同，其成立不以保险人签发保险单等保险凭证为要件。保险人及时向投保人签发保险单或者其他保险凭证，是保险合同中保险人承担的义务。

保险单证是保险合同的证明文件，是双方履约的重要依据，也是解决保险合同纠纷的重要证据。保险单或者其他保险凭证应当载明当事人双方约定的合同内容。当事人也可以约定采用其他书面形式载明合同内容。

二、承担风险的义务

（一）承担风险的意义

投保人交纳保险费的对价是保险人承担被保险人的风险损失，因此，承担保险风险是保险人的主要义务，也即投保方花钱买保险，买的就是保险人对约定风险的承担。

在理论上，承担风险既是收取保险费的事实基础，也是赔偿或者给付保险金的事实基础。具体而言，保险人诉请投保人交纳保险费，支持其诉讼请求的事实基础是保险人承担了投保方的风险；被保险人请求保险金，支持其诉讼请求的事实基础也是保险人承担着投保方的风险。

因为各种著述中对于保险风险、保险事故、保险损失、保险事件、保险责任等概念界定不清，导致各种表述含义不明，容易产生概念的混淆。因此，此处首先需要界定几个概念，以便后面能够表意清楚。

1. 保险风险与保险事故

按照风险管理学和保险学的理论，保险风险是指保险承保的风险因素，例如火灾、意外事故等，风险因素的范围需要保险合同或者学理上的明确界定。保险风险是客观存在的，但是否发生具有不确定性，保险风险一旦发生，我们称之为发生了保险事故，或者说，保险事故即为已经发生之保险风险。

2. 保险损失和保险事件

发生保险事故不一定造成保险标的损失或者给被保险人带来损害，这里还需要考虑保险事故与损失或者损害之间的因果关系是否存在近因。我们把因保险事故造成财产保险标的的损失称为保险损失，把因保险事故造成人身保险合同约定的情形，诸如被保险人死亡、伤残、疾病，或者达到合同约定的年龄、期限等，统称为保险事件。正如我国《保险法》第 2 条对于保险的描述性定义所区分的那样，保险损失，是财产保险赔偿保险金的条件，即“合同约定的可能发生的事故因其发生所造成的财产损失”。此条件成就，保险人即应承担赔偿保险金的责任。保险事件，是指人身保险给付保险金的条件，即“被保险人死亡、伤残、疾病或者达到合同约定的年龄、期限等条件”。此条件成就，保险人即应承担给付保险金责任。

3. 承担保险责任和承担风险

当发生保险损失或者出现保险事件，保险人应当赔偿或者给付保险金，我们称之为承担保险责任。而无论是否发生保险损失或者出现保险事件，保险人是否实际承担保险责任，保险人均属于风险承担者，即对不确定的结果负责，尽到了风险承担义务。

具体而言，保险合同作为射幸合同，可能会有两种情形：一是在保险期间内，没有发生保险合同约定的保险损失或者保险事件，则保险人无需赔偿或者给付保险金。二是在保险期间内，发生了保险合同约定的保险损失或者保险事件，则保险人应按照约定赔偿或者给付保险金。在第一种情形中，虽然没有发生保险损失或者出现保险事件，保险公司未赔偿或者给付保险金，但保险公司也承担了保险风险，尽到了其主要义务，投保方不能以保险公司未尽合同义务为由主张保险公司违约责任或退还保险费。此种情形，因为“波澜不惊”，无展开说明的必要。在第二种情形中，发生了保险损失或者出现了保险事件，保险公司须依约承担保险责任。所谓承担保险责任，是指保险损失或者保险事故发生后，保险人依保险合同之约定所承担的向被保险人或受益人进行保险赔偿或者保险给付的责任。此种情形，因为涉及被保险人或者受益人行使保险金请求权，进而需要判断保险责任是否构成、保险责任的范围以及赔偿或者给付的方式和期限等问题，这些问题有进一步探讨的必要。

（二）保险责任的构成要件

被保险人或者受益人行使保险金请求权的前提条件之一，是保险公司应当承担保险责任。保险人承担保险责任需要满足其构成要件，财产保险与人身保险的保险责任构成要件略有不同。财产保险的保险责任构成需要满足以下三点：

（1）须有保险事故发生。保险合同所承保的保险事故须发生，否则无从产生保险责任。若未发生保险事故，或所发生的事故不属于保险合同约定的保险事故，则保险人不承担保险责任。例如，单一险的火灾保险需有火灾发生才构成保险事故。

（2）须保险标的发生损失。保险事故发生了，但未造成保险标的损失，则保险人也无需承担保险责任。

（3）保险标的损失与保险事故的发生有直接因果关系，即满足近因原则之要求。只有保险事故的发生与损失事实的形成之间存在直接的因果关系，保险人才进行保险赔偿。

上述三点均具备，也即发生保险损失，保险人应承担保险责任。

人身保险的保险责任构成要件简单一些，一般讲，只需出现保险合同约定的保险事件，保险人就应承担保险责任。如果合同约定的保险事件未出现，则保险人不承担保险责任。

如前所述，保险人承担保险责任的前提条件是保险损失的发生或者保险事件的出现。保险损失发生是指财产保险中保险事故发生造成保险标的损失；保险事件出现是指人身保险中保险事故发生造成被保险人死亡、伤残、疾病或者保险合同约定的作为保险给付条件的事件出现。

（三）保险责任的范围

保险人所承担的保险责任之范围，依保险合同的类型不同而有所区别。

对于损失填补性保险而言，保险人所需赔偿的保险金以实际损失为限，以合同约定的保险金额为限，保险金的总额不能超过保险金额。首先，保险人赔偿的保险金不得超过被保险人的实际损失，这是损失补偿原则的要求。为满足这一要求，在计算及核定赔偿金额时，应以当时市价计算，同时应考虑标的物的折旧费、保险标的的剩余价值等。其次，保险人赔付的最大限度是保险金额。保险金额是保险合同约定的保险人承担赔偿或者给付保险金责任的最高限额，也就是说，即使保险人所受实际损失超过保险金额，对超出部分保险人也不负赔偿责任。这是由于在保险关系中，保险人承担的保险责任与保险费具有正相关性，保险人所承担的责任不能无限大，所以需在保险合同中约定与保险费相适应的保险金额，作为赔偿或者给付保险金的最高限额。

对于定额给付型保险而言，保险人应严格按照保险合同约定的保险金额给付保险金。定额给付性保险通常是指人寿保险、意外伤害保险和健康保险，其保险给付标准有三种考量：一是以投保方交付保费的多少、时间的长短以及年龄阶段来确定保险金，具有储蓄性。二是以特定灾害事故导致被保险人丧失劳动能力的程度来确定保险金，具有保障性。三是以预料之外的疾病给被保险人所带来的大额医疗费及相关费用来确定保险金。

三、承担法定费用的义务

保险人不仅需要承担保险责任，还需承担法定费用，包括三项费用：

（一）施救费用

《保险法》第57条第2款规定：“保险事故发生后，被保险人为防止或者减少保险标的的损失所支付的必要的、合理的费用，由保险人承担；保险人所承担的费用数额在保险标的损失赔偿金额以外另行计算，最高不超过保险金额的数额。”可见，施救费用由保险人承担，其与直接损失分别计算，以不超过保险金额为限。属于未足额投保按比例赔偿的保险财产，其施救费用也按比例计算。

（二）勘损费用

我国《保险法》第64条规定：“保险人、被保险人为查明和确定保险事故的性质、原因和保险标的的损失程度所支付的必要的、合理的费用，由保险人承担。”可见勘损费用由保险人承担。

（三）责任保险的仲裁、诉讼费用以及其他必要合理的费用

我国《保险法》第66条规定：“责任保险的被保险人因给第三者造成损害的保险事故而被提起仲裁或者诉讼的，被保险人支付的仲裁或者诉讼费用以及其他必要的、合理的费用，除合同另有约定外，由保险人承担。”可见，除合同另有约定情形之外，责任保险的仲裁、诉讼费用以及其他必要合理的费用由保险人承担。实务中，保险合同大都约定该费用由被保险人承担。

四、依法降低保险费的义务

在保险合同中，双方当事人对危险的诸多因素进行考量，确定投保人所需支付的保险费，并由保险人在保险金额范围内承担风险。同时，由于保险合同是继续性合同，危险情况的变化势必导致当事人之间权利义务平衡发生变化，保险费作为保险人承担风险的对价，应与风险情况的变化保持一致。因此，与投保方的危险增加通知义务对应，法律规定，保险人也负有

在一定情形下降低保险费的义务，以维护当事人之间的对价平衡。

根据我国《保险法》第 53 条的规定，除非合同另有约定，当据以确定保险费率的有关情况发生变化，保险标的的危险程度明显减少时，或保险标的的保险价值明显减少时，保险人应当降低保险费，并按日计算退还相应的保险费。

第三节　保险索赔与理赔

一、索赔

（一）索赔的定义

索赔，是指在保险标的因保险事故而遭受损失或约定的保险事件出现后，被保险人或受益人按照保险合同的约定，请求保险人给予经济补偿或给付保险金的行为。

（二）索赔的时效

被保险人或受益人应在法定的索赔时效期间内进行索赔。

我国《保险法》第 26 条规定："人寿保险以外的其他保险的被保险人或者受益人，向保险人请求赔偿或者给付保险金的诉讼时效期间为 2 年，自其知道或者应当知道保险事故发生之日起计算。人寿保险的被保险人或者受益人向保险人请求给付保险金的诉讼时效期间为 5 年，自其知道或者应当知道保险事故发生之日起计算。"

（三）索赔的程序

1. 索赔请求的提出

保险损失或者保险事故发生后，投保方应当及时通知保险人。同时，被保险人或者受益人可以向保险人作出请求保险赔偿或给付的意思表示。

2. 提供索赔单证

为使保险人可以及时对保险事故进行调查与核定，保险事故发生后，投保方按照保险合同请求保险人赔偿或者给付保险金时，应当向保险人提供其所能提供的与确认保险事故的性质、原因、损失程度等有关的证明和资料。保险人按照合同的约定，认为有关的证明和资料不完整的，应当及时一次性通知投保人、被保险人或者受益人补充提供。

3. 领取保险金

当保险人支付保险金时，被保险人或者受益人可以受领保险金。

如果保险事故涉及第三人赔偿责任，被保险人获得赔付的保险金后，应开具权益转让书并协助保险人向第三人追偿，使保险人可以顺利行使代位求偿权。尽管我国采当然代位主义，保险人在赔付保险金后自动取得代位求偿权，不以权益转让书为取得权利的要件，但在实务中往往仍需出具权益转让书，以便更好地确认代位求偿权的各项内容。

二、理赔

（一）理赔的定义

理赔是指保险人应索赔请求人的请求，根据保险合同的规定，审核保险责任并处理保险赔偿的行为。理赔程序是保险人履行合同义务的主要方式之一，也是投保方利益得以实现的关键程序。

（二）理赔的程序

1. 立案检查

保险人收到索赔请求后，在初步核对后，无论是否属于保险责任，均应及时立案。并在立案后派遣专员进行现场勘查，了解事故原因和损失程度，并采取必要措施以防止损失进一步扩大。

2. 责任核定

保险人应根据现场勘察结果和相关单证内容，对保险事故的性质进行审核，并确定保险责任。根据我国《保险法》第23条和第24条的规定，保险人收到被保险人或者受益人的赔偿或者给付保险金的请求后，应当及时作出核定；情形复杂的，应当在30日内作出核定，但合同另有约定的除外。保险人应当将核定结果通知被保险人或者受益人。若经过核定，认为不属于保险责任的，应当自作出核定之日起3日内向被保险人或者受益人发出拒绝赔偿或者拒绝给付保险金通知书，并说明理由。

3. 赔偿或者给付保险金

保险人应在责任核定结果基础上，依据保险合同约定的赔偿责任和赔偿范围，计算赔偿或者给付金额，确定支付形式。

通常情况下，对于保险责任明确的案件，保险人应及时履行赔偿或给付保险金的义务。经过核定认为属于保险责任的，保险人应当在与被保险人或者受益人达成赔偿或者给付保险金的协议后10日内，履行赔偿或者给付保险金义务。保险合同对赔偿或者给付保险金的期限有约定的，保险人应当按照约定履行赔偿或者给付保险金义务。如果保险人未及时履行前款规定义务，除支付保险金外，还应当赔偿被保险人或者受益人因此受到的损失。

保险损失或保险事件发生后，被保险人或者受益人通常急于得到保险救济，而保险责任和保险损失的核定有时会需要很长时间，以致保险金不能及时赔偿或给付，给被保险人或受益人带来不利影响。为此，设置保险金先予支付制度就很有必要，我国《保险法》第25条规定：“保险人自收到赔偿或者给付保险金的请求和有关证明、资料之日起60日内，对其赔偿或者给付保险金的数额不能确定的，应当根据已有证明和资料可以确定的数额先予支付；保险人最终确定赔偿或者给付保险金的数额后，应当支付相应的差额。”

4. 代位追偿或者余损处理

代位追偿或者余损处理并非必要程序。在保险人有代位求偿权的情形，保险人赔付保险金后，可以向第三人代位追偿。在推定全损并全额赔付的情形下，保险人依法取得受损保险标的的全部权利或者部分权利，可以自行对余损进行处理。

第四节　保险合同的解释原则

一、保险合同解释原则的意义

理论上，对保险合同的条款内容或者条款使用的语言文字的内容进行释明的活动，称为保险合同的解释。[1]如果保险合同的条款内容或者文字表达不够明确甚至存在矛盾，则会使双方当事人在理解和履行合同时发生分歧，甚至引发诉讼。因此，法院或者仲裁机构对保险合同应如何进行解释以及遵循什么原则解释就显得尤为重要。

关于保险合同“解释原则”这个表述，不同著述有所不同，有表述为“解释规则”的，有表述为“解释方法”的，这主要源于大陆法系合同法理论对此问题的习惯表述。本书认为，“解

〔1〕 参见邹海林：《保险法学的新发展》，中国社会科学出版社2015年版，第321页。

释原则”的表述外延更为宽泛一些，可以不限于成文法的规定。保险合同解释原则的问题，主要包括合同解释目的、合同解释对象、与合同解释一般原则的关系、保险合同的特殊解释原则等。

对保险合同进行解释的基本目的是要确认缔约双方的真实意图，明确合同双方的权利和义务。如果合同的含义模糊，则会使合同无法履行，甚至导致诉讼。按照美国著名合同法学者方斯沃斯（Farnsworth）的说法，合同含义的模糊包括三个方面：第一，合同语言不明确（imprecise language）；第二，合同结构不清晰（ambiguous organization）；第三，合同以外的信息造成合同含义模糊（ambiguity created by extrinsic information）。[1]一般而言，保险合同解释的对象，就是保险合同中意思不明确的内容。保险合同的解释不以当事人之间发生争议为必要，仅以保险合同的内容不明确为必要。而保险合同的内容不明确，或为保险合同的条款表述的内容不明确，或为保险合同使用的文字表述的内容不明确。[2]换言之，保险合同的解释对象不限于文字表述的模糊不清，也包括条款设计的缺陷或冲突，例如，除外责任条款与承保责任条款相距太远以致造成投保方对于承保责任范围的误解，还包括合同以外的信息造成合同含义的模糊，例如投保单、宣传册、广告等与书面保险单不一致甚至相互矛盾。

二、保险合同的一般解释原则

我国《合同法》第125条规定：“当事人对合同条款的理解

〔1〕参见陈欣：《保险法》，北京大学出版社2000年版，第26页。

〔2〕参见邹海林：《保险法学的新发展》，中国社会科学出版社2015年版，第322页。

有争议的，应当按照合同所使用的词句、合同的有关条款、合同的目的、交易习惯以及诚实信用原则，确定该条款的真实意思。合同文本采用两种以上文字订立并约定具有同等效力的，对各文本使用的词句推定具有相同含义。各文本使用的词句不一致的，应当根据合同的目的予以解释。”

在我国，合同解释的一般原则为意图解释原则。而合同解释的一般方法，如文义解释、上下文解释、补充解释等，都是为了贯彻意图解释原则。[1]

保险合同属于特殊合同，是合同的一种，因此，普遍适用于所有类型合同的一般解释原则同样适用于保险合同。对于保险合同条款和文字表述内容的解释，应当适用合同解释的一般原则或方法，主要包括：

1. 整体解释，是指在解释合同时需考虑合同整体内容及各部分之间的逻辑关系等对相关条款进行解释。

2. 目的解释，是指解释合同时应根据当事人订约目的来确定合同所表达的当事人双方的真实意思。目的解释可最大程度地使双方当事人订立合同的目的得以实现。

3. 公平解释，要求对合同进行解释后所得结果须公平合理。

4. 合法解释，对合同进行解释后所得结果不得违反法律规定。

5. 文义解释，又称语义解释，要求对合同的解释应尊重文字含义，不得对合同任意推测曲解，不可脱离合同所使用的文字所能表达的含义，应符合常人对原合同文本的基本理解。

三、保险合同的特殊解释原则

在某种意义上，保险合同的特殊解释原则，实际上是合同

---

〔1〕 参见邹海林：《保险法》，社会科学文献出版社 2017 年版，第 226 页。

法的解释原则以及解释方法在保险法领域内的具体适用，因为，虽然保险合同相对于一般合同有其复杂性和技术性的一面，但除了海上保险合同承认一些国际通行的惯例之外，一般的保险合同并未形成行业特有的解释原则。因此，所谓保险合同的特殊解释原则，往往只是《保险法》及其司法解释明文规定的保险合同的解释原则，而这些原则，都可以在合同法中找到依据或原型。

（一）效力优先判定原则

当保险合同中不同形式的条款或者文字表述内容出现冲突时，根据其所含的表示缔约双方当事人的真实意思表示的可能性程度不同，效力亦有所不同，最为接近当事人真实意图的条款或者文字表述内容具有优先效力。

根据我国《保险法司法解释（二）》第14条的规定，保险合同中记载的内容不一致的，按照下列规则认定：（1）投保单与保险单或者其他保险凭证不一致的，以投保单为准。但不一致的情形系经保险人说明并经投保人同意的，以投保人签收的保险单或者其他保险凭证载明的内容为准；（2）非格式条款与格式条款不一致的，以非格式条款为准；（3）保险凭证记载的时间不同的，以形成时间在后的为准；（4）保险凭证存在手写和打印两种方式的，以双方签字、盖章的手写部分的内容为准。

上述判定原则，对保险合同订立场景中常见的各种意思冲突情形，如何认定哪个优先的规则作以明文规定，其意义在于为法院或者仲裁机构确认合同双方当事人真实意图提供了具有可操作性的裁判规则。

这些判定原则或规则，与各种著述中归纳和阐述的效力判定原则基本相同，法理也相通，是合同法意图解释原则的具体化。通常的规则诸如：（1）书面约定优于口头约定；（2）手写的条款优于打印的条款；（3）特约条款优于一般条款；（4）批注优于正文；（5）后加的批注优于先加的批注等。简单概括就是，后面的文件优先于前面的文件，因为后面的文件更接近于真实意思。但学理上一般认为后发的保险单优于先发的投保单，这个与我国规定有所不同。我国如此规定的原因可能是基于我国投保的实际情况：投保人首先看到投保单（法律规定附有保险单格式条款），然后在缔约签字时，大都没有耐心再核对保险单是否与投保单一致，投保单更能体现投保人的真实意思。

（二）疑义解释原则

疑义解释原则，又称不利解释原则，是指若双方当事人对保险合同条款存有疑义，应当作出对被保险人或者受益人有利的解释。保险合同是附和合同，通常采用保险人所提供的格式条款，投保人只能选择接受与否。保险人事先拟订的格式合同，自然会充分地反映保险人的各种设想和设计，而鲜能体现投保方的意志和利益。同时，相对于保险人的专业地位而言，绝大部分投保人属于对保险业相关知识并不了解的普通人。因此，在订立保险合同时，投保方处于不利的地位。为了保障投保方的利益不被损害，各国法律通常规定，在保险合同存在疑义时，应作有利于被保险人和受益人的解释。

疑义解释原则在保险法领域的确立源于一则英国判例：[1]理查德·马丁将他的业务从海上保险扩大到人身保险，并在1536年6月18日为其一个嗜酒的朋友威廉·吉朋承保人寿保险，保险金额2000英镑，保险期限12个月，保险费80英镑。被保险人于1537年5月29日死亡，受益人请求保险金。但马丁声称吉朋所保的12个月，是以英国农历每月28天计算的，不是

〔1〕 参见范健、王建文、张莉莉：《保险法》，法律出版社2017年版，第170页。

指公历上的 12 个月，因而保险期限已于公历 1537 年 5 月 20 日届满，故无须支付保险金。但受益人认为应按公历计算，保险事故发生于合同有效期内，保险人应如数给付保险金。最后，法院判决，应作有利于被保险人和受益人的解释，马丁有义务给付保险金。法院判决的依据即是参照了罗马法“不利于契约起草人”的解释规则。

我国《保险法》第 30 条规定：“采用保险人提供的格式条款订立的保险合同，保险人与投保人、被保险人或者受益人对合同条款有争议的，应当按照通常理解予以解释。对合同条款有两种以上解释的，人民法院或者仲裁机构应当作有利于被保险人和受益人的解释。”

疑义解释原则的法理基础是对保险合同关系中弱势的投保方予以特别保护，这与民法上对格式条款加以规制的做法一脉相承，是我国《合同法》第 41 条在《保险法》中的重申。

但需注意的是，疑义解释原则不宜滥用，只有保险合同条款存在合理的疑义，致使合同所表达的当事人意图不明时方可适用。若仅是当事人双方存有争议，但合同条款本身内容并无疑义，则应按照合同条款本身所表达的内容进行解释，不能适用疑义解释原则。

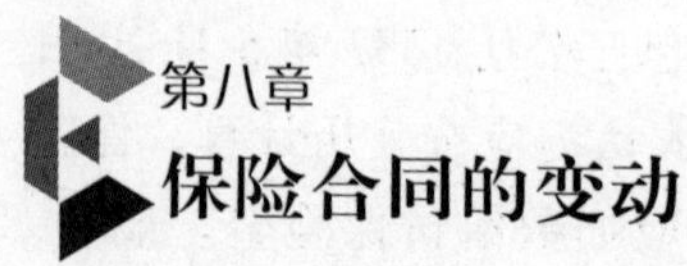

第八章 保险合同的变动

第一节　保险合同的变更

一、保险合同变更的概念

（一）保险合同变更的定义

保险合同的变更包括广义与狭义的概念，广义的保险合同的变更包括保险合同内容的变更与主体的变更，狭义的保险合同的变更仅包括保险合同内容的变更。本书所指保险合同的变更系狭义概念，仅指保险合同内容的变更。保险合同主体的变更则称为保险合同的转让。

所谓保险合同变更，是指在保险合同存续期内，经当事人双方协商一致，以法定的形式，对除保险标的更替以外的保险合同的内容所作的修改或补充。例如，增减保额和保费、延长或缩减保险期间、修改保险责任范围等。

（二）保险合同变更的特征

1. 保险合同变更以合法存续的保险合同为前提

保险合同合法存续，指在保险合同成立以后至全部履行完毕之前。当事人变更保险合同，需在此期间完成。否则，在保险合同成立之前或全部履行完毕之后，保险合同关系不存在，保险合同亦无从变更。

2. 保险合同变更基于当事人双方的合意或法律的规定

通常情况下，双方当事人应就保险合同变更的事项协商一致。我国《保险法》第 20 条第 1 款规定："投保人和保险人可以协商变更合同内容。"

3. 保险合同变更只可涉及部分合同的内容

首先，保险合同的变更不包括主体的变更，此系狭义的保险合同变更的本来含义。其次，保险合同变更的内容只是对合同部分内容所作的修改或补充。若保险合同的全部内容均发生变化，则双方权利义务内容均已发生实质性改变，无异于订立了一份新的合同。最后，保险标的本身不可作为变更对象，即保险合同的变更不可替换保险标的，因为保险标的是保险合同保障的对象，是保险合同权利义务指向的核心，若替换保险标的，则必然会导致当事人权利义务关系发生根本性变化。因此，保险合同的变更不包括变更保险标的。

二、保险合同变更的形式

我国《保险法》第 20 条第 2 款规定："变更保险合同的，应当由保险人在保险单或者其他保险凭证上批注或者附贴批单，或者由投保人和保险人订立变更的书面协议。"

可见，保险合同变更的形式包括批注、批单或书面协议等法定形式。该法条规定不太明确的是：对于一份已经存在书面形式的保险合同，口头变更合意能否发生合同变更的法律效力？

例如，因为保险标的市场价格升高，投保人与保险人电话商定将保险金额由原来的 20 万元提高到 30 万元，但尚未出具书面批单，就发生了保险事故，损失 30 万元。这种情况下，保险人应按照保险单记载的保险金额20万元赔偿还是按照电话商定的30万元赔偿?

三、保险合同变更的法律效力

保险合同的变更无溯及力，在时间上，保险合同变更仅指向将来，已履行的部分不因保险合同变更而发生变化；在范围上，变更范围之外的合同内容不受影响。

第二节 保险合同的转让

一、保险合同转让的概念

(一) 保险合同转让的定义

保险合同的转让，是指保险合同所规定的权利义务被全部或部分地让与给他人。

(二) 保险合同转让的特征

1. 保险合同当事人或关系人发生变化

保险合同转让使得第三人取代原当事人或者关系人的法律地位，相应地，原来保险合同所约定的权利义务主体发生变化。

2. 保险合同的具体内容不变

保险合同转让前后，保险合同的内容具有同一性。

二、财产保险合同的转让

(一) 财产保险合同转让的内涵

所谓“财产保险合同的转让”，一般因保险标的的转让而引起，这并不是说财产保险标的的转让当然带来保险合同的转让，而是当财产保险标的转让后，转让人订立的原保险合同对财产受让人是否继续发生效力的问题。如果对受让人继续有效，受让人可以承继原被保险人的合同权利和义务，即发生了保险合同上权利义务主体发生更替或者权利义务发生概括转移的客观效果，我们称之为“财产保险合同的转让”。

因此，“财产保险合同转让”是一个让人困扰的表述，它表达的并非保险合同“所有人”处分保险合同的主动行为，而仅仅表示保险合同上权利义务主体发生更替的一种客观法律事实。

“财产保险合同转让”这个表述，让人困扰的问题如下：

1. 投保人是保险单的“所有人”，可以主动“转让”，但无需求。

从保险单上的权利来看，投保人享有退保后的“剩余保险费”请求权。因为“剩余保险费”属于消耗性的“财产”，且数额一般不大，基本不具有转让的“使用价值”。

2. 被保险人的权利有被“转让”的需求，但被保险人无权处分。

合同载明的被保险人是法定的保险金请求权人，享有未来可能会有的“保险金请求权”或者说是“被保障权”，这个权利具有债权属性，有转让的意义，但因为被保险人不具有保险单“所有人”的地位，无权处分保险单，不能对外转让。

3. 投保人与被保险人可以合意“转让”，但受法律限制。

当投保人和被保险人二者身份或意思合一，貌似可以对外转让“被保障权”，但又受到保险法的限制。根据保险法的规定，合同记名的被保险人才享有保险金请求权，且请求权人须在保险事故发生时对保险标的具有保险利益。因此，该“转让”若要实现，需要解决两个障碍：一是合同记载的被保险人更名，使合同受让人具有法律上的请求权；二是须使新被保险人与保险标的产生保险利益关系。

如此条件，主动“转让”财产保险合同几乎没有实用空间，实践中一定是因保险标的之转让才被动引发保险合同“被转让”的需求，而“转让”的权利内容主要是未来可期的“保险金请求权”。

保险标的之转让原因的不同，其对保险合同效力的影响可能也不同。

从比较法视角看，保险标的转让的原因可分为法定原因与意定原因两类。法定原因是指因被保险人死亡或破产，从而导致保险标的的所有权的必然改变。意定原因是指被保险人通过合意或者单方意思表示转让保险标的，例如买卖或赠予。

英美法系对于保险标的的转让后果，区分法定转让和意定转让而有所不同。保险标的因法定转让的，对转让后果采取绝对继受主义，即保险合同当然随之转让。对于保险标的因意定原因而转让的，则遵循保险合同对人性原则，除了共有人和合伙人承受共有或者合伙财产的部分转让以及海上保险外，保险标的的转让，未经保险人同意的，原保险合同对受让人不产生效力。大陆法系虽然区分保险标的转让的原因，但并不因此进一步区分保险标的转让的后果，均采用相对继受主义，即保险合同当然发生转让，但又附加一定条件，诸如通知义务、风险增加的合同解除权等，使保险人得以重新评估风险。[1]

（二）关于财产保险合同转让的立法变化及评价

关于财产保险标的转让对保险合同效力影响的问题，我国学界曾有过激烈争议，立法上也有巨大的变化，这从我国1995年《保险法》第34条修订为2009年《保险法》第49条的变化上可见一斑。

---

〔1〕 参见温世扬主编：《保险法》，法律出版社2003年版，第150~152页。

我国1995年《保险法》第34条规定："保险标的的转让应当通知保险人，经保险人同意继续承保后，依法变更合同。但是，货物运输保险合同和另有约定的合同除外。"

可见，在1995年《保险法》中，财产保险标的转让并不当然导致保险合同的转让，而需以保险人同意继续承保作为要件，质言之，该法条是把财产保险标的之转让，视为保险合同的变更来处理的。合同变更自然需要双方当事人合意，因此，转让保险标的需要通知保险人并经其同意，似乎理所当然。

但在实务中，保险标的转让时，被保险人（出让人）或受让人未通知保险人的情形时有发生，如汽车转让、房屋转让等，一旦发生保险事故，保险人出于自身利益的考虑，可能援引1995年《保险法》第34条的规定，以保险标的的转让未经批改保单为由拒赔乃至解除保险合同，进而引发争议。在这类案件中，被保险人因为已经转让了保险标的，对保险标的丧失了保险利益，因此不能主张保险赔偿。而受让人虽然有利益损失，但并非保险合同的关系人，无权请求保险金。让投保方或者受让人感觉不公平的是，保险费已经交纳，但没有获得保险的保障。而批改保险单，往往费时费事，在批改过程中还会出现一段不受保障的"保险空白期"。

因此，如何完善1995年《保险法》第34条的规定，使得受让人可以不经保险人同意当然享有保险金请求权，以合理配置当事人的权利义务，充分保护被保险人合法权益，防范、化解实务中因保险标的转让引发的保险纠纷，成为讨论的焦点问题。

反对修改的意见主要有：

（1）财产保险标的之转让，涉及被保险人的改变，属于合同变更，应征得保险人同意，变更合同后，才对新被保险人即受让人发生效力。

（2）保险合同属于对人合同，保险人对被保险人有选择权。

（3）变更被保险人可能使得保险标的风险增加，需要保险人重新作出承保决策。

（4）受让人不是保险合同当事人或关系人，依据合同相对性原则，其不具有保险金请求权。如欲让其有保险金请求权，必须在合同中变更被保险人方得实现。

支持修改的意见（也是本书的意见）主要有：

（1）保险单随财产保险标的转让而转让，属于债权转让，而非合同变更，因此无须保险人同意。投保人交纳保险费后，主要合同义务已经履行完毕，而保险人的对价是在保险期间提供持续的保险保障，因此，投保方交纳保险费“买保险”后，在保险合同上仅有债权。因而，将保险单转给受让人，即新的保险利益者，其性质属于债权让与。依据债法原理，债权让与不须债务人同意，通知即对其发生效力。其实，从 1995 年《保险法》第 34 条的但书“货物运输保险合同和另有约定的合同除外”可以简单推论：既然货物运输保险合同可以不需“通知”和“同意”，那么，其他的保险合同也应可以。

（2）在保险产生早期，保险合同属于对人合同有其道理。而随着保险的发展，大量格式化保险产品的出现，在投保时对每个投保方进行评估和考察已不可能，现代保险合同的趋势是对物合同而非对人合同，对不同人的风险差异的控制，改用“风险增加通知义务”“除外责任”“合同解除权”等制度性因素控制被保险人的行为来实现，或者说，现代保险的风险评估是“不看人品，只看行动”的客观方式，风险控制是靠制度而非经验。

（3）变更被保险人确有可能使得保险标的风险增加，但保险法上已经规定了投保方的“风险增加通知义务”，在保险标的转让环节没有必要重新规定。

（4）至于合同相对性原则，务虚地讲，保险合同从性质上本就具有利他合同属性，利他合同是可以突破合同相对性的。但在具体的技术环节，受让人请求保险金确有障碍，根据保险法的规定，合同约定的被保险人才享有保险金请求权，不在合同上将受让人改为“被保险人”，其保险金请求权难以行使。因此，如果欲让受让人享有保险金请求权，而又不需修改保险合同中的“被保险人”，唯有法律直接规定方可。当然，这个问题并非应然层面的问题，仅为技术问题，或者通俗讲，这个问题不是“要不要改”的问题，是“怎样改”的问题。

（5）应然问题：客观地讲，反对意见中所强调的“合同变更”“风险增加”等理由并非全无道理，也有其合理的一面。在合同场合更多是考量利益平衡和商事效率，这是该争议的核心所在。思考这个问题的一个简单的切入点是：如果把“必须保险公司同意”改为不需要，对保险公司的利益有何影响？对投保方的利益有何影响？答案显而易见，对保险公司的合理利益没有任何影响，但却对投保方提供了大大的便利，也更公平。保险公司在这个合同关系中，并未因为“保险标的发生转让”而比“保险标的没有发生转让”为投保方提供了更多的保障，如果有，无非是在“保险空白期”少“占了点便宜”而已。因此，无论从效率角度还是从公平角度来看，修改都具有正当性。

（6）技术问题：如何改？对此，可借鉴域外经验。通过对域外相关立法考察，[1]我们可以发现：（1）几乎没有哪个国家

---

〔1〕域外立法例：(1)《德国保险契约法》：第 69 条第 1 款　要保人将保险标的转让者，受让人取得让与人在拥有所有权期间内、基于保险契约关系所生要保人权利及义务之地位。第 70 条　保险人有权于一个月的期间经过后，对受让人终止保

或地区相关法律是规定保险标的转让情形下，须经保险人同意并变更合同后，保险单才对受让人发生效力的。(2) 受让人的请求权问题，由法律直接规定来解决。(3) 是否需要通知保险人以及如何通知等，各国规定有所不同，但均承认在合理的通知期限内，保险人在时间上不间断地承担保险责任，不留“保险空白期”。(4) 风险增加的问题或有所考量，但如风险不变则对保险人承担责任无影响。

(7) 笔者进一步的观点：在某种意义上，保险单就是权利凭证，可作“保险证券”来对待。除非有特殊的情形，原则上可以依证券转让规则处理，如背书转让，甚至交付即可。这样，“保单持有人”的概念就顺理成章了，而且更加与时俱进和注重效率。

我国 2009 年《保险法》第 49 条规定：“保险标的转让的，

(接上页) 险契约关系。若保险人未于知悉转让之时起一个月内行使者，该终止权消灭。受让人有权终止保险契约关系，该终止可以立即生效或于该保险年度届满时生效。受让人于受让后一个月内不行使者，该终止权消灭；若受让人不知有保险存在，该终止权于受让人知悉保险之时起一个月内仍继续有效。第 71 条　保险标的的转让应立即通知保险人。受让人或让与人未立即为该通知者，若保险事故于该通知应送达于保险人之时起一个月后发生，保险人不负给付的义务。在转移通知应被送达期间内，保险人知悉转移事实者，保险人仍负给付的责任。于保险事故发生时，保险人的终止权已届满而终止不生效力者，也适用。(2)《日本商法典》：第 650 条　被保险人将保险标的转让他人时，推定其同时转让保险契约权利。于前款情形，保险标的转让显著变更或增加危险时，保险契约即丧失效力。(3)《韩国商法典》：第 679 条　被保险人转让保险标的时，推定为受让人承继保险合同的权利与义务。在第一款之情形下，保险标的的转让人或者受让人应毫不迟延地将该事实通知给保险人。(4) 我国台湾地区“保险法”：第 18 条　被保险人死亡或保险标的物所有权转移时，保险契约除另有订定外，仍为继承人或受让人之利益而存在。(5) 我国澳门特别行政区《商法典》：第 1012 条　保险标的被让与后，合同所生之权利及义务归取得人所有，但属民事责任保险者除外。让与人负责支付保险期间之已到期之保险费，而在将让与一事及取得人之名称通知保险人前，须对后来到期之保险费与取得人负连带责任。

保险标的的受让人承继被保险人的权利和义务。保险标的转让的，被保险人或者受让人应当及时通知保险人，但货物运输保险合同和另有约定的合同除外。因保险标的转让导致危险程度显著增加的，保险人自收到前款规定的通知之日起 30 日内，可以按照合同约定增加保险费或者解除合同。保险人解除合同的，应当将已收取的保险费，按照合同约定扣除自保险责任开始之日起至合同解除之日止应收的部分后，退还投保人。被保险人、受让人未履行本条第 2 款规定的通知义务的，因转让导致保险标的危险程度显著增加而发生的保险事故，保险人不承担赔偿保险金的责任。”

2009 年修订之后的《保险法》直接规定，财产保险标的转让的，保险标的的受让人承继被保险人的权利和义务。这基本采纳了支持修订的意见，但因“照顾”反对修订的顾虑，同时规定了“通知”义务和“风险增加”等内容。简言之，修订结果还不尽如人意，存在如下问题：

（1）第 49 条第 1 款中所用“转让”一词不准确。民法上“转让”的概念是指所有权转移，但我国不动产转让以变更登记为准，因此存在风险已经转移但所有权并未转移的情形，此时上述条款难以适用。例如，房主为其所有的房屋投保财产保险，后出售该房屋，已与受让人签订房屋买卖合同，且钱物两讫，但未办理变更登记，此时发生保险事故应如何处理？因此，该条款中的“转让”，合理的解释应指风险转移，但如此就出现了法律条文中一词多义、用语不统一的问题。

我国《保险法司法解释（四）》对此进行弥补，其第 1 条规定：“保险标的已交付受让人，但尚未依法办理所有权变更登记，承担保险标的毁损灭失风险的受让人，依照保险法第 48 条、第 49 条的规定主张行使被保险人权利的，人民法院应予支持。”

（2）“通知”义务未规定法律后果，混同“风险增加通知”义务，形同虚设。

（3）“风险增加通知”义务的规定，与《保险法》第52条的规定完全重复。

三、人身保险合同的转让

（一）人身保险合同转让的内涵

一般而言，除了统括保险和团体保险涉及的特殊情形，财产保险合同的保险标的不可改变，人身保险合同的被保险人不可改变，否则就相当于订立了新的合同，而非合同变更或者转让问题。人身保险合同的转让，一般涉及的是除了被保险人之外的合同当事人或者关系人的改变，相应的，也就产生保险合同上权利义务的转移。

有学者对人身保险合同的可转让性持有谨慎怀疑态度，认为作为分散风险的人身保险合同，是否可以转让以及在何种程度上发生合同转让的效果，在相当程度上要取决于法律的规定。〔1〕也有学者基于我国保险法的相应规定，认为人身保险合同转让的情形主要有：因人寿保险单的转让而引起的人寿保险合同债权的让与；因保险人资格的消灭而引起的人寿保险合同权利义务的概括承受。〔2〕下面将针对这两种涉及人身保险合同的转让情形，分而述之。

（二）人身保险单的转让

虽然我国《保险法》对于人身保险单的“转让”以及“质

〔1〕参见邹海林：《保险法学的新发展》，中国社会科学出版社2015年版，第287~291页。

〔2〕参见温世扬主编：《保险法》，法律出版社2003年版，第153页。

押”有规定[1]，但对何为转让、如何转让以及转让内容均未明确，以至于各种著述对“保险合同转让”难以描述清楚。笔者试作如下分析：

1. 何为人身保险单的转让？

首先，保险合同的书面载体保险单作为一种记名的权利凭证，类似于记名证券一样，转让其“所有权”是没有法律意义的，在没有相关的登记机制情况下，只能转移保险单的占有而不能转移保险合同上的权利义务。因此，所谓人身保险单的转让应是指保险合同上的权利义务的全部或者部分转让。

其次，保险合同上的权利义务的转让，须经更替或者改变合同当事人或者关系人来实现，别无他法。人身保险合同的当事人和关系人，包括保险人、投保人、被保险人和受益人。如前所述，人身保险合同的被保险人一般是不能改变的，变更被保险人不是转让合同，而是订立新合同，因此，被保险人不能更替改变。保险人的改变情形，不在本问题的考虑范围内，后文将专门阐述。

受益人变更，实质是债权转让。按照我国《保险法》的规定，受益人享有保险金请求权，即受益权。虽然受益权成就为现实的权利，尚需要满足合同约定的条件，中间变数重重。但相对于保险人，仍可认为受益人具有债权人的地位。受益人由被保险人或者投保人指定或者变更，变更受益人，相对于保险人即为债权转让。但是，指定和变更受益人行为的性质是被保险人对其保险金请求权的预先处分，不宜认定为保险合同的转让。因为理论上，被保险人不被认为是保险单的“所有人”，其无权处分保险单；且其可以无限次地变更受益人，即其可以反

〔1〕 参见《保险法》第34条第2款：“按照以死亡为给付保险金条件的合同所签发的保险单，未经被保险人书面同意，不得转让或者质押。”

复地“转让”保险合同上的权利，这不符合“转让”的原理。因此，变更受益人虽然涉及保险合同上权利的变动，但不能视为保险合同的转让。

投保人变更，实质是债权债务的概括移转。人身保险合同通常为长期的保险合同，交纳保险费多采取分期缴纳的方式。投保人的法定义务是交纳保险费，因此，从交纳保险费的角度看，投保人相对于保险人处于债务人的地位。但需注意的是，因为法律规定，保险公司对于寿险合同的保费不能诉请投保人支付，因此，投保人交纳保险费的债务属于不具强制性的债务。在人身保险合同存续期间，若投保人死亡、下落不明、无法取得联系或者丧失支付能力等情形下，一般需要变更投保人以继续承担交纳保险费的义务。

但同时，很多人身保险合同因附加储蓄或者投资功能而具有现金价值，一般认为，在保险事故发生之前或者保险事件出现之前，保险单的现金价值归属于投保人。即使没有现金价值的保险合同，如意外伤害保险等，投保人退保也可请求返还剩余保险费。即，如果投保人退保，则其享有对保险人的保单现金价值返还请求权或者剩余保险费返还请求权，在这个意义上，投保人是债权人。

因此，只有作为保险单“所有人”的投保人，才可以对保险单进行处分，可以转让或者质押保险单。

2. 人身保险单转让的内容为何？

人身保险单转让或者质押，一般只会涉及保险单上的权利，而不涉及义务。保险单上的权利，一种是被保险人或者受益人的保险金请求权〔1〕，该权利因为具有人身专属性，不宜转让；

〔1〕 责任保险第三人也有保险金请求权，因其属于法定请求权，且与本问题无关，此处不予考虑。

如果非要转让，只能通过变更受益人来实现，而正如前文所述，变更受益人不能发生转让的效果。另一种是投保人退保后所享有的剩余保险费或者保险单现金价值的返还请求权。被认为属于保险单“所有者”的投保人，对退保后所享有的剩余保险费或者保险单现金价值的返还请求权，才有可能进行转让或者质押。其中，剩余保险费因为具有消耗性而不适合质押，所以，法条所指的保险单的转让和质押的标的，只能是投保人对保险单现金价值的返还请求权。

如此理解的话，我国《保险法》第 34 条第 2 款所规定的“按照以死亡为给付保险金条件的合同所签发的保险单，未经被保险人书面同意，不得转让或者质押。”就缺乏理论基础了。因为，转让或者质押的保险单的现金价值，只有在退保时才能变现，不会诱发道德风险。所以，要求必须“经被保险人书面同意”方得转让或者质押，没有道理。

3. 人身保险单如何转让？

保险单上的两种请求权的权利主体均在保险单中记名，且须凭“记名”才可以行使权利，因此他人无法替代，所以合同的权利义务并非通过简单的意思表示就可以转移。若想转让合同权利，必须通过变更合同中的相关“记名”才可以实现。所以人身保险单的转让和质押，通过变更投保人或者约定变更投保人的方式实现。此种情形，不同于人身保险合同订立，不要求保险单受让人对被保险人具有保险利益。实务中，保险单的质押主要用于投保人依据保险合同预先约定条款向保险人借款担保所用。

（三）因保险人变更引发的法定转让

保险人变更，此为人身保险合同法定转让的情形，是债权债务的概括转让。对于寿险保单，具有储蓄功能，也承载着养老金等社会保障功能，因此，属于金融监管的保障对象。为了维护金融秩序的稳定，保护被保险人和受益人的权益，我国《保险法》第92条规定："经营有人寿保险业务的保险公司被依法撤销或者被依法宣告破产的，其持有的人寿保险合同及责任准备金，必须转让给其他经营有人寿保险业务的保险公司；不能同其他保险公司达成转让协议的，由国务院保险监督管理机构指定经营有人寿保险业务的保险公司接受转让。转让或者由国务院保险监督管理机构指定接受转让前款规定的人寿保险合同及责任准备金的，应当维护被保险人、受益人的合法权益。"依此条款，当寿险保险公司被撤销或者依法被宣告破产时，相应的寿险合同应依法转给其他寿险公司，以维持这些寿险合同的兑款能力。

保险人变更，相对于投保方而言，实质是债务转让。但在此种法定情形下，坚持债法上的债务转移规则已无意义，因此不必征得债权人同意，依法转让即可。

第三节　保险合同的解除

一、保险合同解除的概念

（一）保险合同解除的定义

保险合同的解除，广义理解，是指在保险合同存续期内，当事人双方通过协议或者一方行使解除权的方式，提前终止合同关系的行为。狭义理解，仅指单方解除。

（二）保险合同解除的特征

1. 保险合同解除须在保险合同存续期内

保险合同解除的前提是保险合同关系合法存续。如果保险合同尚未成立，或者合同因期限届满或者因履行完毕而终止，则不存在合同解除的问题。

2. 保险合同解除须经协议或行使解除权

保险合同可因双方合意解除，也可由单方行使解除权而解除。这与附解除条件的合同不同，附解除条件的合同因合同约定的解除条件成就而自动发生解除的效果，而保险合同解除须经意思表示为之。

3. 保险合同解除是提前终止合同关系

保险合同解除原则上并非使保险合同无效，而是提前终止其效力。此外，保险合同解除是保险合同终止的原因之一，但导致保险合同终止的事由不止保险合同解除。狭义的保险合同终止一般是指履行完毕的终止，如因保险合同有效期限届满或者已完全履行而终止。

二、保险合同解除的方式

（一）保险合同的协议解除

协议解除，是指合同成立之后，尚未履行或尚未完全履行之前，双方当事人通过协商一致，达成解除合同的协议，使合同关系归于消灭的行为。[1]协议解除的前提是双方当事人合意，而非解除权的存在与行使。协议解除是双方法律行为的结果，而非一方行使解除权的单方法律行为的结果。可见，协议解除与行使解除权解除保险合同均可导致保险合同关系终止，但二者存有差异。

（二）保险合同的单方解除

保险合同的单方解除，也称有权解除，是指依法或依约享

---

〔1〕 参见温世扬主编：《保险法》，法律出版社 2016 年版，第 137 页。

有解除权的一方当事人，通过行使解除权，使保险合同关系归于消灭的单方法律行为。

保险合同单方解除的条件有二：解除人享有解除权；解除人行使解除权。

解除权的来源有二：一是源自法律规定，称为法定解除权；二是来于合同约定，称为约定解除权。解除权属于形成权，解除权的行使，需以意思表示为之。

三、保险合同法定解除权的配置

我国《保险法》第15条规定："除本法另有规定或者保险合同另有约定外，保险合同成立后，投保人可以解除合同，保险人不得解除合同。"

可见，我国保险法在解除权配置方面，赋予了投保人任意解除权，同时严格限制保险人的解除权。这是由保险机制的功能以及保险合同的特点决定的。

（一）投保人的法定解除权

原则上，投保人可以任意解除保险合同，除非法律另有规定或者保险合同另有约定。投保人解除合同，也称作退保。虽然投保人退保自由，但往往需要向保险公司交纳一定的手续费，如果人身保险合同过了"犹豫期"，退保手续费就很昂贵。

我国《保险法》第50条规定："货物运输保险合同和运输工具航程保险合同，保险责任开始后，合同当事人不得解除合同。"这主要是对投保人解除权的限制，原因在于这两种合同特殊，不宜中途解除。

（二）保险人的法定解除权

保险人的法定解除权与投保人正好相反，保险人通常不得解除保险合同，除非法律另有规定或者保险合同另有约定。

根据我国《保险法》的规定，保险人在下列情况下享有法定解除权：

1. 投保人违反如实告知义务。《保险法》第 16 条第 2 款规定："投保人故意或者因重大过失未履行前款规定的如实告知义务，足以影响保险人决定是否同意承保或者提高保险费率的，保险人有权解除合同。"

2. 被保险人或者受益人骗取保险金。《保险法》第 27 条第 1 款规定："未发生保险事故，被保险人或者受益人谎称发生了保险事故，向保险人提出赔偿或者给付保险金请求的，保险人有权解除合同，并不退还保险费。

3. 投保人、被保险人故意制造保险事故。《保险法》第 27 条第 2 款规定："投保人、被保险人故意制造保险事故的，保险人有权解除合同，不承担赔偿或者给付保险金的责任；除本法第 43 条规定外，不退还保险费。"

4. 人身保险合同中投保人误报年龄且超过年龄限制。《保险法》第 32 条第 1 款规定："投保人申报的被保险人年龄不真实，并且其真实年龄不符合合同约定的年龄限制的，保险人可以解除合同，并按照合同约定退还保险单的现金价值。"

5. 人身保险合同效力中止后逾期未复效的。根据《保险法》第 37 条的规定，人身保险合同效力中止后，自合同效力中止之日起满 2 年双方未达成协议的，保险人有权解除合同。

6. 保险标的的危险程度显著增加的。《保险法》第 49 条第 3 款规定："因保险标的转让导致危险程度显著增加的，保险人自收到前款规定的通知之日起 30 日内，可以按照合同约定增加保险费或者解除合同。保险人解除合同的，应当将已收取的保险费，按照合同约定扣除自保险责任开始之日起至合同解除之日止应收的部分后，退还投保人。"《保险法》第 52 条第 1 款规定："在合同有效期内，保险标的的危险程度显著增加的，被保险人应当按照合同约定及时通知保险人，保险人可以按照合同约定增加保险费或者解除合同。保险人解除合同的，应当将已收取的保险费，按照合同约定扣除自保险责任开始之日起至合同解除之日止应收的部分后，退还投保人。"

7. 投保人、被保险人未尽维护保险标的安全义务的。《保险法》第 51 条第 3 款规定："投保人、被保险人未按照约定履行其对保险标的的安全应尽责任的，保险人有权要求增加保险费或者解除合同。"

8. 保险标的发生部分损失的。《保险法》第 58 条第 1 款规定："保险标的发生部分损失的，自保险人赔偿之日起 30 日内，投保人可以解除合同；除合同另有约定外，保险人也可以解除合同，但应当提前 15 日通知投保人。"

上述保险人的法定合同解除权，其基础大多是因为投保方有违最大诚信原则，或因承保风险发生重大变化。

另外，解除权属于形成权，一般需受除斥期间的限制。例如，我国《保险法》第 16 条第 3 款规定了保险合同解除权的除斥期间："前款规定的合同解除权，自保险人知道有解除事由之日起，超过 30 日不行使而消灭。自合同成立之日起超过 2 年的，保险人不得解除合同；发生保险事故的，保险人应当承担赔偿或者给付保险金的责任。"

同时，弃权规则一般也适用于合同解除权和抗辩权。例如，我国《保险法》第 16 条第 6 款规定了法定弃权："保险人在合同订立时已经知道投保人未如实告知的情况的，保险人不得解除合同；发生保险事故的，保险人应当承担赔偿或者给付保险金的责任。"

四、保险合同解除的效力

（一）保险合同解除的一般效力

关于合同解除的效力，学界通说认为，非继续性合同的解除，原则上具有溯及力；继续性合同的解除，原则上不具有溯及力。[1]保险合同属于继续性合同，其解除原则上不具有溯及力，即解除仅向后发生效力。

因此，财产保险合同的解除，保险人应按实际承保期间收取保险费，退还剩余部分保险费。人身保险合同的解除，保险人应按照合同约定退还保险单的现金价值。我国《保险法》第47条对于人身保险合同的解除效力作了一般性的规定："投保人解除合同的，保险人应当自收到解除合同通知之日起30日内，按照合同约定退还保险单的现金价值。"

（二）保险合同解除的特殊效力

对于投保方违反最大诚信原则，故意欺诈或者骗保的行为，保险法规定了不同于一般效力规则的特殊效力，即解除具有溯及力，保险人行使法定解除权解除合同，并对解除前发生的保险事故也不予以赔偿或给付。一方面，是对特定情况下保险合同解除前发生的保险事故损失不予赔偿或者给付；另一方面，对于恶意的欺诈行为，规定了解除但不退还保险费的惩罚措施。例如：

我国《保险法》第16条对投保方违反如实告知义务时保险合同的解除的效力进行了规定。保险合同解除后，保险人对于合同解除前发生的保险事故，均不承担赔偿或者给付保险金的责任。但关于是否退还保险费分不同情形：投保人故意不履行

---

〔1〕 参见温世扬主编：《保险法》，法律出版社2016年版，第142页。

如实告知义务的，保险人不退还保险费；投保人因重大过失未履行如实告知义务且对保险事故的发生有严重影响的，保险人则应退还保险费。

我国《保险法》第27条对投保方保险欺诈时保险合同的解除的效力进行了规定。被保险人或者受益人谎称事故、故意制造事故，保险人解除合同均不承担赔偿或者给付保险金的责任，同时不退还保险费。

但对于保险单的现金价值，因其具有储蓄性质，属于投保人的私人财产，因此，在任何情形下，保险人均无正当理由侵占该财产，应当向相关权利人予以返还。

五、保险合同解除中受益人的保护

投保人具有保险合同的任意解除权，保险单的现金价值归属于投保人，在保险事故发生前，保险单的现金价值是属于投保人的财产。那么，投保人的债权人可否主张强制执行保险单的现金价值？

投保人解除保险合同意味着被保险人将失去保险保障，被保险人和受益人的保险金请求权将落空，对被保险人和受益人将带来利益损失。他们若想重新投保，可能已失去良机，那么，投保人解除保险合同时，需要通知被保险人或者受益人吗？对被保险人和受益人如何保护和救济？

案例：某企业曾向保险公司投保团体年金保险并附带长期意外伤害死亡保险，投保人为该企业，被保险人为其职工，受益人为职工家属。后该企业财务困顿，企业高管将这些保险退保，并用退保金支付了企业的部分外债。其后该企业被债权人申请破产清算，职工方知退保情况，主张退保行为无效，发生争议。此案应该如何处理？

日本2008年《保险法》针对生命保险和伤害疾病定额保险规定了“介入权”[1]，即如果受益人（介入权人）经投保人同意，并支付了与保险合同解除时保险人应向投保人的债权人等支付的或退还的保险费相等金额的时候，那么该保险合同继续有效。

我国《保险法司法解释（三）》第17条规定：“投保人解除保险合同，当事人以其解除合同未经被保险人或者受益人同意为由主张解除行为无效的，人民法院不予支持，但被保险人或者受益人已向投保人支付相当于保险单现金价值的款项并通知保险人的除外。”此条规定与日本《保险法》上的介入权相似。

〔1〕 参见日本2008年《保险法》第60~62条及第89~92条。

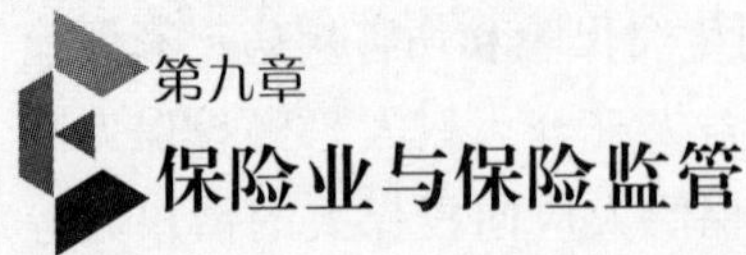

第九章 保险业与保险监管

第一节　保险业的发展与保险市场

一、保险业的发展

保险与商品经济关系密切，18 世纪以来，随着资本主义商品经济的发展，保险制度也随之得到完善。特别是进入 20 世纪以后，尤其是第二次世界大战以后，世界保险业随着各国经济的突飞猛进而得以快速发展。概括起来，现代世界保险业的发展具有以下特点：

（一）保险行业竞争日益激烈

在 19 世纪初期，全世界的保险公司只有 30 多家，而随着各国经济的迅速发展，保险公司大量成立，人们称这个时期是保险公司的“洪水时代”，到 19 世纪末，保险公司发展到 1270 家（涉及 26 个国家）。到 20 世纪 70 年代，世界上保险公司猛增到一万余家，此后，保险出现供大于求的状况，行业竞争异常激烈。

（二）新险种不断涌现

保险从过去主要针对货物、船舶、汽车、飞机、房屋、人身、家庭财产等为对象的险种，发展到海洋石油开发、人造卫星发射、核能源污染等保险险种；从保险对象来看，原来一般为有形的物，现在已经扩展到无形的责任、信用方面。还有一些有针对性的，如犯罪保险、恐怖活动保险、艾滋病保险、非典保险、人体器官等保险，深受人们欢迎。特别是责任保险发展十分迅猛。

（三）出现保险业内兼业经营的趋势

兼业经营是与分业经营相对立的概念。分业经营的特点就是同一保险人不得同时经营财产保险业务和人身保险业务，只能经营其中一种业务。而兼业经营的特点与此相反，就是同一保险人可以同时经营财产保险业务和人身保险业务。这两种经营模式各有利弊。

分业经营的理念源于对人身保险和财产保险差异性的认识，人身保险与财产保险在保险标的、保险性质、保险期间等诸多方面存在不同，无论是保险公司的经营，还是政府的监管也都有差异，因此，分业经营可以更好地完善保险经营服务，杜绝产寿险准备金的互相占用，防范经营风险，也利于政府监管。而兼业经营则可以最大限度地利用人员、设备和销售网络等资源，降低经营成本，有利于保险公司的国际竞争。

纵观保险业发展的历史，初期多采用兼业经营模式，当保险业发展到一定程度时，为利于保险监管，各国则采用分业经营模式，而自 20 世纪末开始，在保险国际化的竞争压力下，发达国家又回归到兼业经营模式上来。

兼业经营模式对保险公司的管理水平要求更高，监管的难度更大，对不发达的保险市场来说，采用兼业经营模式未必合适。

（四）出现金融业内混业经营的趋势

保险具有融资和投资的功能，因此，现代保险业属于金融业的组成部分。在历史上，曾经出现过银行业、证券业和保险业混业经营的情况，但由于当时经营管理能力与监管能力不足，导致了行业的混乱和社会的动荡，各国相继禁止了这种做法。但近年来，一方面由于金融市场上的竞争日趋激烈，企业联合有利于成本的降低；另一方面企业经营管理方法不断改进，这种混业经营的情况重新出现，并有不断增强的趋势，表现出某种程度上的回归。

银行业和保险业之间的相互渗透，主要有以下几种形式：

其一，银行成立自己的保险公司，直接设计和销售保单。如法国农业银行早在1986年就成立起保险公司，独立经营寿险业务。

其二，通过并购来实现混业经营。如澳大利亚的康联集团为实现混业经营，在1995年并购了澳大利亚新南威尔州立银行，成立“保险银行”集团，其业务范围包括保险、金融、投资等领域。

其三，合资成立新的金融机构。这种机构往往以控股公司的形式控制不同的子公司，分别经营不同的业务。如1998年美国花旗银行与旅行者保险公司合并为花旗集团，同时经营不同的业务。

证券业与保险业之间的相互融合，除了有相类似的动机外，还有一个很重要的原因即是保险资金进入证券资本市场引致的混业经营，而且这种混业越来越成为保险人弥补由于保险市场激烈竞争所致费率下降、利润减少乃至亏损的重要手段。而更进一步则是保险人利用其保险资金投资于金融业以外的其他产业，实行全方位的混业经营。因此，如何根据保险资金自身的特点，在保证安全稳定的前提下获取最大的利润，已经成为现代保险必须面对的一个关键性课题。[1]

（五）保险活动趋于国际化

保险活动国际化的原因有二：

其一是保险业互相渗透，形成了一个国际大市场，一个灾害的赔付，往往涉及国际上众多的保险公司。风险分散的范围扩展至全世界，其原因在于巨额保险增多，再保险迅速发展。如万吨油轮、石油钻井平台、大型客机、人造卫星、航天飞机、核电站，等等，它们的价值少则几千万，多则数亿美元。面对数额如此巨大的保险标的，保险人只能借助于国际再保险市场。

其二是保险技术相对地统一，主要是保险单证、行规逐步统一。国际贸易交往广泛，如果没有相对统一的保险单格式、保险条款、费率、保险规则，对于保险业务的国际交换将会带来很大的阻碍，也不利于投保人的保险选择。

（六）各国保险业的发展很不均衡

从世界范围看，经济发达的几个保险大国，在保险密度、保险深度以及在保险市场份额的比例上，均占有绝对的优势。

第二次世界大战后，美国的保险业得到迅速发展，一直居于世界首位。日本的保险规模紧跟美国之后。再加上德国、英国、法国、意大利、荷兰、加拿大、韩国以及我国，保险市场的占有率达90%。

保险业发达的国家，其保险法也相对比较成熟。因此，在进行保险法的比较研究时，美国、英国、日本、德国是主要考察的对象。

---

〔1〕参见张洪涛、郑功成主编：《保险学》，中国人民大学出版社2000年版，第44页。

二、保险市场〔1〕

在市场经济的背景下，保险业所涉及的活动主要体现为保险商品的交易关系以及政府或者其他力量对于作为金融业支柱之一的保险业的监管关系。而这些交易或者监管活动都是基于保险市场这个平台发生的，因此也必然要遵循市场经济的规则。

（一）保险市场的概念

市场的概念，有广义和狭义之分，狭义的概念即从“市场”一词的字面来理解，就是交易的场所，这是具体的概念。广义的概念是抽象的概念，指商品交换关系的总和。值得注意的是，市场这一概念的具体内涵是不断发展变化的，是随着商品交换的出现而出现，并随着商品经济的发展而不断地充实、丰富。时至今日，市场已经成为连接社会生产、分配、交换、消费等各环节的纽带，它包括全部的商品交换关系。经济学和法学上所说的市场，并不是指特定的交易市场，而是广义上的市场，即商品交换关系的总和。另外，市场有时也引申为“市场经济”，代表着一种经济体制。

因此，保险市场的概念，既指保险商品交换的场所，也指保险交易主体间所产生的全部交换关系的总和。根据不同的标准，我们可以把保险市场分为财产保险市场和人身保险市场，国内保险市场和国际保险市场，原保险市场与再保险市场等。

保险市场具有以下特征：

1. 高风险性

任何市场都有风险。但是，一般的市场交易，交易的对象是产品、知识和劳务等，并不是风险本身。而保险的经营对象

---

〔1〕 参见郭宏彬：《保险监管法律制度研究》，吉林人民出版社2004年版，第10~15页。

是风险，它通过对风险的聚集和分散来开展经营活动。而风险具有危害性、客观性、偶然性等特点，损失何时发生，损失会有多大往往难以预测，因此，保险市场较之一般市场具有更大的风险。

2. 技术性

保险是一种风险管理的科学方法，其科学性在于对风险发生规律的准确把握。因此，保险市场体现为较强的技术性特点，任何保险市场经营主体，均须具有相关的专业知识。

3. 开放性

保险市场是开放的市场而不是封闭的市场，特别是进入 21 世纪，随着全球经济的一体化进程的推进和世界贸易的发展，保险市场的开放性特点愈加明显。

4. 适度竞争性

保险市场是自由竞争的市场，第二次世界大战以后这个特点在发达国家表现得尤为明显。但由于保险在当今社会中广泛存在，深刻地影响着人民的生活，保险经营的好坏，不仅具有经济意义，更具有深刻的社会意义。因此，大多数国家对保险市场都进行较严格的监管，保险市场因此具有了浓厚的政府干预色彩，这也是现代市场经济的主要特点。国家对保险市场活动进行干预，主要目的是防止保险市场中的垄断和不正当竞争行为，特别是防止保险企业的价格竞争。因为不正当地降低保险费率，必然会损害保险企业的偿付能力，最终结果是损害被保险人的利益，所以，保险市场的竞争，不应是价格的竞争，而应是产品品种和服务质量方面的竞争，应是适度的竞争。

（二）保险市场的要素

任何市场，都包括交易主体、交易客体及交易价格等要素，保险市场也不例外。

1. 保险市场的交易主体

保险市场的交易主体主要指保险人、投保人和保险中介人。保险人是保险商品的提供者，在不同国家、不同历史时期，保险人的组织形式也不尽相同，大体包括保险股份有限公司、相互保险与合作保险组织、个人保险组织、政府保险组织等形式，其中占主体地位的是保险股份有限公司。投保人是保险商品的需求者，既可以是个人，也可以是企业或其他组织。保险中介人是指介于保险人和投保人之间，促成双方达成交易的媒介人，主要包括保险代理人、保险经纪人和保险公估人等。

保险中介是随着保险市场的发展而产生的，它是保险市场精细分工的结果。保险中介的出现，推动了保险业的发展，使保险供需双方更加合理、迅速地结合，既满足了被保险人的需求，方便了投保人投保，又降低了保险企业的经营成本。一方面，保险中介解决了投保方保险专业知识缺乏的问题，最大限度地帮助他们获得最适合自身需要的保险商品；另一方面，也使保险人从繁重的展业、检验、理赔等工作中解脱出来，集中精力致力于市场调研、险种开发、偿付能力管理、保险资金运用等重大事项，同时也会有效降低经营成本。

2. 保险市场的交易客体

保险市场的交易客体就是保险商品。和一般商品不同，保险商品是一种无形的商品，这种无形性是保险商品和其他实物商品最重要的区别。同时，保险商品也是一种“非渴求商品”，即人们不会主动去购买的商品。保险商品究其实质就是对某种安全的保障，而人们对此却常常怀有侥幸的心理。

3. 保险市场的交易价格

保险市场的交易价格就是保险产品的价格，体现为保险费率。保险商品的价格与一般商品的价格相比，虽然具有其特殊性，但在保险市场上，交易价格仍是最敏感的因素，是调节市场活动的经济杠杆，会深刻地影响供求双方。

（三）保险市场的机制

所谓市场机制是指价值规律、供求规律和竞争规律三者之间的相互联系、相互作用、互为因果的关系。在构成市场机制的诸要素中，竞争是最具活力的，它是市场经济的灵魂，竞争的结果将导致优胜劣汰，从而达到资源的优化配置。

凡是存在市场的地方，市场机制必然起作用，保险市场也不例外。在保险市场上，价值规律、供求规律和竞争规律起着重要作用。

价值规律是商品经济的基本规律。它要求交换要以价值量为基础，实行等价交换，商品的价格由价值决定。在保险市场上，风险发生的概率是决定价格的一个内在因素，风险发生的概率高，其价格就高；反之，就低。另外，在保险精算过程中还要考虑许多因素，如预付保险费可能的投资收益，保险公司的营销和管理成本等。

供求规律是流通领域内的重要规律，体现的是供给和需求之间的必然联系。一般情况下，供给总是随着需求的变化而变化。需求旺盛，供给将增多，需求乏力，供给将减少。它对保险市场的作用在于能够通过保险商品的供求关系，在一定程度上影响保险费率。

竞争规律是市场经济中的重要规律，通过竞争规律，保险市场中将形成一套优胜劣汰机制，使保险资源的单位效益达到最大化。在竞争规律作用下，保险企业为了生存和发展，必然会追求成本最小，收益最大。于是，业绩好、竞争力强的公司将发展壮大，业绩差、竞争力弱的公司将会被市场淘汰。

第二节 保险监管及其体系

一、保险监管的涵义及特征

关于保险监管，不同的论著中有着不同形式的表述，但内涵大同小异。笔者认为对于保险监管的涵义，依据监管主体的范围的不同，可以有广义和狭义两种理解。广义的保险监管是指有法定监管权的政府机构、保险行业自律组织、保险企业内部的监管部门以及社会力量〔1〕对保险市场及市场主体〔2〕的组织和经营活动的监督或管理。狭义的保险监管一般专指政府保险监管机构依法对保险市场及保险市场主体的组织和经营活动的监督和管理。保险监管既是一种行为，也是一种制度，同时代表一种制约性的权力。

在严格意义上，保险监管应指政府保险监管，因为广义上的其他几种非政府主体的所谓“监管”——行业自律、企业内控和社会监督，均非法律意义上的“监管”，只是一种监督权或内部管理权，一般不具有当然的法律强制力，称为“监管”仅仅是对习惯称谓的宽容而已。本书所研究的保险监管主要指狭义上的保险监管，即政府保险监管。政府保险监管较之保险行业自律、保险企业内控以及社会力量监督具有以下特征：

（一）监管内容具有全面性

保险行业自律、保险企业内控以及社会力量监督依据其权

---

〔1〕 所谓社会力量，包括各种独立的专业评估机构、独立审计机构、社会媒体、保险企业经营活动的相对人、保险企业的投资人和债权人甚或普通公众等。

〔2〕 所谓保险市场主体，主要是指保险企业及其成员以及保险市场中的各种代理、中介机构和服务者等。

限范围，往往仅局限于对保险企业组织或经营活动的某一或几个方面进行“监管”；而政府保险监管的内容，不仅涉及保险企业组织的设立、变更和终止，保险企业高级管理人员、专业技术人员、业务人员的资格和行为，保险企业的保险条款、保险费率、财务运作、资金运用、偿付能力、业务行为等经营规则，而且还涉及保险市场的监管，监管内容具有全面性。

（二）监管对象具有广泛性

保险企业内部监管部门只对本企业内部管理人员、技术人员、业务人员及其行为进行监督和管理；保险行业自律组织只对其成员实行监督和管理；而政府监管机构对所有的保险企业及其成员，对所有的保险代理人、保险经纪人、保险公估人、保险行业自律组织均有权监管。

（三）监管主体及其权限具有法定性

政府保险监管主体及其权限通常都是由保险法、保险业法或商法明确赋予的，而法定监管主体必须且只能依据法律规定的权限行使监管权，既不能怠于行使监管权，也不能超过权限范围行使监管权。

（四）监管结果具有强制性

有关保险监管的法律规定，具有强制性规范的性质。政府保险监管机关的审批权、核定权、检查权、禁止权、撤销权、整顿权、行政处罚权和行政处分权等监管权的行使，均具有强制性的法律效力。

可见，政府保险监管是最为广泛、最具权威的监管，也是最为有效的监管。

二、保险监管体系的建构

（一）保险监管体系

体系是指若干有关事物互相联系而构成的一个整体。所谓保险监管体系是指保险监管主体、保险监管对象、保险监管活动等要素互相联系互相作用的系统。保险监管体系的建构是一个有机的系统工程，但是在建构保险监管体系时必须首先考虑保险监管体系与金融监管系统的关系，以及政府保险监管与各种非政府保险监管的关系。

（二）保险监管体系与金融监管体系

因为在理论界通常的观点认为，保险业是金融系统的一个组成部分，保险法是广义金融法的一个组成部分，[1]故保险监管也是金融监管系统的一个子系统。金融监管必须考虑金融业的经营模式，纵观各国金融监管模式的演变，基本上是随着经营模式的变化而相应变化的。概括起来，大体分为两种：一种是以美国和日本为代表的分业经营和分业监管模式，一种是以德国为代表的混业经营（主要有德国、瑞典和瑞士）和混业监管模式（主要实行全能银行制度），而自20世纪末以美国结束分业监管为

---

〔1〕 参见强力：《金融法》，法律出版社1997年版，第13页。“金融法是调整金融关系的法律规范的总称。具体说，就是调整货币流通和信用活动中所发生的社会关系的法律规范的总称。”……“从所调整的金融关系的范围看，金融法也有广义、狭义之分。由于金融活动主要是通过银行的各种业务来实现的，银行法是金融法的基本法，处于中心地位，因此狭义的金融法是指银行法。广义的金融法除包括银行法外，还包括货币法、证券法、票据法、信托法和保险法等”。另有关金融法的教材、专著和论文中虽未明确提及，但从书的编写体例和有关论述中均可说明对这种观点的认同，如汪鑫主编：《金融法学》，中国政法大学出版社1999年版；陆泽峰：《金融创新与法律变革》，法律出版社2000年版；刘定华：《金融法专题研究》，北京大学出版社2002年版等。

标志，[1]金融监管模式呈现从分业监管向混业监管[2]过渡的趋势。且不论两种模式选择的利弊得失和发展趋势，不管是分业监管还是混业监管，保险监管都是金融监管的一个组成部分，只是在不同的金融监管模式下，对于保险监管体系的构建以及要素的配置会产生一定的影响。

（三）政府保险监管体系与非政府保险监管体系

从广义的保险监管出发，理论界通常将保险监管分为外部监管体系和内部监管体系。外部监管体系包括政府保险监管、保险行业自律组织监管、社会监管三个层次，这些监管主体的约束力是不同的，有的具有监督权和管理权，有的只具有监督权。内部监督体系只是保险企业的内部控制机制，即保险企业为保证经营管理目标的实现而制定并组织实施的对内部各部门及其人员进行相互协调和制约的一系列的制度、措施和程序，一般包括企业章程和规章制度的实施，股东会、监事会、外部董事监督权的行使，企业内部的财务会计和审计部门对企业财务活动的监管，总公司对其分支机构和业务人员活动的监管等。广义的保险监管系统应包括上述各监管子系统，各子系统承担着不同的监管内容，运用不同的监管手段，从不同的角度出发相互配合、互为补充为实现共同的监管目标而发挥职能。因此不同主体的监管子系统，同为保险监管系统的要素，它们互相

---

〔1〕美国在1999年11月4日通过了《1999年金融服务法》，也译为“《1999年金融服务现代化法》”，废除了1933年制定的代表分业监管制度的《格拉斯·斯蒂格尔法》，结束了金融业分业经营、分业监管的局面，揭开混业经营、混业监管的序幕。而以非规范性和非制度化分业监管著称的英国，2000年6月14日通过《金融服务和市场法》，以法律形式确认成立金融服务监管局为英国唯一的金融监管机构，并赋予金管局监管金融业所需的全部法律权限。参见刘定华《金融法专题研究》中的“金融监管的模式选择与对外资银行的监管”部分，北京大学出版社2002年版。

〔2〕金融法学界亦有主张将所谓“分业监管”称为“分工监管”，将所谓“混业监管”称为“综合监管”。

影响共同发挥作用，完整的保险监管体系应是外部监管和内部控制的统一。本书重在探讨保险外部监管中的政府保险监管子系统的建构问题，但其他非政府监管性质的系统要素与政府监管的关系，也是分析问题时不能不考虑的因素。

三、政府保险监管体系

（一）政府保险监管体系的系统分析

保险监管既是一系列制度，也是一系列活动。活动须在一定的制度构架中进行，制度也须反映活动的诸项要素及其相互关系。在这个意义上，政府保险监管体系即为政府保险监管活动各要素及其相互间的关系。保险监管活动的要素主要包括：保险监管目标、保险监管体制、保险监管内容和保险监管方式等。保险监管目标即保险监管活动所要达到的目的和效果。保险监管体制是指保险监管活动主体及其职权的制度体系。[1]保险监管内容是指保险监管的具体对象的范围，既包括市场活动的主体也包括市场主体的活动。保险监管方式是指保险监管所采用的方法和形式，既包括一国保险监管的指导思想是严格或者宽松，也包括监管活动的具体手段和技术。监管目标是监管活动的出发点和价值归宿，监管体制的设置、监管内容的选择、监管方式的采用均须以监管目标的实现为宗旨，而监管目标的实现也必须依赖于监管体制、监管内容和监管方式的有机配置。因此，所谓保险监管从本质上讲就是为实现监管的目标，由监

---

〔1〕 对于“体制”一词的理解，各种论著中多有不同。广义的用法泛指保险监管的所有制度，大体相当于本文中的“保险监管体系”的含义；狭义的用法是指保险监管主体及其职权。笔者依据《辞海》中的解释“体制：是国家机关、企事业单位在机构设置、领导隶属关系和管理权限划分等方面的体系、制度、方法、形式等的总称”，并为方便论述，采用狭义的用法，仅指有关保险监管活动的主体及其职权的制度体系。

管主体行使其职权，采用必要的监管形式和方法，对需要监管的诸对象进行监督和管理的活动。而这些与保险监管有关的各要素及其相互间的关系的集合便构成了保险监管体系。

（二）政府保险监管体系建构与保险监管法制化

所谓保险监管法制化，即保险监管的法律制度化。依笔者理解，就是指将保险监管活动纳入法律制度规范之下的一种状态。保险监管不可能是自发的任意活动，它必须以法律制度为依据，在一定的法律制度的构架中进行，保险监管机关的设置及其监管权限的取得与行使，监管内容和监管方式的选择和界定，都离不开保险监管法律制度，否则不仅保险监管机关无法树立其权威和地位，也会使得保险监管活动无法可依、无所适从，其结果必然是保险市场及市场活动失去控制和规范，导致市场的无序和混乱。市场经济是法治经济，按照现代市场经济理论，市场不是万能的，它存在着自身难以克服的缺陷并会导致市场失灵，因此国家便有必要对市场特别是“市场失灵”部分进行适度干预，这种“适度干预”是通过法律的制定和实施来实现的。在市场经济条件下，政府专门机构对保险市场以及市场主体组织和经营活动的监管，必然依赖法律制度的建设和实施，而这种法律制度便是保险监管法律制度。保险监管无论作为一种政府权力还是作为一种制度或行为，其本质都是一个法律问题，现代国家的保险监管无一例外的都是法制化的监管，这是最具稳定性、统一性和权威性的监管。因此笔者认为，保险监管体系的构建，本质上就是保险监管的法制化过程。

保险监管的法制化包含立法、执法和守法三个层面的内容，其中立法是法制化的基本前提，没有完善的法律制度作依托，便无法谈及执法和守法问题，因此保险监管的法制化，首先必须要有一套较为完善的法律法规体系作为监管的依据。完善保险监管立法同样是一个系统工程，各种层次的法律、法规和部门规章要相互协调、互为补充，不可存有矛盾，也不可有所疏漏。同时，要求这些法律规范，不能是各种规范性文件的简单堆砌，而应是建立在同一经济基础之上，有着相同宗旨和原则的有机联系的统一整体，即建立健全保险监管法律制度体系。保险监管的法制化，在完善立法的前提下，还需要严格的执法和公正的司法，这是保险监管有效性的保证。

同时，我们还应该看到，法律不是万能的，法律并不能解决所有的问题，保险监管体系的构建，尚需保险行业自律组织、各种社会力量以及众多保险企业的共同努力，即应完善以政府监管为核心、行业自律为纽带、企业内控为基础、社会监督为补充的“四位一体”的监管体系。目前，我国这四种力量显然还没有均衡发展和有效结合，然而这些非政府监管机制并不能完全靠法律来规制，但在调动这些监管力量并使其发挥积极作用中，法律是可以运用其引导功能的。当然这个问题并不在本书的探讨之列。

第三节　保险监管的理论根源

如前所述，保险监管主要是指政府保险监管机构依法对保险市场及保险市场主体的组织和经营活动的监督和管理，其强制性特征体现了国家对保险市场的干预。保险监管的理论根源为何？本书从以下三个方面分析：

一、保险监管之特殊性分析

保险监管与政府对于一般市场主体的监管显然是不同的。对保险业进行监管，主要原因在于保险业事关国计民生，在国民经济中居举足轻重之地位。纵观世界各国，无论是发达国家还是发展中国家，无论奉行哪种经济学主张，无不对保险业实施监管，而且通常对保险业的监管比对其他行业的监管更为谨慎严格，这绝非个别和偶然的现象，有其特殊的原因和特别的意义。在这个意义上分析，保险监管的特殊性源于保险业及保险市场活动的特殊性，即保险监管的特殊性是由保险业、保险合同及保险市场的特殊性决定的。

（一）保险业的特殊性

保险业的特点在于它的负债性、风险性、保障性和社会性。

负债性是指保险企业收取保险费建立的保险基金并非保险企业的盈利，而是其对全体投保方的负债，在未来保险事故发生后要以保险金的形式返还给投保方，因此一旦保险企业经营不善必将殃及投保方的利益。

风险性是指保险业与一般工商业相比是高风险行业。保险企业的经营对象是风险，其支付保险金是基于保险损失或保险事件的偶然发生，因此保险企业较之一般工商企业担负着更大的经营风险。同时保险业本身还存在着系统性风险，如因再保险和保险投资而产生的"伙伴"风险，因电子化而产生的电子业务系统和信息系统风险，因国际化而产生的全球性风险等。另外由于保险业的负债性要求其有效运作要建立在公众信心的基础之上，因此一旦出现系统信任危机，便会产生"多米诺骨牌"效应，这种风险并非一家或几家保险公司就靠自身力量能"抵抗"的。

保障性是指保险的基本职能是组织经济补偿，以保障经济运行的连续和社会生活的安定，而保险基本职能和作用发挥的前提是保险企业的稳健经营。

社会性也称为公共性或公益性，是指在现代社会保险业已涉及社会生活的方方面面，不仅对投保方的利益产生影响，而且也对社会经济的发展、社会秩序的安定甚至国家政治的稳定产生影响。由此可见，保险业的重要作用和巨大影响决定了国家公权力对其进行干预，即保险监管具有重要性和必要性，保险监管反映了维护社会经济稳定发展的要求。

（二）保险合同的特殊性

保险合同的特点在于它的长期性、射幸性、技术性、合同当事人的地位不平等性。

长期性是指保险合同的期限一般较长，特别是人寿保险合同，通常期限达十几年甚至几十年，因此保险企业的存续与否和经营是否稳健对于投保方的利益能否实现至关重要。

射幸性是指保险金的赔偿或给付是以特定的保险损失或保险事件的发生为条件，在个别合同场合给付与反给付并不平衡，同时损失原因的确认要适用保险业所特有的原则或惯例，这必然使得保险合同比一般经济类合同的履行更为复杂和难于公平，更易于损害合同一方当事人的利益，需要更大的诚信和公力救济的保障。

技术性是指保险合同不仅条款繁琐细致，需要缜密的设计，更重要的是保险费率必须根据专门的统计并依据大数法则来确定，费率过高则增加投保方的负担，有损投保方的利益，而费率过低则会伤害保险企业的偿付能力，形成信用隐患，均有害于保险活动各方当事人的利益，对社会产生不利影响，因此政府必须采取一定措施进行监管。

合同当事人的地位不平等性是指投保方和保险企业在保险合同关系中的地位不平等，保险合同的技术性决定了合同条款晦涩难懂，信息不对称，而保险合同的格式化又决定了投保方通常只能选择接受或不接受，这使得投保方的利益极易遭受损害。因此，保险监管是维护保险各方当事人特别是投保方利益的必要保证，保险监管反映了维护保险活动当事人利益的要求。

（三）保险市场的特殊性

保险市场的特点在于它的开放性和竞争性。

开放性是指保险市场是开放的市场而不是封闭的市场。进入21世纪，随着全球经济一体化进程的推进和世界贸易的发展，保险市场的开放性特点愈加明显，这不仅对保险监管提出了更高的要求，而且对于各国保险监管法律制度的兼容性也提出了要求，这使保险监管法律制度的发展突出地反映出商法所具有的国际化趋势。

竞争性是指保险市场是自由竞争的市场。第二次世界大战以后，这个特点在发达国家表现得尤为明显。现代市场经济的特点是国家对市场活动的适度干预，保险市场亦如此。政府保险监管是防止保险市场中的垄断和不正当竞争行为、保障保险业健康发展的重要手段。

保险监管根植于保险市场，服务于保险市场，是现代市场经济理念的体现，其存在具有客观必然性，有着重要的意义。保险监管反映了发展和完善保险市场的要求。

二、保险监管之经济根源

政府保险监管的强制性特征，体现了国家对经济的干预。关于国家干预或政府监管的经济理论为数不少，其中占据主导地位的是社会利益论。

所谓社会利益论，也称为市场失灵论或公共利益论。社会利益论是福利经济学家和凯恩斯主义者基于对市场缺陷的分析而得出的结论，认为市场不是万能的，而是存在其自身无法克服的种种缺陷，其核心思想认为，监管的目的在于克服市场失灵，保护消费者的权益免受侵害，追求经济效率或社会福利的最大化，服务于公共利益。政府干预的原因有两点：其一，资源有效配置虽然是一个社会追求的重要目标，但并不是唯一目标，社会在追求效率的同时还应该兼顾公平，在公平方面政府应该是可以有所作为的；其二，一个市场要成为完全竞争的市场是有严格的假设条件的，例如，有足够数量的消费者和生产者，生产者可以自由进入市场，产品同质，信息完全且免费等，而这些条件在现实生活中都难以满足。实际上所有的市场都处于不完全竞争的状态，所以作为对市场失灵进行矫正的政府监管便有其存在的必要。〔1〕

社会利益论是一种值得重视的理论，迄今仍有重大价值，依然可以作为我国社会主义市场经济中国家干预的基本理论依据，但也应当注意，它并不足以解释保险监管的所有现实问题。在市场经济条件下，尽管市场内在机制的缺陷需要国家干预，但也并非干预越多、监管越严就越有效。国家干预需要保持适度，否则易导致保险市场主体丧失自由，甚至会导致整个保险业的发展脱离其内在规律。一些与凯恩斯主义政府干预理论相对立的学说，如特殊利益论、社会选择论等分别从监管成本、监管中存在的政治因素等角度，分析说明了国家干预即政府监管的自身也存在失灵的问题，其合理性随着20世纪70年代凯恩斯主义在实践上的失灵而得以印证。尽管如此，各市场经济国家并没有完全回归到自由市场经济，因为国家干预对于市场失灵的纠正以及对于社会经济的促进作用仍是现实存在并不可低估的，所以各国都在探寻一条国家“适度”干预的道路，这也构成了“现代市场经济”最为主要的特征。

---

〔1〕 参见郭宏彬：“论保险监管的理论根源”，载《政法论坛》2004年第4期。

笔者认为，资本主义市场经济发展从自由到干预过度，再到适度干预的三个阶段的实践已经深刻地证明：政府与市场是牵连的，并通过某种内在的方式相互产生影响。

依据社会利益论，市场失灵主要包括四种情况：市场支配力、外部性、“搭便车”问题和信息不对称问题：

（一）市场支配力

所谓市场支配力是指一个或多个生产者或销售者影响其所交易的商品或服务的价格的能力。事实上，目前世界各国的保险市场都不同程度地存在市场支配力现象，主要是保险公司垄断经营，通过制定高于其边际成本的价格，以牺牲消费者利益为代价，实现个别企业的高额垄断利润。如印度、伊朗是垄断市场，日本、韩国是寡头市场。产生市场支配力的因素主要包括市场准入壁垒、规模经济、价格歧视、产品差异等。在存在市场支配力的情况下，资源配置的效率会受到影响，政府基于社会整体利益，实施干预便成为必要。

（二）外部性

所谓外部性也称为外部效应，是指一个经济行为主体的经济活动对另一个经济行为主体的福利所产生的效应，但这种效应并没有通过市场交易反映出来。完全竞争的市场要求成本和效益内在化，产品生产者要负担全部成本，同时全部收益归生产者所有。但是由于外部效应的存在，使得私人的成本收益与社会的成本收益不完全相符。这种利益的偏差使得资源不能实现完全竞争条件下的最有效配置，从而导致无效经济。[1]

保险市场也存在这种外部性，主要体现为：消费者的保险欺诈使得保险公司偿付能力受到损害或误导保险概率统计使得

---

〔1〕 参见张洪涛、郑功成主编：《保险学》，中国人民大学出版社 2000 年版，第 612 页。

保费分担提高，产生对于其他消费者的不公正结果；保险业存在系统风险，即一家保险公司的财务危机往往会影响到整个保险市场系统风险的爆发，如阶梯式破产或挤提危机等。

（三）“搭便车”问题

所谓“搭便车”问题，是指保险监管在某种意义上具有“公共物品”的性质，具有共同消费和非排他性，即意味着一个消费者获得某一物品并不减少这一物品的性质或他人的可获得性，而非购买者也不能被排除在此物品的消费之外，因此私人趋于免费搭车心理便没有或缺少动因生产这种公共物品，例如灯塔、路灯等。可见，“监管”这种“公共物品”不太可能由市场主体自发供给，而须由政府来提供。

（四）信息不对称问题

所谓信息不对称，是指交易一方拥有而另一方缺乏相关信息。在完全竞争市场的假设中，有一个假设是生产者与消费者拥有完全信息，而事实上这是无法成立的。信息的不对称问题是造成保险市场失灵的最为主要的原因。保险市场的信息不对称问题主要包括旧车市场问题和逆向选择问题。[1]由于信息不对称，个人和小企业无力评估和监督保险公司的财务状况，他们在选择保单时，并不知道将要购买的保单是“好车”还是“坏车”。在这种情况下，往往导致同一价格下的高价值产品退出市场而低价值产品趁机占领市场，结果是产生“劣货驱逐良货”的市场逆向选择，市场因此而失灵。

由此可见，保险市场存在的市场失灵问题，是保险监管的

---

〔1〕 所谓旧车市场问题是指在旧车市场上，由于买卖双方存在着产品质量信息的不对称性，卖者比买者更了解旧车质量，但为了把它推销出去而不愿意将其缺陷告诉买方。结果，质量好的和质量差的旧车同时出现在市场，以同样的价格销售。买者只会按一个平均质量水平支付价格。这样质量好的旧车车主就不愿出售，使质量差的旧车充斥市场，这就是逆向选择。

经济根源。

三、保险监管之法律根源

无论作为一种政府权力还是作为一种行为或制度，保险监管的本质都是一个法律问题。从当今各国保险立法的实践来看，保险监管已与保险业紧密联系在一起，成为各国保险业法的核心内容，并贯穿保险业法的始终。保险业及其活动构成了保险市场，而监管并非与作为保险市场主体的各保险机构对立存在，其本身已经成为保险市场体系的必要组成部分。市场经济是法治经济，现代国家的保险监管无一例外都是依法进行的，这是最具稳定性、统一性和权威性的监管。

当然，依法监管的事实并不足以揭示保险监管的法律根源，保险监管的法律根源应在法的价值的范畴来寻找。现代法一般以秩序、自由、公平、效率和人权等为其基本价值追求，这些价值在具体的部门法中各有侧重。保险监管法律制度主要调整国家与保险市场以及市场主体之间的关系，具有公法性质，其价值侧重于秩序和公平。

（一）保险监管是实现法的秩序价值的必要手段

所谓法的秩序价值，就是法能够以其特定方式建立并维护某种社会秩序，以满足社会的需要。法在预防和制止无序状态方面起着道德、习俗等其他社会调整手段不能取代的作用。法既是社会秩序的象征，又是社会秩序的手段。

保险监管法律制度的秩序价值在于以法的强制力规范保险市场以及市场主体的组织和经营活动，维护保险交易的安全，保障保险市场的秩序和健康发展。保险监管不可能是自发的任意行为，它必须以法律制度为依据，在一定的法律制度的构架中进行，保险监管机构的设置及其监管权限的取得与行使，监管内容和监管方式的选择和界定，都离不开保险监管法律制度，否则不仅保险监管机构无法树立其地位和权威，也会使得保险监管活动无法可依、无所适从，其结果必然是保险市场及市场活动失去控制和规范，导致市场的无序和混乱。

按照现代市场经济理论，市场不是万能的，它存在着自身难以克服的缺陷并会导致市场失灵，因此国家便有必要对市场特别是"市场失灵"部分进行适度干预，这已成为现代市场经济的重要特征。而体现国家适度干预的政府监管必然是通过法律的制定和实施来实现的，必然是依法进行的。虽然笔者并不以为依法监管便一定是适度的，但"适度"却必然需要法律手段的规制和保障。在这个意义上，保险监管是在保险市场领域实现法的秩序价值的必要手段。

(二) 保险监管是实现法的公平价值的重要途径

所谓法的公平价值，就是法能够以其特定方式赋予并维系主体的平等地位和平等权利，以合理地"分配正义"。公平是现代法的高位原则，也是人类正义观的集中体现。在市场经济条件下，公平主要体现为市场主体的法律地位平等和竞争机会平等。

保险监管法律制度的公平价值在于以法的强制力制约权力，维护保险市场主体的地位平等，限制垄断和不正当竞争，保护交易弱势方的利益等。作为保险市场主体的保险机构虽然多属于私人实体，但却承担着一定的社会职能。保险的基本职能是损失补偿，是对自然灾害和意外事故的事后救济机制，这种机制可以在一定意义上分配和调节社会资源，隐含着某种权力因素。"权力必须加以制约，这是法律的一个基本规则"[1]。同

〔1〕 参见陆泽峰：《金融创新与法律变革》，法律出版社 2000 年版，第 288 页。

时，政府保险监管本身也是一种权力，监管权来源于法律，也须制衡于法律。法律对监管主体及其职权的明确界定，对监管权行使程序和范围的合理规范，是保险监管正当有效的保证。

保险业具有一定的垄断地位，作为获得这种特殊优势地位的对价，保险机构须接受保险监管。保险业属于金融业的组成部分，尽管金融机构之间不应当存在竞争的观点早已过时，但金融业作为一个行业具有一定的垄断地位却是一个不争的事实。保险业所具有的一定垄断地位与保险市场的严格准入制度是分不开的，而且这种市场准入制度还在一定程度上体现着政府金融政策的价值倾向。保险机构获取这种特殊法律地位的对价就是必须接受保险监管，这是防止滥用垄断优势以及保护处于劣势地位的相对人的权益所必要的措施。因此，保险监管是在保险市场领域实现法的公平价值的重要途径。

值得注意的是，秩序与自由、公平与效率等法的价值并非是孤立的理念，它们之间是既对立又统一的辩证关系。自由是秩序的目的，秩序是自由的手段，但秩序也会限制自由，可以说，秩序是以限制自由来实现自由的；公平是效率的条件，效率是公平的结果，但公平也会制约效率，可以说，公平是以制约效率来实现效率的；秩序是公平的前提，公平是秩序的基础，但秩序与公平也常相背离，应当追寻有秩序的公平和公平的秩序。在这个意义上，保险监管不仅是实现法的秩序和公平价值的需要，也是实现法的自由和效率价值乃至其他价值的需要。

第四节　我国的保险监管体系

如前所述，保险监管活动的要素主要包括保险监管目标、保险监管体制、保险监管内容和保险监管方式等，这些要素构成保险监管体系。其中，保险监管内容主要包括保险组织监管和保险经营监管两方面，本书后面两章将分别详述，本节主要阐述我国政府保险监管的监管目标、监管体制和监管方式几个方面。

一、保险监管目标

保险素有“社会稳定器”之称，随着市场经济的高度发展，保险已渗透于社会经济生活的各个领域。保险业的组织和经营活动是否规范，直接关系到整个社会经济秩序的稳定和人民生活的安定。因此，制定保险业法，用法律手段对保险业进行监督管理，意义重大。保险监管目标，也就是保险业法的立法宗旨，其主要表现为以下四个方面：[1]

（一）保证保险人的偿付能力，维护被保险人的合法权益

保险人承保的风险往往涉及社会的各个领域，但保险人能否真正承担起未来的偿付责任，则取决于其是否具有足够的偿付能力。所以各国保险业法通常以保证保险人的偿付能力为首要任务，这是对被保险人权益的最大保障。

（二）维护保险业的公平竞争

保险的机制在于，依据概率由投保方合理分担各种风险，而保险费便是投保方的分担额。因此，保险市场的竞争当为非价格竞争，否则必将违背保险的本义。有鉴于此，各国法律都对保险人之间的竞争进行严格的限制，以维护竞争的公平性。这较之法律对于一般行业竞争的规制，具有特别的意义。

（三）促进保险业经营管理的科学化

保险业是具有较强技术性、影响范围广泛的行业，对于经

〔1〕参见赵旭东主编：《商法学》，高等教育出版社2015年版，第401~402页。

济发展、科技进步、社会稳定等均有重要意义，而保险业的经营管理水平对保险职能和作用的发挥会产生直接的影响。因此，保险业法应发挥其引导和保障功能，弥补企业自控和行业自律的不足，促进保险业经营管理的科学化。

（四）提高保险业的社会效益

现代保险较之传统保险，承担了更多的社会职能，它要求商业保险不能单纯追求经济效益，同时要顾及社会效益。对此，如果没有法律规制是难以实现的。

对保险监管的目标进行比较，各国在监管目标的重点方面体现出一定的差别。如英国监管目标重点在于通过保障公平竞争的良好经营来保护客户利益，以使人们保持对英国金融业的信心，并加大对金融犯罪的监控力度。[1]美国保险监管的基本目标在于保持保险公司的偿付能力，并公平合理地对待保单持有人。德国的保险业监督法规定的保险监管的目标在于维护被保险人的权利，确保保险公司的财政稳定性。日本正在建立新的保险体系，其保险监管的重点是保险公司的偿付能力。[2]透过这些差别，我们仍可以发现，各国保险监管通常是以保障被保险人的利益为首要目标，但这个目标往往是与控制和化解保险业的经营风险、确保保险公司的偿付能力相联系的。因此，偿付能力监管、公司治理监管、业务行为监管被视为保险监管的三大支柱，而偿付能力监管更是重中之重。各国的保险监管，

---

〔1〕 参见邓成明等：《中外保险法律制度比较研究》，知识产权出版社 2002 年版，第 280 页。“1997 年 10 月，英国成立了对银行、证券、保险统一监管的金融服务局。英国财政大臣布朗表示，设立该局的目的在于通过保障公平竞争的良好经营来保护客户利益，同时它的建立将有助于人们保持对英国金融业的信心，并加大对金融犯罪的监控力度。”

〔2〕 参见邓成明等：《中外保险法律制度比较研究》，知识产权出版社 2002 年版，第 280~300 页。

一方面不断强化和完善偿付能力监管，另一方面加强保险公司风险防范和风险处置机制。

二、保险监管体制

所谓保险监管体制是指保险监管活动主体及其职权的制度体系。1998 年 11 月 18 日，为了适应保险业发展的需要以及金融业分业经营的客观要求，中国保险监督管理委员会（简称“中国保监会”）成立。中国保监会是我国保险监督管理机构，是保险监管活动主体，是全国商业保险的主管部门，为国务院直属事业单位，根据国务院授权履行行政管理职能，依照法律、法规统一监督管理全国保险市场，维护保险业的合法、稳健运行。中国保监会还在全国各省、直辖市、自治区、计划单列市设有派出机构——保监局，保监会与保监局依法共同行使政府保险监管职能。

2018 年 3 月，第十三届全国人民代表大会第一次会议表决通过了关于国务院机构改革方案的决定，设立中国银行保险监督管理委员会（简称“中国银保监会”）。2018 年 4 月 8 日，中国银行保险监督管理委员会正式挂牌。这样，中国银行业监督管理委员会和中国保险监督管理委员会成为历史。将原来的银监会和保监会的职责进行整合，组建中国银保监会，主要目的在于解决原来监管体制存在的职责不清、交叉监管和监管空白等问题，强化综合监管，优化监管资源配置，更好统筹系统重要性金融机构监管，逐步建立符合现代金融特点、统筹协调监管、有力有效的现代金融监管框架。

三、保险监管方式

（一）保险监管方式概述

保险监管方式是指保险监管的方法和形式，既包括一国保险监管的原则是严格或者宽松，也包括监管活动所采用的具体手段和技术。在不同的历史时期，不同的国家曾采用过不同的监管方式，大体经历过公示方式、准则方式和实体方式三个阶段。

1. 公示方式，是通过政府定期公示保险人的营业结果，由社会公众自行评判和择优投保的方式来敦促保险人合法、勤勉地经营的一种最为宽松的监管方式。保险业自律能力较强的英国，在1964年以前的保险公司法中曾采用此种方式。这种方式对处于信息不利一方的社会公众的保险专业知识和鉴别能力以及保险人的慎独诚信品质均提出了严峻考验，实践中极易损害被保险人的利益，故这种方式现已被放弃。

2. 准则方式，是通过要求保险人遵守政府制定的保险经营基本准则来规范保险人的经营活动的一种监管方式。德国早期对私营疾病基金的监管曾采用过此种方式。但由于保险技术复杂以及保险人个性丰富，这些基本准则只能从形式出发，最终也难免流于形式，故此种方式现也被放弃。

3. 实体方式，是一种由政府保险监管机构依据法律的授权和法定的保险监管规则对保险市场及市场主体的组织和经营活动实行全面深入的监管方式。其监管范围大体包括市场准入、市场行为和市场退出三个部分。现今各国保险监管多采用实体监管方式。

在实体监管方式框架下，各国基于保险市场环境的不同，保险监管立法模式又有严格和宽松之分。严格监管模式和宽松监管模式是相对的概念，宽松监管模式相对于严格监管模式的全面实体监管而言，强调重点监管保险人的偿付能力，相应地放松对保险市场准入、保险险种、保险费率、保险人业务行为等方面的监管。在成熟的保险市场环境下，宽松监管模式既可保障被保险人的利益，又可提高保险监管效率，促进保险业的发展。目前，发达国家多采用宽松监管模式，英国是典型代表，其发达的保险同业公会的自律管理对政府监管起到了较强的补充甚至是替代的作用。但经济发达的美国仍执守着严格监管模式。发展中国家一般采用严格监管模式。

（二）我国保险监管的具体方式

我国保险监管采用的是实体监管方式，对保险业实施严格监管，具体体现为以下三个方面的制度：

1. 市场准入的监管方式——审批。我国保险法严格规定了设立保险公司等保险机构的条件和程序，规定了保险公司等保险机构的高级管理人员及各种保险市场活动辅助人的任职资格，并且严格限制非依法成立的保险公司或其他保险组织不得从事商业保险业务。任何保险市场主体的设立，必须经过保险监管机构的审批。审批这种监管方式，条件明确、程序严谨，是一种事前监管，其功能在于保证特定市场主体资格的适法性，为以后的监管减少隐患，是较为有效的监管方式。

2. 市场经营行为的监管方式——检查。仅有市场准入制度是不够的，还必须在保险公司运作过程中进行实质性的检查。检查是最为常用的一种监管方式，是一种事中监管。检查的内容主要是保险公司的业务状况、财务状况和资金运用状况。我国政府保险监管机构及其派出机构对保险公司及其分支机构的经营活动依法分级对口进行日常和年度检查。保险公司必须聘用经保险监管机构认可的精算专业人员，建立精算报告制度。保险公司必须聘用专业人员，建立合规报告制度。保险公司应按规定完整、真实、准确、及时地向中国银保监会报送偿付能力报告、财务会计报告、精算报告、合规报告及其他有关报告、报表、文件和资料，这些报送材料必须如实记录保险业务事项，不得有虚假记载、误导性陈述和重大遗漏。保险公司应当妥善保管有关业务经营活动的完整账簿、原始凭证及有关资料，保管期限自保险合同终止之日起计算，保险期间在 1 年以下的不得少于 5 年，保险期间超过 1 年的不得少于 10 年。

3. 市场退出前的拯救性监管方式——整顿和接管。保险公司有违法经营行为，可能影响其偿付能力的，保险监管机构可视具体情况依法对其实行整顿或接管。相对于审批和检查监管方式，整顿和接管可视为事后监管。

（1）整顿是指政府保险监管机构为纠正保险公司违法经营行为而采取的监督指导经营的强制措施。整顿的适用对象是未按照保险法的规定提取或结转各项准备金，或者未按照保险法的规定办理再保险，或者严重违反保险法关于保险资金运用的规定，经政府保险监管机构责令限期改正而在期限内未予改正的保险公司。整顿的目的是纠正保险公司违法经营行为，使其恢复正常经营。

整顿的程序：①组成整顿组。保险公司符合整顿条件的，保险监管机构应作出整顿决定，并选派保险专业人员和指定该保险公司的有关人员，组成整顿组，对该保险公司进行整顿。整顿组的职权是在整顿过程中监督被整顿的保险公司的日常业务以及该保险公司的负责人及有关管理人员行使职权的情况。②发布整顿决定。保险监管机构的整顿决定应当载明被整顿保险公司的名称、整顿理由、整顿组成员和整顿期限，并予以公告。③实施整顿措施。在整顿过程中，保险公司的原有业务继续进行，但要接受整顿组的监督。保险监管机构有权根据需要停止开展新的业务或者停止部分业务，调整资金运用。④整顿结束。被整顿的保险公司经整顿已纠正其违法行为，恢复正常经营状况的，由整顿组提出报告，经保险监管机构批准，整顿结束。

（2）接管是指政府保险监管机构对违反保险法规定，损害社会公共利益，可能严重危及保险公司偿付能力的保险公司采取的强制改组、接替经营管理的强制措施。接管与整顿相比，是一种更为严厉的监管方式。接管的适用对象是没有按照保险法规定提取或者结转各项准备金，或者没有依法办理再保险，可能严重危及或者已经危及保险公司偿付能力的；严重违反资金运用规定，致使资金周转困难，无法履行到期债务的；发生严重损害被保险人利益和社会公共利益情况的。接管的目的是对被接管的保险公司采取必要措施，恢复保险公司的正常经营，以保护被保险人的利益和社会公共利益。

接管的程序：①组成接管组织。其组成由保险监管机构决定。②公告接管决定。保险监管机构的接管决定一般应当载明被接管保险公司的名称、接管理由、接管组织、接管措施和接管期限等内容，并予以公告。③实施接管措施。接管措施由保险监管机构根据实际情势决定。一般是由接管组织代行保险公司的经营管理权，但被接管的保险公司的法人资格和保险业务经营资格不发生变化，其债权债务关系也不因接管而发生变化。④接管终止。接管终止有两种情况：其一，接管期限届满，被接管的保险公司已恢复正常经营能力的，由保险监管机构决定，可以终止接管。如果接管期限届满，保险公司未能恢复正常的经营能力，经保险监管机构决定，可以延期，但接管期限最长不得超过 2 年。其二，被接管的保险公司符合我国《企业破产法》第 2 条所规定的破产原因的，保险监管机构可以依法向人民法院申请对该保险公司进行重整或者破产清算。

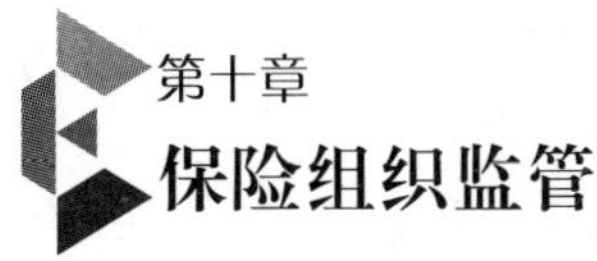

第十章 保险组织监管

第一节 保险组织形式

一、保险组织形式的概念和种类

所谓保险组织形式，是指保险人以怎样的机构来经营保险业务，实为保险人的组织类型。各国保险人的组织类型不尽相同，综合而言，主要有保险股份有限公司、相互保险组织、个人保险组织以及政府保险组织等形式。[1]

（一）保险股份有限公司

这是当今世界最为主要的一种保险组织形式。采用股份有限公司经营保险的优点在于：

（1）产权明晰，运营效率高。

（2）股东责任有限，利于募集巨额资本，可以开展大规模保险经营，广泛分散风险，为被保险人提供更好的保障。

（3）采用现代公司治理结构，可以吸收众多专业人才，提高保险公司的经营管理水平，促进保险业的竞争与发展。

---

〔1〕 参见赵旭东主编：《商法学》，高等教育出版社 2015 年版，第 405 页。

采用股份有限公司经营保险的缺点主要是：

（1）以营利为目的，排斥公益性保险险种。

（2）保险费率相对偏高。在保险股份有限公司之外，各国立法一般也允许采取有限责任公司的组织形式经营保险业务。

（二）相互保险组织

相互保险组织，又称合作保险组织，[1] 即由社会上需要某种保险的人或单位共同组织起来，采取合作的方式组成一个团体，共同承担风险，分摊损失。相互保险组织大体有四种形式和名称：相互保险社、相互保险公司、交互保险社、保险合作社。

（1）相互保险社是保险组织的原始形态，规模一般很小，但在当今欧美各国及日本仍相当普遍。例如英国的友爱社、美国的兄弟社、日本的县级农业共济组织等。

（2）相互保险公司是保险业特有的公司组织形态，它由相互保险社演变而来。其经营原理与相互保险社一样，不同之处在于相互保险公司为法人组织，而相互保险社往往为非法人团体。相互保险公司在人寿保险方面较股份公司更有优势，为大多数国家保险业法所承认，如日本、德国、瑞士、意大利、美国、英国等，[2] 并具有重大影响。2004 年经国务院特批，我国第一家相互保险公司“阳光农业相互保险公司”成立，主要经营与农业相关的保险。

（3）交互保险社是美国特有的一种非法人型的合作保险组织形态，与一般相互保险组织的具体经营方式有所不同，主要

〔1〕 有学者比较相互保险组织和合作保险组织在细节上的不同后认为二者是不同的。笔者认为这种区分并无必要。

〔2〕 参见邓成明等：《中外保险法律制度比较研究》，知识产权出版社 2002 年版，第 104~120 页。

集中在汽车保险和火灾保险方面。

（4）保险合作社与相互保险社几乎是一样的。我国习惯上将相互保险组织概称为保险合作社。相对保险股份公司而言，相互保险的优点是被保险人与保险人利益一致，保险费支出较少；缺点是由于其成员数量相对较少，作为保险数理基础的大数法则往往不能发挥作用，保险保障不充分。

（三）个人保险组织

个人保险组织，即个人保险商的一种社团组织，其代表首推英国伦敦劳合社。劳合社在保险业中具有特殊的地位，它既是世界上历史最悠久、最大的保险交易市场，又是个人保险商的行业自律组织。劳合社只为其社员提供保险交易场所和相关服务，如制定交易规则、仲裁纠纷、开发新险种、协助理赔等，其本身并不接受保险业务，保险责任均由承保社员个人或联合承担。劳合社之所以享誉世界数百年，源于其无所不包的经营险种、严格的交易自律机制、完备的财务制度和良好的信用。随着现代保险风险的加大，个人资本已难当重任，所以目前除英国伦敦劳合社以外的其他个人保险组织已基本退出保险舞台，如美国劳合社，其势力已经微乎其微。

（四）政府保险组织

政府保险组织也称国有保险组织，是由政府投资经营的保险机构，通常采取国有独资公司形式。设立政府保险组织，一般出于两种目的：一是提供一般商业保险人不愿或不能提供，而社会又急需的险种，如：地震、洪水等大范围自然灾害保险，失业、工伤、养老、医疗等社会保障性保险等；二是从国家利益或国民经济政策出发，垄断经营保险业或某些保险险种。因此从原理上讲，政府保险组织，应为政策性经营机构，通常采取行政式的管理体制，一般不以营利为目的，而是为整个社会经济生活提供保障。政府保险的特点表现为：资金雄厚，多为大规模经营，风险分散广泛，业务稳定，注重社会效益等。

二、我国保险组织形式

公司的组织形式决定着公司的成立条件、设立程序、资金的募集方式以及公司的组织机构等。从各国保险立法来看，商业保险组织一般采用股份有限公司或者相互保险公司的形式。基于我国目前保险业的基本情况，并借鉴国外保险业监管的经验，我国《保险法》第6条规定，保险业务由依照本法设立的保险公司以及法律、行政法规规定的其他保险组织经营，其他单位和个人不得经营保险业务。这为保险机构组织形式多样化留出了空间。也就是说，我国的保险组织形式，包括股份有限公司、有限责任公司、国有独资公司、相互保险公司甚至公司以外的其他组织形式。

我国现有的保险公司多是股份有限公司。例如平安保险（集团）股份有限公司、太平洋保险（集团）股份有限公司、华泰财产保险股份有限公司、华安财产保险股份有限公司、泰康人寿保险股份有限公司、新华人寿保险股份有限公司、天安保险股份有限公司等。采用有限责任公司形式的有太平人寿保险有限公司、太平保险有限公司、中宏人寿保险有限公司（合资）等。采用国有独资公司形式的是中国出口信用保险公司。

三、我国保险公司的分支机构

（一）保险公司分支机构及种类

保险公司的分支机构是指保险公司依法设立的，以总公司名义进行保险经营活动，其经营后果由总公司承受的营业性机构，包括分公司、中心支公司、支公司、营业部、营销服务部以及各类专属机构。在我国相关的法律法规中，保险公司和保险公司分支机构一般被统称为保险机构。

（二）保险公司分支机构的法律地位

虽然保险公司分支机构有自己的营业场所和设施，有一定的运营资金，但在法律上仍然是总公司的一个组成部分。保险公司分支机构不具有法人资格，其民事责任由总公司承担，但是分支机构可以在总公司的授权范围内独立参加民事诉讼活动。我国《保险法司法解释（二）》第 20 条规定："保险公司依法设立并取得营业执照的分支机构属于《中华人民共和国民事诉讼法》第 48 条规定的其他组织，可以作为保险合同纠纷案件的当事人参加诉讼。"

第二节 保险公司的设立、变更和终止

一、保险公司设立的概念

保险公司设立，是指为成立保险公司而依法定程序进行的一系列行为的总称。保险公司设立是保险公司成立的必要前提，保险公司成立是保险公司设立的结果。

各国保险立法对于保险公司设立往往都规定了较一般工商企业更为严格的条件和程序，且往往需经政府保险监管机构的审批，这是由保险业的性质和特点决定的。因此，对保险公司设立的监管，是保险组织监管的重要方面，也是保险市场准入监管的核心内容。

我国《保险法》第 67 条第 1 款规定："设立保险公司应当经国务院保险监督管理机构批准。"由此可见，我国保险公司设立采取的是核准主义原则，设立保险公司及其分支机构须经中

国银保监会批准。未经银保监会批准，任何单位、个人不得在中国境内经营或变相经营商业保险业务。

二、保险公司设立的条件

保险公司设立的条件，即设立保险公司必须具备的实质性要件。根据我国《保险法》第 68 条的规定，设立保险公司必须同时具备以下条件：

1. 主要股东具有持续盈利能力，信誉良好，最近 3 年内无重大违法违规记录，净资产不低于人民币 2 亿元。主要股东的经济实力、经营能力以及诚信品质对于保险公司的管理模式、经营的安全性影响很大，因此，主要股东的资质也是设立保险公司的条件之一。

2. 有符合保险法和公司法规定的章程。保险公司章程是保险公司组织活动和经营行为的基本准则，也是公司设立不可缺少的法律文件。公司章程必须依法记载公司名称和住所、经营范围、设立方式、注册资本和资本构成、发起人名称、组织机构设置和议事规则、法定代表人、公司利润分配办法等基本事项。

3. 有符合保险法规定的注册资本。各国保险法对于保险公司设立都规定了较之一般工商企业更高的资本金标准，以便在基础层面上保证保险公司的最低偿付能力，这充分体现了保险法侧重保护被保险人利益的立法宗旨。我国《保险法》第 69 条规定："设立保险公司，其注册资本的最低限额为人民币 2 亿元。国务院保险监督管理机构根据保险公司的业务范围、经营规模，可以调整其注册资本的最低限额，但不得低于本条第一款规定的限额。保险公司的注册资本必须为实缴货币资本。"

4. 有具备任职专业知识和业务工作经验的董事、监事和高级管理人员。对保险公司董事、监事和高级管理人员的任职资格进行规定是因为保险公司的运作有很强的专业技术性，如保险费率的厘定、新险种的开发、保险资金的运用等，均要求董事、监事和高级管理人员有很强的专业知识和丰富的业务工作经验。所谓保险公司高级管理人员，是指对保险机构经营管理活动和风险控制具有决策权或者重大影响的人员，具体包括总公司、分公司、中心支公司总经理、副总经理、总经理助理；以及总公司董事会秘书、合规负责人、总精算师、财务负责人和审计责任人；支公司、营业部经理；与上述高级管理人员具有相同职权的管理人员。[1]

保险机构董事、监事和高级管理人员，应当在任职前取得中国银保监会核准的任职资格。保险公司董事、监事和高级管理人员，应当品行良好，熟悉与保险相关的法律、行政法规，具有履行职责所需的经营管理能力。

5. 有健全的组织机构和管理制度。保险公司应有健全的组织机构和完备的管理制度，这是公司得以正常运转的前提和基础。

6. 有符合要求的营业场所和与经营业务有关的其他设施。这是保险公司作为一个合法实体存在和运作的客观物质基础，也是一切法人所必需的共同要件。

7. 法律、行政法规和国务院保险监督管理机构规定的其他条件。

三、保险公司设立的程序

保险公司设立的程序较一般行业公司更为严格和复杂，一般要经过设立申请、筹建、开业申请、工商登记等程序。

1. 设立申请。按照《保险法》第70条的规定，申请设立保

〔1〕 参见中国保监会（现为中国银保监会）2010年1月8日颁布的《保险公司董事、监事和高级管理人员任职资格管理规定》（2014年1月23日修改）第4条。

险公司，应当提交下列文件、资料：（1）设立申请书，申请书应当载明拟设立的保险公司的名称、注册资本、业务范围等。（2）可行性研究报告。（3）筹建方案。（4）投资人的营业执照或者其他背景资料，经会计师事务所审计的上一年度财务会计报告。（5）投资人认可的筹备组负责人和拟任董事长、经理名单及本人认可证明。（6）国务院保险监督管理机构规定的其他材料。

2. 筹建。设立保险公司的申请经初步审查批准后，申请人应当自收到批准筹建通知之日起 1 年内完成筹建工作。筹建期间不得从事保险经营活动。

3. 开业申请。经筹建已经具备《保险法》第 68 条规定的设立条件的，申请人可以向保险监管机构提出开业申请。保险监管机构应当自受理开业申请之日起 60 日内，作出批准或者不批准开业的决定。决定批准的，颁发经营保险业务许可证。

4. 工商登记。经批准设立的保险公司，凭经营保险业务许可证向工商行政管理机关办理登记，领取营业执照。保险公司自取得许可证之日起 6 个月内无正当理由未办理公司设立登记的，其许可证失效。

四、保险公司分支机构的设立

保险公司可以根据业务发展需要申请设立分支机构。我国《保险法》第 74 条第 1 款规定："保险公司在中华人民共和国境内设立分支机构，应当经保险监督管理机构批准。"第 79 条规定："保险公司在中华人民共和国境外设立子公司、分支机构，应当经国务院保险监督管理机构批准。"

保险公司设立分支机构须向保险监管机构提交书面设立申请，经审查批准取得分支机构经营保险业务许可证，并凭许可证向工商行政管理机关办理登记，领取营业执照。

五、保险公司的变更

（一）保险公司变更的事项

根据我国《保险法》第84条的规定，保险公司有下列变更事项之一的，须经保险监督管理机构批准：（1）变更名称；（2）变更注册资本；（3）变更公司或者分支机构的营业场所；（4）撤销分支机构；（5）公司分立或者合并；（6）修改公司章程；（7）变更出资额占有限责任公司资本总额5%以上的股东，或者变更持有股份有限公司股份5%以上的股东；（8）国务院保险监督管理机构规定的其他情形。

（二）保险公司变更的程序

我国保险立法对保险公司设立的原则采用核准主义，即保险公司设立须经政府保险监管部门的审核批准，因此，保险公司变更也应采取核准主义。在理论和逻辑上，凡涉及保险公司设立时须经审核批准的事项，应推论其为重要事项，如需变更，也须报中国银保监会审核批准。否则，立法意图便不能贯彻始终。

六、保险公司终止

依据我国《保险法》的规定，保险公司终止的原因包括解散和破产两种情况。

（一）保险公司解散

保险公司解散，是指保险公司因其章程或法律规定的事由出现而终止公司业务经营活动并消灭其法人资格。《保险法》第89条规定：“保险公司因分立、合并需要解散，或者股东会、股东大会决议解散，或者公司章程规定的解散事由出现，经国务院保险监督管理机构批准后解散。经营有人寿保险业务的保险公司，除因分立、合并或者被依法撤销外，不得解散。保险公司解散，应当依法成立清算组进行清算。”可见，保险公司解散的法定事由包括：（1）保险公司分立或合并；（2）保险公司章程规定的解散事由出现；（3）股东会或股东大会决议解散；（4）保险公司被依法撤销。

需要注意：其一，对于经营寿险业务的保险公司解散，《保险法》明确规定了限制条件。即经营人寿保险业务的保险公司，除因分立、合并或者被依法撤销外，不得以章程约定或者股东会、股东大会决议为由自行解散。其二，无论何种原因，保险公司解散都必须经过保险监督管理机构批准，未经批准，保险公司不可自行解散。其三，保险公司解散，应当依法成立清算组进行清算。

（二）保险公司破产

保险公司破产，是指保险公司不能支付到期债务，经保险监督管理机构同意或申请，由人民法院依法宣告破产，而终止公司业务经营活动并消灭其法人资格。《保险法》第 90 条规定：“保险公司有《中华人民共和国企业破产法》第 2 条规定情形的，经国务院保险监督管理机构同意，保险公司或者其债权人可以依法向人民法院申请重整、和解或者破产清算；国务院保险监督管理机构也可以依法向人民法院申请对该保险公司进行重整或者破产清算。”若和解或者重整成功，保险公司自可避免被宣告破产，否则，将进入破产清算程序，最终致其法人资格消灭。可见，保险公司破产，首先要经过保险监督管理机构同意，方可由人民法院宣告。保险法以保险监督管理机构同意为保险公司破产的先决条件，充分体现了保护被保险人利益的立法宗旨。

需要注意的是，保险公司的破产清偿顺序具有一定特殊性。《保险法》第 91 条第 1、2 款规定：“破产财产在优先清偿破产费用和共益债务后，按照下列顺序清偿：（1）所欠职工工资和医疗、伤残补助、抚恤费用，所欠应当划入职工个人账户的基本养老保险、基本医疗保险费用，以及法律、行政法规规定应当支付给职工的补偿金；（2）赔偿或者给付保险金；（3）保险公司欠缴的除第（1）项规定以外的社会保险费用和所欠税款；（4）普通破产债权。破产财产不足以清偿同一顺序的清偿要求的，按照比例分配。”此规定与一般工商企业破产财产清偿顺序相比，其特殊性在于将保险金置于所欠税款和公司债务之前优先受偿。虽然在保险原理上将保险金视为保险公司对投保方的负债，但保险法却未将其当作保险公司的一般债务来对待，这体现了保险法对被保险人利益的特别保护。

无论保险公司因何种原因而终止，必须经过法定清算程序。清算程序依据《保险法》《公司法》《企业破产法》《民事诉讼法》的有关规定进行。清算完结，清算组或者破产管理人应到工商行政管理机关办理保险公司注销登记，使其法人资格即时消灭，保险公司终止。

在保险公司终止中，应注意的是人寿保险合同及准备金的转让问题。《保险法》第 92 条规定：“经营有人寿保险业务的保险公司被依法撤销或者被依法宣告破产的，其持有的人寿保险合同及责任准备金，必须转让给其他经营有人寿保险业务的保险公司；不能同其他保险公司达成转让协议的，由国务院保险监督管理机构指定经营有人寿保险业务的保险公司接受转让。转让或者由国务院保险监督管理机构指定接受转让前款规定的人寿保险合同及责任准备金的，应当维护被保险人、受益人的合法权益。”

该条规定充分体现了保障被保险人和受益人利益的立法意图。一般而言，在保险公司破产的情况下，一般而言公司资产和负债的缺口可能会极为巨大，而法律规定由保险监管机构指定其他保险公司接受保险合同的做法并无足够的正当性理由。因此，保险法规定，在保险公司被撤销或者被宣告破产时，应当统筹使用保险保障基金，向依法接受其人寿保险合同的保险公司提供救济。

第三节　我国保险公司破产制度的构建

保险公司破产一直是个敏感的问题，立法和实践对此十分谨慎。虽然我国至今尚无保险公司破产的先例，但随着保险市场的全面开放和市场竞争的展开，终将会面对某些保险公司出现重大危机难以处置而被淘汰出局的情况，或者说，保险公司破产是不可回避的现实问题。因此，本书拟对保险公司破产制度的基本理论问题加以研究，以期对我国保险公司破产制度的构建有所助益。

一、保险公司破产概念之解析

保险公司破产属于保险公司市场退出机制范畴，故本书在保险公司市场退出机制的背景和语境下来界定保险公司破产概念的应然内涵。

（一）保险公司破产与保险公司市场退出

关于保险公司市场退出按其含义范围及不同使用语境，大致可以分为两个层次：

第一个层次是广义的理解。广义的保险公司市场退出，是一种“针对股东、业务、人员、分支机构和法人机构的多层次、多渠道的退出机制。”既包括作为市场主体的保险公司其业务资格及主体资格的消灭，即主体退出，也包括保险公司现有的保险业务或经营地域范围的部分丧失，即业务退出，还包括保险公司股东的退出或者董事、监事和高级管理人员任职资格的取消，即股东退出或人员退出。其含义比较宽泛，不限于保险公司主体消灭。

因为目前我国保险业实行市场准入制度（经营许可证制度），在经营业务范围和经营地域方面存在着层次差别，所以相对于整个保险市场，就存有某些特定业务经营资格或者某些业务经营地域范围的丧失，即业务退出。又因为目前我国保险业法对保险公司董事、监事和高级管理人员任职资格监管的规定，〔1〕被取消任职资格的保险公司董事、监事和高级管理人员不能继续担任相应职务，也即退出市场，可称为人员退出。同时，无论何种原因（如企业重组等）导致的保险公司股权转让，都可能使得某些股东退出保险公司，脱离保险市场，对于他们而言也是一种市场退出，即股东退出。

第二个层次是狭义的理解，也是法学学理意义上的理解。应该说，在严格意义上，“市场退出”并非一个法律概念，而是相对于市场进入的一个概念，是指市场主体营业资格和法人资格的消灭。〔2〕虽然现行法律法规并未对保险公司市场退出的概念进行明确的界定，但在法学学理上具有较为一致的认识，“市

〔1〕 参见我国《保险法》第68条、第81条。

〔2〕 参见程鹏：“证券公司市场退出的法律机制探析”，华东政法大学2005年硕士学位论文。该文对于证券公司市场退出的表述：“证券公司市场退出并非法律术语，现行法律法规中尚无明确界定，理论界亦没有权威解释。在证券监管理论中，证券公司市场退出，通常是作为证券公司市场准入的对应概念加以使用的，成为证券公司终止存续状态的一种习惯表达。就一般意义而言，证券公司市场退出是指证券公司退出市场，即终止其证券业务的经营。可进一步解释为停止经营、清理（或转让）债权并清偿（或转让）债务、关闭机构（其分支机构可以转让或关闭）、丧失独立法人资格。依此界说，笔者认为：从法律上讲，证券公司市场退出就是证券公司民事权力能力和行为能力丧失，法人资格消灭的过程和结果。”

场退出”是对保险公司终止制度的概称。

所谓保险公司终止，是指保险公司因法定事由的出现而导致其经营保险业务资格和法人资格的丧失。保险公司终止，实为保险市场退出制度的核心内容。依据我国《保险法》的规定，保险公司终止的原因包括解散、撤销（即行政解散）和破产三种情况。[1]也即，在法学意义上，保险公司市场退出包括保险公司解散、撤销和破产。根据公司法、保险法以及破产法的学理，解散可以分为自愿解散和司法强制解散；破产则有和解、重整和清算之分，[2]如果企业在破产程序中和解成功或者重整成功，则并未消灭法人资格而退出市场，只有经破产清算，才会产生人格消灭的后果。因此，作为市场退出机制之一的破产，一般是指狭义上的破产清算。

（二）保险公司破产与市场化的保险公司市场退出

相对于前文所述的保险公司市场退出，笔者认为还应该尤其关注一种往往被研究者忽视的保险公司市场退出的区分方式，即市场化的市场退出和行政化的市场退出。

所谓市场化的保险公司市场退出，简言之，就是由公平竞争、优胜劣汰等市场机制起决定作用的保险公司退出机制。这种市场退出，不是出于市场主体的自愿解散，也非行政机构的强制性命令，而是基于市场机制特别是作为市场经济灵魂的竞争机制作用的结果，反映了市场所特有的优胜劣汰和资源优化

〔1〕 参见郭宏彬：《保险监管法律制度研究》，吉林人民出版社 2004 年版，第 97 页。

〔2〕 我国《企业破产法》采用广义破产概念，包括三套司法程序，即和解、重整和清算。其中，和解与重整属于拯救性制度，所以提及“破产”，不一定就是破产清算，也可能是和解或者重整。

配置的作用。[1]而相应地，所谓行政化的保险公司市场退出，简言之，就是由行政权力起决定作用的保险公司退出机制。

国际货币基金组织和世界银行认为我国应该完善保险公司市场退出机制，按笔者理解，并非是指我国没有建立市场退出制度，而是指我国没有形成有效的市场化的市场退出机制。所谓市场化的保险公司市场退出机制，通常表现为保险公司破产清算制度的建立，但其核心判断标准是看市场机制在保险公司破产中是否起到决定性的作用。就是说，如果我们建立了保险公司破产清算制度，尚不足以说明我们已经具备了市场化的保险公司市场退出机制，因为破产制度的主要内容以破产程序为主，但破产程序仅仅是表现形式，决定该制度是否市场化的标准应该看破产原因（也称“破产界限”）是否具备市场化的属性。再进一步，如果破产原因具备市场化属性，但其在破产程序启动中不具有决定性作用，仍然不能成就市场化的保险公司市场退出机制的充分条件。因此，笔者认为市场化的保险公司市场退出机制应至少具备两个根本性条件：其一，具有市场化属性的破产原因；其二，该破产原因在启动破产程序中具有决定性作用。

对此界定，还需说明以下两点：

第一，市场化的市场退出，以破产清算制度为核心，但不

---

〔1〕“所谓市场机制是指价值规律、供求规律和竞争规律三者之间的相互联系、相互作用、互为因果的关系。在构成市场机制的诸要素中，竞争是最具活力的，它是市场经济的灵魂，竞争的结果将导致优胜劣汰，从而达到资源的优化配置。”“竞争规律是市场经济中的重要规律，通过竞争规律，保险市场中将形成一套优胜劣汰机制，使保险资源的单位效益达到最大化。在竞争规律作用下，保险企业为了生存和发展，必然会追求成本最小，收益最大。于是，业绩好、竞争力强的公司将发展壮大，业绩差、竞争力弱的公司将会被市场淘汰。”参见郭宏彬：《保险监管法律制度研究》，吉林人民出版社 2004 年版，第 14~15 页。

应排斥破产法上的和解和重整制度，虽然二者并非以债务人企业的市场退出为目的和必然结果，但与破产清算制度密切关联，与清算制度有着几乎相同的“破产原因”，是以阻却进入清算程序、防止债务人企业市场退出为目的的拯救性制度，同样反映了市场竞争机制的作用，可谓“市场化的市场不退出制度”。

第二，虽然强调保险公司市场退出的市场化，但基于金融业的特殊性，应不排斥行政权的适度干预，如在破产清算前设置特定的行政前置程序或者直接设置行政权与司法权相结合的特别破产程序等。笔者认为，判定是否市场化的关键，不在于行政权主导还是司法权主导破产程序，而在于市场机制特别是竞争机制在保险公司破产中是否起到决定性的作用。

二、构建我国保险公司破产制度的意义

从美国、日本等保险业比较发达国家的实践来看，保险公司因破产而退出保险市场已经是一个现实而无法回避的问题。据统计，20 世纪 70 年代末至 90 年代中期，全世界仅财产保险公司便有 600 多家出现偿付能力危机，其中，保险业最为发达的美国占比达 66%。2000 年和 2001 年，美国分别有 56 家和 35 家保险公司破产。保险业同样发达的日本，自 1997 年后也相继有多家保险公司倒闭。[1]我国近年来金融机构改革的一个重要方面就是市场机制的确立，而保险市场退出机制的建立健全也是当前保险监管的一项重要工作。可以说，建立和实施完善的市场退出机制是维持保险市场健康运行的必要条件，也是促使我

〔1〕 参见张俊岩主编：《保险法热点问题讲座》，中国法制出版社 2009 年版，第 256 页。

国保险业做大做强的重要举措。[1]因此，在金融业市场化改革的背景下，对保险公司市场退出机制进行深入研究，建立和完善我国保险公司破产制度，具有十分重要的意义。

（一）我国保险公司破产制度的立法现状考察

目前，我国保险公司破产的法律依据主要是《保险法》（2015）和《企业破产法》（2006）。

《企业破产法》没有具体规定保险公司破产问题，其第134条规定："商业银行、证券公司、保险公司等金融机构有本法第2条规定情形的，国务院金融监督管理机构可以向人民法院提出对该金融机构进行重整或者破产清算的申请。国务院金融监督管理机构依法对出现重大经营风险的金融机构采取接管、托管等措施的，可以向人民法院申请中止以该金融机构为被告或者被执行人的民事诉讼程序或者执行程序。金融机构实施破产的，国务院可以依据本法和其他有关法律的规定制定实施办法。"

《保险法》对保险公司破产问题仅有部分规定，《保险法》第90条、第91条、第92条、第148条分别规定了保险公司破产申请人及破产原因、破产财产清偿顺序、寿险公司合同转让以及监管机构申请破产的条件。[2]从上述第90条和第148条的

---

〔1〕 参见罗韵轩："从西方保险公司破产反思我国保险市场退出保障机制的建设"，载《上海保险》2003年第5期。

〔2〕《保险法》的具体规定为："第90条　保险公司有《中华人民共和国企业破产法》第2条规定情形的，经国务院保险监督管理机构同意，保险公司或者其债权人可以依法向人民法院申请重整、和解或者破产清算；国务院保险监督管理机构也可以依法向人民法院申请对该保险公司进行重整或者破产清算。""第91条　破产财产在优先清偿破产费用和共益债务后，按照下列顺序清偿：（1）所欠职工工资和医疗、伤残补助、抚恤费用，所欠应当划入职工个人账户的基本养老保险、基本医疗保险费用，以及法律、行政法规规定应当支付给职工的补偿金；（2）赔偿或者给付保险金；（3）保险公司欠缴的除第（1）项规定以外的社会保险费用和所欠税款；（4）普通破产债权。破产财产不足以清偿同一顺序的清偿要求的，按照比例分配。破

具体规定来看，《保险法》规定的保险公司的破产原因与一般企业法人的破产原因并无不同，但启动破产程序的决定权被赋予了政府保险监管机构。可见，我国《保险法》对于保险公司破产制度并未实行市场化，而是采取行政化的方式，政府保险监管机构对于保险公司是否破产具有决定权。同时，《保险法》仅有的四条规定，即便结合《企业破产法》的破产规定，对于保险公司破产问题的解决仍缺乏可操作性。

综上，我国《企业破产法》虽然原则上规定了保险公司等金融机构可以破产，但并未规定具体的实施办法，而是授权国务院制定实施办法。从我国《保险法》中规定的有关保险公司破产的内容来看，若以"市场化"作为保险公司破产制度是否建立的核心判断标准来考量，结论必然是我国尚未建构保险公司破产制度；而从制度应有的可操作性上判断，也有较大的细化和完善的空间。质言之，我国现有的有关保险公司破产的立法，并不足以为保险公司退出市场提供制度支撑。

（二）构建我国保险公司破产制度的重要性和可行性

关于构建我国保险公司破产制度的重要意义，其实无需赘述，专家和学者们已有充分论证，大致可以简单归纳为以下两点：

（接上页）产保险公司的董事、监事和高级管理人员的工资，按照该公司职工的平均工资计算。""第 92 条 经营有人寿保险业务的保险公司被依法撤销或者被依法宣告破产的，其持有的人寿保险合同及责任准备金，必须转让给其他经营有人寿保险业务的保险公司；不能同其他保险公司达成转让协议的，由国务院保险监督管理机构指定经营有人寿保险业务的保险公司接受转让。转让或者由国务院保险监督管理机构指定接受转让前款规定的人寿保险合同及责任准备金的，应当维护被保险人、受益人的合法权益。""第 148 条 被整顿、被接管的保险公司有《中华人民共和国企业破产法》第 2 条规定情形的，国务院保险监督管理机构可以依法向人民法院申请对该保险公司进行重整或者破产清算。"

1. 有利于促进保险市场竞争机制的形成

市场化的保险公司破产制度是形成保险市场竞争机制的重要条件。正如学者们所阐述的，“无论是什么性质的保险公司，无论是多大规模的保险公司，所有的市场主体都是平等的，都要在市场公平竞争中优胜劣汰。只要符合市场退出标准，满足市场退出的有关要件，就应立即进入市场退出机制的运行程序，甚至退出保险市场。”〔1〕也有学者尖锐地指出，我国保险市场的恶性竞争导致了整个保险行业的效率不高，而产生恶性竞争的重要原因之一就是缺乏市场退出机制。因此，对于那些长期经营不善且监管措施又不起作用的保险公司，应坚决让其退出。〔2〕应该说，有效的市场竞争机制的形成，可以激发市场主体的进取热情，可以优化保险市场资源配置，“能够引导保险公司树立以效益为中心的经营指导思想，引导保险公司走集约化经营的发展道路，提高经营管理水平，增强市场创新能力。”〔3〕

2. 有助于提升保险监管的效果

保险监管通常以偿付能力监管、公司治理监管、市场行为监管为三大支柱，但若无市场化的保险公司破产制度，对于出现重大问题的保险公司一贯地以救助性措施来处置，必然会影响保险监管的效果。“建立保险市场退出机制，其示范效应将产生巨大的警示和威慑作用，可以增强保险公司的风险和忧患意识，促使保险公司加强内控，健全规章制度，严格依法经营，堵塞管理漏洞，从而避免或减少可能遭受的风险损失，客观上

---

〔1〕 参见张俊岩主编：《保险法热点问题讲座》，中国法制出版社2009年版，第268页。

〔2〕 参见庹国柱、王德宝：“我国保险业市场主体退出机制研究”，载《武汉金融》2010年第3期。

〔3〕 参见叶明华：“保险产品创新背景下的保险监管效率研究”，载《江西财经大学学报》2005年第5期。

起到规范保险市场秩序的作用。”[1]

总之，建立市场化的保险公司市场退出机制意义重大，其对保险业的长远健康发展是有益的。但是为何我国保险公司破产制度并未真正建立起来？笔者认为，我们担心和恐惧的并不是市场竞争机制的形成和发挥作用，而是保险公司破产可能引发一系列的社会问题。其实，如果我们把保险公司的市场化退出视为保险公司风险处置的一种特定情形，那么就不难转变我们的观念和打消我们的顾虑。保险公司风险处置的根本目标，无外乎要解决两个问题：一是维护稳定的金融职能；二是保护投保方的利益。只要解决了这两个问题，就具备了在实践中推进市场化的保险公司市场退出机制的客观条件。就我国目前情况而言，这两个条件基本具备。重组或合同转让等制度，可以解决维护金融职能的问题；保险保障基金制度等为投保方利益保护提供了有力的资金保障。因此，在我国推进市场化的保险公司退出机制除了具有必要性和重要性之外，也已具备了现实可行性。当然，在技术上进一步细化有关保险公司破产的法律法规，使其具有可操作性，是构建和完善我国保险公司破产制度的切入点。

三、构建我国保险公司破产制度的几个重要问题

笔者认为，若要构建和完善我国保险公司破产制度，首先应当转变现有的立法理念，建立市场化的保险公司退出机制，修订《保险法》中相关内容，并依据《企业破产法》的立法授权，专门制定有关保险公司破产的法规，以明确保险公司破产的具体实施办法。在构建我国保险公司破产制度时，要重点处

---

〔1〕 参见张俊岩主编：《保险法热点问题讲座》，中国法制出版社 2009 年版，第 268～269 页。

理和解决好以下几个问题：

（一）立法体例及法律环境

因为保险业属于金融行业，保险监管也归为金融监管的框架内，因此其相关立法往往与同属于金融机构的银行业、证券业相关联。构建保险公司破产制度，应考虑与商业银行、证券公司等金融机构的市场退出制度相协调。金融机构破产是采用各行业分别立法还是集中统一立法？这是学者们普遍关心的一个问题。考虑到商业银行、证券公司、保险公司的不同特点，多数学者主张分别立法。

虽然保险公司与商业银行、证券公司相比有其个性，但在社会影响方面，以及业务和面临风险的相似性、相关性方面都有着更多的共性，特别在金融业综合经营、综合监管的趋势下，相关立法的协调十分必要。因此，在构建我国保险公司破产制度时，对于金融业有关破产的相关立法，诸如《商业银行法》《银行业监督管理法》《金融机构撤销条例》《证券公司监督管理条例》《证券公司风险处置条例》等均需要给予关注，应考虑与这些法律法规的协调。例如，《证券公司风险处置条例》第四章专门规定了证券公司的破产清算和重整，设置了破产司法程序启动前的行政清理机制，并详细地规定了行政权参与司法程序的内容。因此，保险公司破产立法时可以考虑借鉴。

又因为保险公司破产制度可能涉及保险公司的偿付能力、公司治理、市场行为等风险问题，也可能涉及保险保障基金的运用问题，所以，构建保险公司破产制度，还应考虑与有关法规及中国银保监会制定的有关规章相衔接、相配套。

（二）保险公司的破产原因

所谓破产原因，也称为破产界限，是适用破产程序所依据的特定法律事实，是法院作出破产宣告的特定事实状态，是破产程序得以发生的实质要件。[1]如前所述，破产原因的属性是判断市场化破产制度的重要标准之一，因此也是破产法中的核心问题。关于破产原因，各国立法大致有两个标准：一是现金流标准，即“不能清偿到期债务”；二是资产负债表标准，即“资不抵债”。也有采用复合标准的，即要求同时达到两个标准。而对于重整，往往规定有更为宽泛的标准，以期提高重整成功率。应该说，这两个标准均具有市场化的属性。

我国《商业银行法》第71条规定的商业银行的破产原因是现金流标准，即单一原因模式。而《企业破产法》和《保险法》规定的破产原因是复合性的标准，也即保险公司破产需同时满足“支付不能”和“资不抵债”两个标准。这与一般商事企业破产原因并无二致，核心标准是“不能清偿到期债务”。这个标准相对于关涉广大社会公众利益的保险行业并不适宜，如果达到这个程度，其社会危害和影响过大。因此，笔者认为，应根据保险业的特点，降低破产条件，重新规定保险公司破产原因，以防范风险扩大。正如有些学者主张的观点，“普通破产法中的破产原因不宜简单地适用于银行等金融机构。银行等金融机构的破产程序必须更早地启动。”[2]或者说，如果按照复合性的标准启动破产程序可能已经太晚了，因此，为了更好地保护投保方的利益，保险公司破产应设置较一般商事企业更低的条件，采用资产负债表标准或者更为宽泛的偿付能力标准。对于这一问题，也可引入发达国家的“管制性破产”制度。作出“管制性破产”的决定，通常基于复杂的资本测算和风险评估。

---

〔1〕 参见李永军、王欣新、邹海林：《破产法》，中国政法大学出版社2009年版，第18页。

〔2〕 参见［瑞士］艾娃·胡普凯斯：《比较视野中的银行破产法律制度》，季立刚译，法律出版社2006年版，第20页。转引自王欣新主编、王斐民副主编：《破产法学》，中国人民大学出版社2008年版，第307页。

也就是说，“当监管机构说一家银行破产了，这家银行就破产了。”[1]保险公司亦然。

（三）启动保险公司破产程序的决定性因素

如前文所述，另一个判断“市场化”的标准是破产原因是否是启动破产程序的决定性因素。这在普通破产中往往是一个被忽略的问题，因为是否启动破产程序，通常被视为破产申请人的权利，可由其自由、理性地选择。但在金融机构破产场合，一般的客户债权人如储户、保户通常被剥夺了破产申请人的资格，破产申请权多被赋予监管机构，而监管机构于此并无直接利害关系。因此，掌握保险公司资产负债情况或实际偿付能力的保险监管机构申请保险公司破产是其权利还是义务，就成为一项破产制度是否“市场化”的关键性因素。换言之，在决定是否申请保险公司破产时，是破产原因说了算还是监管机构说了算，就是判断“市场化”与否的标准。根据我国《保险法》第 148 条的规定，被整顿、被接管的保险公司有《企业破产法》第 2 条规定情形的，保险监管机构可以依法向人民法院申请对该保险公司进行重整或者破产清算。由此看来，申请保险公司破产是保险监管机构的权利（或权力）而非义务，当保险公司符合法定破产原因时，监管机构可以申请，也可以不申请该保险公司重整或破产。在启动保险公司破产程序中，保险监管机构起决定性的作用。

（四）保险公司破产中行政权与司法权的关系

合理定位保险公司破产中行政权与司法权的关系，是构建保险公司破产制度的重要问题之一。简单地讲，在保险公司破产中，

---

〔1〕参见［瑞士］艾娃·胡普凯斯：《比较视野中的银行破产法律制度》，季立刚译，法律出版社 2006 年版，第 12 页。转引自王欣新主编、王斐民副主编：《破产法学》，中国人民大学出版社 2008 年版，第 308 页。

行政权与司法权的关系可有五种：（1）排斥关系；（2）选择适用关系；（3）行政权前置于司法权；（4）相互配合关系；（5）行政权参与司法权行使。“在破产法制中，司法权与行政权相互发生关系的范围主要包括金融机构破产、上市公司破产和公用企业等特定主体的破产案件。司法权和行政权关系的特点表现为，某些行政权前置于司法权、某些行政权配合司法权行使、某些行政权参与司法权行使。金融机构提出破产申请前是否需要经过监管部门行政批准，要区分不同情况做出立法安排。”〔1〕立法往往在金融机构破产司法程序前置行政程序。“根据2006年《企业破产法》和我国的法律框架，破产是法院主导的司法程序，在普通企业破产程序中，申请受理、清算、组织债权人会议、重整等，都由受理法院决定或组织进行。但银行破产不同于一般企业，它的破产具有特殊性。因此，目前法院采取高度审慎的态度来决定是否受理金融机构的破产申请，最高人民法院要求金融机构申请破产，需要满足个人债权已清偿、职工已安置、地方政府有维护稳定的承诺等条件。可以说，银行业金融机构破产的司法程序前设立前置的行政程序的重要性，以及司法权与行政权相互配合完成银行危机处置的必要性，已经成为包括法院在内方方面面的共识。”〔2〕保险公司破产也是如此。

笔者认为，如果我们把保险公司破产界定为“市场化的退出”，则保险公司破产中的行政权与司法权的关系问题就属于技术性范畴，因为其并不是决定“市场化”的关键性因素。正如

〔1〕 参见王欣新、李江鸿：“破产法制中司法权与行政权关系探析”，载《政治与法律》2008年第9期。

〔2〕 参见王卫国：“对银行业金融机构破产立法的思考”，载《上海金融报》2009年8月4日，第A13版。

本书前面所阐述的，判定市场化破产的关键标准有两条：一是具备市场化属性的破产原因；二是该原因是启动破产程序的决定性条件。换言之，即市场机制是保险公司市场退出的决定性因素。至于破产程序是采取行政机关主导的行政程序还是司法机关主导的司法程序，抑或是司法权监督行政程序还是行政权介入到司法程序之中，无论哪种权力组合形式，都属技术层面的问题。

从各国保险公司破产程序主导模式（或称为破产的立法模式）来看，一种模式是专门立法，“以美国为典型的一些国家制定有特殊的金融机构破产法，并完全由金融监管机构负责金融机构破产程序的启动、管理。如美国联邦银行法为银行破产与重整设计了一套独立的、排他的制度。”〔1〕可以说，“美国是典型的行政主导金融机构市场退出的国家，法院在处理中的作用比较有限，主要限于审查及执行事项。”〔2〕另一种模式是适用普通破产法的同时优先适用金融特别法，“欧洲大多数国家制定了金融机构破产的特殊规则，在金融机构破产时优先适用金融机构破产的特殊规定，在无特殊规定时则适用普通破产法。”〔3〕俄罗斯也是如此，在普通破产法之外，还制定有专门针对金融机构破产的规定。〔4〕而在日本，保险公司破产则既有行政程序又有司法程序，并可选择适用。“日本保险公司的风险处置与市场

〔1〕 参见［瑞士］艾娃·胡普凯斯：《比较视野中的银行破产法律制度》，季立刚译，法律出版社 2006 年版，第 18 页。转引自王欣新主编：《破产法学》，中国人民大学出版社 2008 年版，第 306 页。

〔2〕 薄燕娜主编：《保险公司风险处置及市场退出制度研究》，北京大学出版社 2013 年版，第 58 页。

〔3〕 参见［瑞士］艾娃·胡普凯斯：《比较视野中的银行破产法律制度》，季立刚译，法律出版社 2006 年版，第 20~21 页。转引自王欣新主编、王斐民副主编：《破产法学》，中国人民大学出版社 2008 年版，第 306 页。

〔4〕 参见徐永前主编：《企业破产法讲话》，法律出版社 2006 年版，第 427 页。

退出可以基于行政（金融厅）主导的《保险业法》等的行政程序及其他特别措施以及法院主导的适用《公司更生法》《更生程序特例法》的司法程序实现。"〔1〕

基于我国《企业破产法》（2006）和《保险法》（2015）对保险公司破产的已有规定，笔者认为我国宜采取欧洲模式，破产的基本程序遵循《企业破产法》的规定，由法院主导；但可通过制定实施办法的方式，设置政府保险监管机构主导的行政前置程序，解决保险职能的拯救和投保方的救助问题。同时，考虑保险公司破产的技术性特点，可以考虑在破产司法程序中设计"行政权参与司法权行使"的程序，如在指定破产管理人、启动重整程序等方面。

综上所述，笔者认为：保险公司破产是一种市场化的保险公司退出机制，其根本性条件在于具有市场化属性的破产原因，且该破产原因在启动破产程序中具有决定性作用。我国现行保险公司破产的立法，并不是市场化的退出机制，且过于简陋而不足为保险公司退出市场提供制度支撑，构建我国保险公司破产制度具有重要性和现实可行性。关于我国保险公司破产制度的构建，本文提出：保险公司的破产原因较一般商事企业应设置更低的条件，应采用资产负债表标准或者更为宽泛的偿付能力标准。我国现行保险法所规定的启动保险公司破产程序的决定性因素是监管机构而非破产原因，尚未达到市场化的条件。保险公司破产中的行政权与司法权的关系属于技术性范畴，我国宜采取欧洲模式，破产的基本程序遵循《企业破产法》的规定，由法院主导；但可通过制定实施办法的方式，设置政府保险监管机构主导的行政前置程序，解决保险职能的拯救和投保

〔1〕 参见薄燕娜主编：《保险公司风险处置及市场退出制度研究》，北京大学出版社 2013 年版，第 91 页。

方的救助问题。同时，考虑保险公司破产的技术性特点，可以考虑在破产司法程序中设计“行政权参与司法权行使”的程序，如在指定破产管理人、启动重整程序等方面。

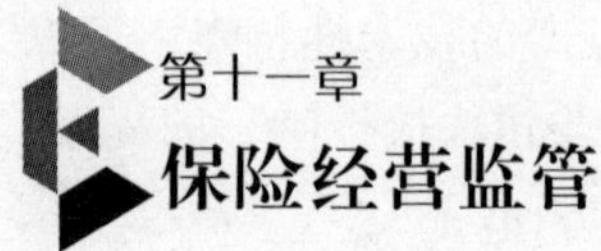

第十一章 保险经营监管

保险经营监管，是保险监管最为主要的内容，涉及保险机构特别是保险公司经营活动的方方面面，是保险监管机构对保险市场主体，特别是保险公司市场经营活动的全面的实体上的监管。其监管的主要内容包括：保险公司的业务经营范围、保险条款和保险费率、保险公司的偿付能力、保险公司的经营风险、保险公司的资金运用、保险公司的市场行为等诸多方面。

第一节　保险公司业务范围监管

一、保险公司的业务范围及种类

保险公司的业务范围，也称保险公司的经营范围，是指由法律规定的对保险公司承保险种的明确限制和界定。

我国保险公司业务范围主要包括以下三大类保险业务：

（一）财产保险业务

财产保险业务是以物或其他财产利益作为保险标的而从事的保险业务。具体而言，财产保险业务包括财产损失保险、责任保险、信用保险、保证保险等险种。而每一险种下又包含有多种保险类别。如财产损失保险按照保险标的划分，可分为企业财产保险、家庭财产保险、运输工具保险、运输货物保险等。

（二）人身保险业务

人身保险业务是保险公司以人的身体、生命或健康为保险标的而从事的保险业务。人身保险业务又包括人寿保险、健康保险、意外伤害保险等险种。每一险种下仍可细分为多种保险类别。如人寿保险还可分为死亡保险、生存保险、生死两全保险等。

（三）再保险业务

再保险，又称分保，即“保险之保险”，是指原保险公司将原保险合同下的保险责任作为保险标的，向其他保险公司再进行投保，以将其承担的风险转分给其他保险公司的一种保险。其本质属于责任保险。

再保险业务包括两个方面：一是分出保险业务，即保险公司将所承保的业务的一部分分给其他保险公司承保的业务；二是分入保险业务，即保险公司接受其他保险公司分来的业务。

再保险业务在保险经营中占有极为重要的地位，它广泛用于国际保险市场，是分散危险、保障保险组织稳定经营的重要手段。

二、保险公司业务范围的限定原则

各国立法对保险公司业务范围的限制和界定，通常是通过国家保险监管机构依法对保险公司经营范围的审批来实现的。保险公司业务范围的限定原则，主要包括法律对保险公司“兼营”“兼业”和“专营”三个方面的规定。

（一）禁止保险兼营原则

保险兼营是指同一保险公司可否同时经营产、寿保险。

禁止保险兼营原则，也称保险分业经营原则，是指同一保险公司不得同时兼营财产保险业务和人身保险业务。财产保险公司以经营财产保险业务为限；人身保险公司以经营人身保险业务为限；同一保险公司只能经营财产保险或者人身保险其中的一种业务。

考虑到财产保险和人寿保险具有不同的特点，在保险标的、保险期限、保险风险等方面均有不同，且二者经营技术在保费厘定、保险赔付等方面也存在差异，如果同一保险公司同时经营财产保险和人寿保险难免会顾此失彼，并容易造成寿险准备金被占用，影响偿付能力，所以许多国家禁止保险公司兼营，实行分业经营原则。分业经营，不仅有利于保险业稳健经营，而且有利于保险监管机构实施有效的管理。

我国保险法也确立了分业经营原则。《保险法》第 95 条第 2 款明确规定："保险人不得兼营人身保险业务和财产保险业务。但是，经营财产保险业务的保险公司经国务院保险监督管理机构批准，可以经营短期健康保险业务和意外伤害保险业务。"

（二）禁止保险兼业原则

保险兼业是指保险公司可否经营保险业务以外的其他业务。

禁止保险兼业原则，是指保险公司只能在保险监管机构批准的业务范围内从事经营活动，不得经营法定经营范围以外的业务。

对于保险兼业，很多国家立法予以禁止。禁止保险兼业原则的确立及适用，其目的和意义在于，既可以避免保险公司因力量分散而承担更多的非保险业务的经营风险，又有利于政府监管，以便更好地保护被保险人的利益。但禁止兼业可能会影响到本国金融机构的国际竞争力，因此，在 21 世纪初，英、日、美等发达国家逐步放开金融业间的经营壁垒，此举对我国金融立法和金融体制产生了影响。我国《保险法》第 8 条规定：

“保险业和银行业、证券业、信托业实行分业经营、分业管理，保险公司与银行、证券、信托业务机构分别设立。国家另有规定的除外。”这为金融业综合经营留出了法律空间。《保险法》还规定保险公司经批准可以经营与保险有关的其他业务，还可以设立保险资产管理公司等，意味着我国“禁止保险兼业”的立场开始动摇。

（三）保险专营原则

保险专营原则，是指保险业务只能由依保险法设立的商业保险公司经营，非保险业者均不得经营保险或类似保险的业务。保险业以风险为经营对象，专业技术性强，社会影响广泛，因此，各国保险立法大多有保险专营的规定，以保护保险交易的安全，维护社会经济的稳定。

我国《保险法》也确立了保险专营原则，其第 6 条规定：“保险业务由依照本法设立的保险公司以及法律、行政法规规定的其他保险组织经营，其他单位和个人不得经营保险业务。”

近年来，随着金融科技的发展，出现了一些以科技创新名义实施的变相保险或者类似保险的新业态，如何在实质上界定保险和认定保险，是保险监管面临的新课题。

第二节　保险条款和保险费率监管

一、保险条款和保险费率监管的意义

各国立法通常对保险条款和保险费率进行监管。保险条款是保险合同内容，保险费率则相当于保险商品的价格。按照合同自由原则，合同内容和商品价格均应由当事人自由协商来确定。但保险合同不是一般合同，其特殊性以及对其监管的主要

原因在于：

其一，保险合同属于格式合同且具有一定的技术性，作为合同内容的保险条款是由保险公司事先拟订并印在保单上的，很难保证保险公司在设计保险条款时不挖“陷阱”、不设“圈套”，至少在主观上，保险公司会更多地考虑其自身的利益，而投保人在选择保单时，往往很难做到对保单切意的理解，信息不对称会使得投保方处于劣势地位，而任由保险公司拟定合同则易于损害投保方的利益。

其二，保险费率是保险商品价格的体现，按照保险原理，这种特殊商品价格的确定需经精密的概率计算，以达到损失合理分摊的保险本义，不可过高或过低，否则便会使投保方分担不合理的损失，或因保险公司的恶性价格竞争而伤及其偿付能力，埋下信用隐患。

因此，从理论上分析，无论从维护被保险人利益的角度考虑，还是站在保障保险公司稳健经营的立场，均应对保险条款和保险费率进行监管。这种监管通常体现为对主要险种条款和费率的干预，同时体现了在特定情况下对合同自由原则的修正。

二、保险条款和保险费率监管的趋势

各国对保险条款和保险费率监管的力度，往往取决于监管险种对于社会公共利益的影响程度，也常常受到一国保险业发展状况的影响。

值得关注的是，随着世界保险业的发展，宽松式监管成为各国特别是发达国家保险监管的主流趋势，保险业发达的国家正在逐步推行保险险种和费率的市场化，建构以偿付能力监管为重点的监管内容体系。

笔者认为，尽管科学、合理的保险费率和公平、互利的保险条款，确为保险业经营成败的重要一环，但这并不意味着政府监管的干预就一定能起到比市场机制更为良性的作用。因此，对于保险条款和保险费率是否要监管以及要监管到何种程度，是我国保险监管与国际惯例接轨所面临的一个迫切需要解决的课题。

三、我国对保险条款和保险费率的监管

目前我国对保险条款和保险费率的监管，不是直接参与制定和修订，而是针对不同险种，视其作用分别实行审批制和备案制。

根据我国《保险法》第135条的规定："关系社会公众利益的保险险种、依法实行强制保险的险种和新开发的人寿保险险种等的保险条款和保险费率，应当报国务院保险监督管理机构批准。国务院保险监督管理机构审批时，应当遵循保护社会公众利益和防止不正当竞争的原则。其他保险险种的保险条款和保险费率，应当报保险监督管理机构备案。保险条款和保险费率审批、备案的具体办法，由国务院保险监督管理机构依照前款规定制定。"

第三节　保险公司偿付能力监管

一、保险公司偿付能力监管概述

所谓保险公司偿付能力，简言之就是保险公司履行赔偿或给付责任的能力。它体现了保险公司资金力量与其所承担的赔偿责任之间的对比关系，是保险公司对保险合同责任的资金保障程度的指标。依据保险原理，保险公司收取的保费，并非保险公司的盈利，而是对于投保方的负债，在整体上具有返还性。

如果保险公司偿付能力不足，就无法履行其赔付职能，保险也就不成其为保险。

因此毫无疑问，偿付能力监管是各国保险监管最为重要的内容，而且，其他方面的监管也或多或少与此有关，故偿付能力被公认为是保险公司的灵魂。所以，各国保险立法对于保险公司偿付能力的监管无不视为重中之重。

但是偿付能力问题，是一抽象范畴，对其监管往往是通过制定最低偿付能力标准、各项准备金提存、财务检查、投资限制等具体制度来实现的。因为保险公司能否很好地履行保险的经济补偿职能，是否具备较强的偿付能力，归根结底取决于它的资产状况，即其自有资产和保险准备金的提存是否能够满足其所承担的风险责任。因此，从广义来讲，对于保险公司偿付能力的监管主要表现为保险立法对于保险公司资本金、保证金、公积金以及各种保险准备金的规制，也包括保险监管机构对于保险公司最低偿付能力额度标准的限定等。

对于保险公司设立资本金和营业保证金问题，前文已有说明，保险公司公积金的提取遵照《公司法》等相关法律的规定，故此处均不再赘述。但需说明的是，规定高额的设立资本金、缴纳营业保证金、提取公积金也都属于保障保险公司偿付能力的措施。

二、保险责任准备金

保险责任准备金，是保险公司为保证其如约履行保险赔偿或给付义务而提取的与其所承担保险责任相对应的资金，主要包括未到期责任准备金和未决赔款准备金。

（一）未到期责任准备金

因为保险公司会计年度与保单期间不同，在会计年终决算时，必然有虽已收取但应属于为下一个年度承担保险责任的保险费，这部分保险费不应列为当年收入而应转为下一年度的收入。因此，以当年的视角，这部分保险费就是承担着未到期保险责任的准备金。

提取未到期责任准备金的原因在于：（1）保险公司对保险合同的剩余期限仍负有承保责任；（2）当保险合同期满前被依法解除时，其未到期部分的保险费一般应退还给投保人。如果严格遵照未到期责任准备金的本义一单一提，虽然准确，但工作量太大，难以操作。所以实践中一般采取近似计算方法来计提未到期责任准备金，如采用年平均估算法或月平均估算法等。

（二）未决赔款准备金

未决赔款准备金，是指在会计年度决算以前已经发生保险事故但尚未确定应否赔偿或给付保险金及其确切数额，则保险公司应当在当年收入的保险费中提取出来的赔款准备资金。未决赔款准备金与未到期责任准备金一样，都是保险公司为了承担将来可能发生的赔偿或给付责任而从保险费收入中提取的一种资金准备。但二者的提取方法和提取数额比例有所不同，因为未决赔款准备金在提取时保险事故已经发生，需要确认的往往只是损失的多少，所以一般需足额或基本足额提取。根据不同的保险业务特点，其提取方法一般采用个案估算法、平均值法或赔付率法等。

计提未决赔款准备金的原因在于：在保险公司会计年度内发生的赔案中，总有一部分在当年未能结案。保险公司对于这些已经发生的赔案，应依法提取未决赔款准备金计入当年的营业支出，以免虚增利润。

三、保险保障基金

(一) 保险保障基金的意义

保险保障基金，即保险行业风险救助基金，是指根据法律规定，由保险公司缴纳形成，在保险公司被撤销、被宣告破产或在保险公司遇到重大危机的特定情况下，用于向投保方或者保单受让公司等提供救济的法定基金。保险保障基金由专门设立的保险保障基金公司依法负责筹集、管理和使用。[1]

保险公司缴纳保险保障基金的原因在于：

(1) 保险公司在经营过程中，不可回避地要面对较长周期可能发生的巨灾赔款，这必然会对保险公司的财务稳定性造成巨大冲击，给保险公司的偿付能力带来重大威胁，甚至会危及整个保险行业的存续和发展。而未到期责任准备金、未决赔款准备金以及再保险机制往往都难以解决保险公司在业务上可能出现的这种年度波动，难以解决巨灾危险的分摊问题。

(2) 市场经济中的任何主体，包括保险公司都有可能因为经营不善等原因而导致被撤销或破产，这必将严重影响投保方对保险的期待利益，甚至引发社会问题。

(3) 保险的本义和功能要求政府监管机构要采取必要的措施，来保证保险行业经营的稳定性，最终维护被保险人的利益，而建立保险保障基金是一种较为有效的制度安排。

(二) 其他国家和地区的保险保障基金

其他国家和地区保险立法多规定有保险保障基金，但称谓不尽一致，筹集方式也不尽相同，有事先缴纳的，也有事后缴

---

〔1〕 中国保监会、国家财政部、中国人民银行于2008年9月11日颁布《保险保障基金管理办法》，共7章36条，详细规定了保险保障基金的筹集、使用、管理和监督等有关问题。

纳的。美国每个州至少须设两项保险保障基金，寿险、财险各设一个；日本《保险业法》规定设立投保人保护基金，在第一会计年度向会员保险机构摊派缴纳；瑞士寿险公司必须设置一项安全基金；而德国、法国、意大利等欧洲国家只设一项保护交通事故受害者的保障基金；我国台湾地区的寿险、财险要分别设立保险业安全基金。

（三）我国的保险保障基金

我国《保险法》第100条规定："保险公司应当缴纳保险保障基金。保险保障基金应当集中管理，并在下列情形下统筹使用：(1) 在保险公司被撤销或者被宣告破产时，向投保人、被保险人或者受益人提供救济；(2) 在保险公司被撤销或者被宣告破产时，向依法接受其人寿保险合同的保险公司提供救济；(3) 国务院规定的其他情形。保险保障基金筹集、管理和使用的具体办法，由国务院制定。"

四、偿付能力额度监管

（一）偿付能力额度

偿付能力额度也可称为偿付能力标准，是指保险公司偿付能力的指标化和量化。偿付能力是保险公司履行赔偿或给付责任的能力。但这是一个抽象的概念，不能揭示保险公司具体的偿付能力程度。而偿付能力额度则通过运用科学公式和指标体系以及具体的计算，在量上直观地显现保险公司的偿付能力。

偿付能力额度，在运用上主要有两个核心概念：一是最低偿付能力额度，是保险监管机构规定的保险公司所应具有的偿付能力的最低标准；二是实际偿付能力额度，是按照保险监管机构的规定计算出的保险公司所实际具有的偿付能力的额度。国家对保险公司偿付能力最直接有效的监管手段，就是规定法定最低偿付能力额度，并监督各保险公司的实际偿付能力额度不能低于这个标准。如果保险公司的实际偿付能力额度低于法定最低偿付能力额度时，保险监管机构就要对该保险公司采取相应的监管措施。

（二）最低偿付能力额度

根据我国《保险法》第101条的规定："保险公司应当具有与其业务规模和风险程度相适应的最低偿付能力。保险公司的认可资产减去认可负债的差额不得低于国务院保险监督管理机构规定的数额；低于规定数额的，应当按照国务院保险监督管理机构的要求采取相应措施达到规定的数额。"[1]

（三）对实际偿付能力额度低于最低偿付能力额度的保险公司的监管

对于实际偿付能力额度低于最低偿付能力额度的保险公司，保险监管机构可将该公司列为重点监管对象，根据具体情况采取责令增加资本金或者限制向股东分红、限制资金运用渠道、接管等一项或多项监管措施。

第四节　保险公司经营风险监管

一、保险公司经营风险监管的意义

保险业是经营风险的特殊行业，这决定了保险公司本身是具有较高的经营风险，因此，加强对保险公司经营风险的监管，对于保障保险业的稳定和发展以及维护被保险人的利益十分重要。

---

〔1〕 中国保监会（现为中国银保监会）于2008年7月10日颁布了《保险公司偿付能力管理规定》，规定了偿付能力监管的具体办法。并于2016年1月1日起施行《保险公司偿付能力监管规则（第1号-第17号）》。

防范经营风险，除了加强保险公司内部风险自控之外，在法律规制方面，最为重要的是防止保险公司承保的风险过于集中，防止保险公司为追求盈利而冒险，即要分散风险。而分散风险的有效途径就是再保险，也称分保。再保险在现代保险业发展中占有重要的地位。从再保险的视角，保险公司承保的风险可分为自留风险和分保风险两大部分，而各国保险法对保险经营风险的监管机制往往也是从这两个方面来建构的。

我国《保险法》对于保险公司经营风险的监管，主要表现为对保险公司自留保险费总额和单一承保责任两个方面的限制，并规定保险公司应按照保险监管机构的规定办理再保险。

二、自留保险费总额的限制

我国《保险法》第102条规定："经营财产保险业务的保险公司当年自留保险费，不得超过其实有资本金加公积金总和的四倍。"这条规定之所以只对财险公司自留保费数额作以限制，而不适用于寿险公司，是因为财险较之寿险而言，其保险事故发生不规则，缺乏稳定性，因此对其保险准备金数额的要求比寿险更加严格，也因此，财险的业务风险更应进行限制和分散。

限制财险公司承担过大风险的一个基本方法就是限制其自留保费的数额。因为保费并非保险公司的盈利，而是保险公司对广大被保险人的负债。自留保费越多，就表明保险公司债务越多，所承担的风险就越大。当保险费超出一定数额以后，就意味着超出了保险公司的承保能力，保险公司也就演变成了冒险公司。因此，保险公司的承保能力要受其资产规模的制约。但并不是说保险公司自留保费就不能超过公司资本，如果这样，就违背了客观规律，必然会阻碍保险业的发展。保险公司自留保费是可以超过公司资本的，只不过在程度上要有所限制，以避免其经营风险过大。

三、单一承保责任的限制

如果保险公司承保的一个危险单位的保险标的数额过大，则会使得保险数理基础——概率论不能发挥作用。这意味着一旦这些保单出现理赔，保险公司就可能会因此陷入财务危机。如果保险法对此不加以规制，任由保险公司为追求利润而把持这些大额保单不予以分保，则无异于允许保险公司以广大被保险人的利益为筹码进行冒险赌博。因此，现代保险法为了更好地维护被保险人的利益，保障保险公司的稳健经营，大都对保险公司单一承保责任予以限制。

我国《保险法》第 103 条规定："保险公司对每一危险单位，即对一次保险事故可能造成的最大损失范围所承担的责任，不得超过其实有资本金加公积金总和的 10%；超过的部分应当办理再保险。"也就是说，保险公司可以接受大额保单，但其自留责任最多不得超过其资本金加公积金总和的 10%，其余部分应办理分保。这是以一个危险单位所发生的赔款额为限来划分自留风险和分保风险的。

需要说明，"危险单位"的标准是由保险公司来定的，不同的标准，其结果可能差异很大。如果任由保险公司自己来计算危险单位，则容易发生故意缩小危险单位、盲目扩大业务的现象。因此，我国《保险法》第 104 条规定："保险公司对危险单位的划分方法和巨灾风险安排方案，应当报国务院保险监督管理机构备案。"

第五节　保险公司资金运用监管

一、保险公司资金运用及监管的意义

保险公司资金运用，也称保险投资，是指保险公司在经营过程中，将积聚的部分保险资金用于投资或融资，使其收益增值的活动。而保险公司资金运用监管是指国家保险监管机构依法对保险公司资金运用活动的监督和管理，也就是保险监管机构通过法律和行政手段对保险公司投资的规范和限制，以保证保险公司偿付能力，保护被保险人利益。

（一）保险公司资金运用的意义

保险公司的运营机制，就是集合危险、收取保费、建立保险基金，然后用保险基金对投保方的保险损失进行补偿。这种机制决定了在收取保费与支付保险金之间存在一个时间差，而这个时间差就使得保险公司一直掌握一笔与之经营规模相适应的稳定的保险基金。对于这一大笔相对稳定的保险基金，如果任其闲置则是浪费。保险公司可以且应该对其加以运用，投资收益。保险公司掌握的雄厚资本和巨额保险基金使得投资不仅可能而且必要。

目前，无论是发达国家还是发展中国家，保险公司都已把资金运用作为其重要业务之一，其收益已是保险公司的一项重要收入来源，资金运用已成为整个保险经营活动不可分割的有机组成部分。投资不仅可以使保险公司的资金实现保值增值，提高偿付能力和竞争优势，还可以通过资金融通促进资本市场的发展，对社会经济产生有利影响。可以说，保险公司资金运用，即投资对于保险公司来说具有极为重要的意义。

（二）保险公司资金运用监管的意义

虽然对于保险公司，投资不仅成为可能，而且必要又重要，但投资必然存有风险，资金运用不当必会危及保险公司的偿付能力，损及投保方甚至公共利益，影响保险职能的发挥。

因此，保险公司资金运用监管也十分必要，其意义体现在以下几个方面：（1）保险投资具有风险，而冒险与保险的基本职能相悖。（2）保险投资所用资金本质是保险公司的负债或担保。（3）保险投资资金数额巨大，在金融市场举足轻重。因此，国家必须对保险公司投资行为进行监管，以预防保险公司将商人本性发挥到理智的范围之外，而忘却其应有的社会责任；保障保险公司资金安全，维护广大被保险人的利益及保险业的稳定；同时，防范数额巨大的保险投资对金融市场造成严重冲击的不良后果。

二、保险公司资金运用的原则

我国《保险法》第 106 条第 1 款对保险公司资金运用规定了总的要求和基本原则："保险公司的资金运用必须稳健，遵循安全性原则。"具体而言，应坚持以下四项原则：

（一）安全性原则

所谓安全性，对于投资来讲，就是要保值。安全性原则，就是要求保险公司资金运用，不能冒险逐利，而必须要坚持安全返回的原则，这是保险公司资金运用的最基本原则。

（二）效益性原则

所谓效益性，就是要追求经济利益，即要增值。效益性原则体现了保险公司资金运用的直接目的，即在保证安全的前提下，还要追求保险投资资金的增值。不追求增值，便无资金运用之必要。但是，按照投资学的基本原理：风险越大，收益越高；风险越小，收益越低。这就要求保险公司资金运用，必须要在安全性和效益性之间选择一种最理想的搭配。

（三）流动性原则

所谓流动性，也称变现性，就是在不损失价值的情况下，把资产及时变成现金的能力。这个概念有两个前提要求：其一，在资产变现时不能明显损失价值；其二，应在短时内变现。符合这两个前提条件的投资，称为具有流动性。为了满足随时可能发生的保险赔付的需要，运用中的保险资金必须保持足够的流动性。需要注意的是，不同的保险业务对资金流动性的要求不尽相同。在理论上，财险一般期限较短，且损失发生较不规则，因此对资金运用的流动性要求较高；寿险一般期限较长，保险责任发生相对较有规律，因此对资金运用的流动性要求较低。

（四）多样性原则

这一原则是安全性、效益性和流动性原则的要求在保险投资领域的综合体现。所谓多样性，包括两个方面的含义：一是指投资范围应广泛化。保险公司资金运用不宜集中在一个行业、一个地区、一个部门或一个项目上，而应该在广泛的领域分散投资，以避免风险集中，一损俱损。二是指投资方式应多样化。保险公司资金运用的形式要多种多样，取长补短，互相搭配，以在总体上兼顾安全、效益和流动性。因此，多样性原则，就是要求保险公司在资金运用中，要科学地采用多种多样的投资方式，在广泛的领域分散投资。

以上四项原则，既相互联系又相互制约，各项原则要兼顾。效益性是保险公司资金运用的目标，安全性是前提，流动性是基础，多样性是手段。因此，在保险公司资金运用中，稳健的经营不是先追求效益，而是先要保证资金的安全。只有采用多种多样的方式分散投资，在可以随时变现的基础上再努力提高投资的效益才是最佳的资金运用途径。

三、保险公司资金运用的限制

对保险投资活动的监管主要是对投资的范围和形式的监管。我国《保险法》第 106 条规定，保险公司的资金运用，限于在银行存款、买卖债券、股票、证券投资基金份额等有价证券，投资不动产以及国务院规定的其他资金运用形式。

近年来，我国保险公司资金运用范围不断拓宽，形式不断多样化。国家保险监管机构根据国务院的决定和保险业发展的需要，先后出台了一系列规章和规范性文件，允许保险公司投资可转换债券，发行次级债，直接投资股票市场等领域，在一定程度上解决了保险公司资金运用多元化的问题。

保险公司资金运用模式主要有内设投资部门投资模式、委托外部机构投资模式、专业化控股投资模式等。我国保险法规定，保险公司可以设立保险资产管理公司，从事证券投资活动。

尽管放松保险公司资金运用限制，有利于保险业的发展，但仍应坚持严格的风险防范，保险监管的重点应放在保险公司投资比例和额度方面，加强保险资金运用的调控和指引，实行资金运用的分类监管和深度控制，确保保险资金的安全。

第六节　保险公司市场行为监管

保险公司及其工作人员以及保险中介人的市场行为应该符合法律规定的要求，这也是保险监管的重要内容之一。各国保险市场行为监管大致包括两个方面内容：一方面是市场竞争行为，一方面是保险业务行为。

一、对保险市场竞争行为的限制

随着保险市场的发展与完善，保险业务竞争不可避免。竞争是市场经济的内在要求，但应当有规则地进行。

保险市场的不正当竞争，其主要手段有两种：一是不适当地降低保险费率；二是给予保险合同规定以外的保险费回扣或其他利益。大而言之，可归于产品倾销和商业贿赂问题，而这两个问题，究其本质，均为商品价格问题。因为保险是一种特殊商品，其“价格”有其特殊规律，所以保险业的竞争主要应是非价格的竞争，采取过度降低保费的方法争夺保户，往往会危及保险公司的偿付能力。

随着我国社会主义市场经济的发展，保险市场垄断的局面被打破，保险市场主体迅速增加，一些股份制、外资保险企业纷纷成立，一个开放型的保险市场竞争格局逐步形成，由此，形成了我国保险业日趋激烈的竞争局面，这也是推动我国保险业进一步发展的动力。保险经营者只有在市场竞争中才能求得生存和发展。保险业的竞争应该是保险服务范围、服务质量、保险费率、管理水平等综合实力的竞争，决不允许以过高的手续费、过低的费率和扩大承保责任争夺保户，或以给投保人、被保险人、受益人回扣等招揽客户，或以高额有奖销售方式推销保单等不正当竞争手段扩大业务量，损害竞争对手，扰乱保险市场秩序。〔1〕

在西方国家，法律一般允许适当的回扣，但须有个限度。这些国家往往通过立法规定回扣标准，或者通过保险行会规定回扣标准，以此来限制不正当竞争行为。我国保险法对保险商

---

〔1〕 参见温世扬主编：《保险法》，法律出版社2003年版，第481页。

品"价格"问题也有限制性的规定，保险机构不得擅自降低或变相降低保险费率，或者扩大保险责任范围开展保险业务，进行恶性竞争。保险机构不得向投保人、被保险人、受益人及其利害关系人提供或承诺提供保险费回扣或违法、违规的其他利益。

另外，我国保险法对于政府垄断以及其他形式的不正当竞争行为也予以限制。如规定：保险机构不得利用政府部门及其所属部门、垄断性企业或组织，排挤、阻碍其他保险机构开展保险业务；保险机构不得捏造、散布虚伪事实，损害其他保险机构的信誉；保险机构不得劝诱投保人或被保险人解除与其他保险公司的保险合同等。

二、对保险业务行为的限制

对保险业务行为的监管主要是防止保险公司和保险中介机构的欺诈行为，如保险公司的不真实宣传和虚假广告行为，通过对保单歪曲说明或错误陈述诱骗投保行为，保险公司恶意拒赔行为等。这些行为有悖合同诚信原则，有损投保方的利益，需要监管规制。

我国《保险法》第 116 条明确规定了保险公司及其工作人员的从业禁止行为：（1）欺骗投保人、被保险人或者受益人；（2）对投保人隐瞒与保险合同有关的重要情况；（3）阻碍投保人履行本法规定的如实告知义务，或者诱导其不履行本法规定的如实告知义务；（4）给予或者承诺给予投保人、被保险人、受益人保险合同约定以外的保险费回扣或者其他利益；（5）拒不依法履行保险合同约定的赔偿或者给付保险金义务；（6）故意编造未曾发生的保险事故、虚构保险合同或者故意夸大已经发生的保险事故的损失程度进行虚假理赔，骗取保险金或者牟取其他不正当利益；（7）挪用、截留、侵占保险费；（8）委托未取得合法资格的机构从事保险销售活动；（9）利用开展保险业务为其他机构或者个人牟取不正当利益；（10）利用保险代理人、保险经纪人或者保险评估机构，从事以虚构保险中介业务或者编造退保等方式套取费用等违法活动；（11）以捏造、散布虚假事实等方式损害竞争对手的商业信誉，或者以其他不正当竞争行为扰乱保险市场秩序；（12）泄露在业务活动中知悉的投保人、被保险人的商业秘密；（13）违反法律、行政法规和国务院保险监督管理机构规定的其他行为。

我国《保险法》并未明确界定保险业务行为的概念，因为到底哪些行为属于保险公司的业务行为，关键是看监管政策的取向，在不同的监管政策环境下，保险公司业务行为的内涵和范围会有所区别。所以，我国《保险法》所规定的保险公司及其工作人员的“从业禁止行为”的范围也在法律修订中不断扩大，其列举从 1995 年《保险法》规定的 5 项拓展到 2009 年《保险法》规定的 12 项。

总之，我国保险市场行为监管逐步完善，主要体现在：（1）市场行为监管成为与偿付能力监管、公司治理监管并列的现代保险监管体系的三大支柱之一，逐步实现保险监管从事后监管向事前监管、事中监管转变。（2）市场行为监管法律法规不断完善。特别是保险监管机构有针对性地发布了大量的部门规章和规范性文件，保险市场行为监管制度日益完备。（3）市场行为监管理念和手段不断丰富。由被动监管向主动监管转变，由单纯合规性监管向合规性监管和风险性监管并重转变，强化检查手段，并建立了从监管谈话、警告、罚款、限制业务范围到取消资格等逐级递进的处罚体系。[1]

---

〔1〕 参见张俊岩主编：《保险法热点问题讲座》，中国法制出版社 2009 年版，第 246~250 页。

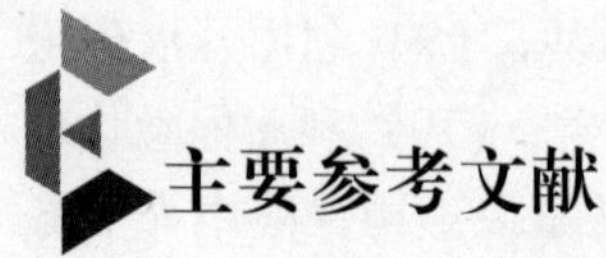

主要参考文献

[1] [英] MALCOLM. A. CLARKE:《保险合同法》，何美欢、吴志攀等译，北京大学出版社 2002 年版。

[2] [英] 约翰 T · 斯蒂尔：《保险的原则与实务》，孟兴国、徐韦等译，沈喜忠校，中国金融出版社 1992 年版。

[3] [美] 约翰 · F. 道宾：《美国保险法》，梁鹏译，法律出版社 2008 年版。

[4] [美] 所罗门 · 许布纳等：《财产和责任保险》，陈欣总校，陈欣等译，中国人民大学出版社 2002 年版。

[5] [日] 园乾治:《保险总论》，李进之译，中国金融出版社 1983 年版。

[6] 江朝国:《保险法基础理论》，中国政法大学出版社 2002 年版。

[7] 梁宇贤：《保险法新论》（修订新版），中国人民大学出版社 2004 年版。

[8] 郑玉波:《保险法论》，刘宗荣修订，三民书局 1984 年版。

[9] 桂裕:《保险法论》，三民书局 1981 年版。

[10] 王卫耻:《实用保险法》，文笙书局 1981 年版。

[11] 汤俊湘:《保险学》，三民书局 1984 年版。

[12] 吴荣清:《财产保险概要》，三民书局 1992 年版。

[13] 刘宗荣:《新保险法：保险契约的理论与实务》，中国人民大学出版社 2009 年版。

[14] 邹海林:《责任保险论》，法律出版社 1999 年版。

[15] 邹海林:《保险法学的新发展》，中国社会科学出版社 2015 年版。

[16] 邹海林：《保险法》，社会科学文献出版社 2017 年版。
[17] 覃有土主编：《保险法概论》，北京大学出版社 1993 年版。
[18] 覃有土主编：《保险法》，北京大学出版社 1998 年版。
[19] 覃有土、樊启荣：《保险法学》，高等教育出版社 2003 年版。
[20] 樊启荣：《保险法》，北京大学出版社 2011 年版。
[21] 樊启荣：《保险法诸问题与新展望》，北京大学出版社 2015 年版。
[22] 温世扬主编：《保险法》，法律出版社 2016 年版。
[23] 陈欣：《保险法》，北京大学出版社 2000 年版。
[24] 李玉泉：《保险法》，法律出版社 2003 年版。
[25] 贾林青编著：《保险法》，中国人民大学出版社 2007 年版。
[26] 范健、王建文、张莉莉：《保险法》，法律出版社 2017 年版。
[27] 孙积禄、杨勤活、强力编著：《保险法原理》，中国政法大学出版社 1993 年版。
[28] 孙积禄：《保险法论》，中国法制出版社 1997 年版。
[29] 沙银华：《日本经典保险判例评释》，法律出版社 2002 年版。
[30] 许崇苗、李利：《保险合同法理论与实务》，法律出版社 2002 年版。
[31] 张俊岩主编：《保险法热点问题讲座》，中国法制出版社 2009 年版。
[32] 邓成明等：《中外保险法律制度比较研究》，知识产权出版社 2002 年版。
[33] 赵旭东主编：《商法学》，高等教育出版社 2015 年版。
[34] 王欣新主编、王斐民副主编：《破产法学》，中国人民大学出版社 2008 年版。
[35] 李永军、王欣新、邹海林：《破产法》，中国政法大学出版社 2009 年版。
[36] 薄燕娜主编：《保险公司风险处置及市场退出制度研究》，北京大学出版社 2013 年版。
[37] 史学瀛、郭宏彬主编：《保险法前沿问题案例研究》，中国经济出版社 2001 年版。
[38] 郭宏彬：《保险监管法律制度研究》，吉林人民出版社 2004 年版。
[39] 郭宏彬：《责任保险的法理基础》，机械工业出版社 2016 年版。

[40] 郭锋等:《强制保险立法研究》，人民法院出版社 2009 年版。
[41] 张洪涛、郑功成主编:《保险学》，中国人民大学出版社 2000 年版。
[42] 黄华明:《风险与保险》，中国法制出版社 2002 年版。
[43] 中国保险学会、《中国保险史》编委会编:《中国保险史》，中国金融出版社 1998 年版。
[44] 周华孚、颜鹏飞主编:《中国保险法规暨章程大全（1865~1953）》，上海人民出版社 1992 年版。

图书在版编目（CIP）数据

保险法论/郭宏彬著. —北京：中国政法大学出版社，2019.7
ISBN 978-7-5620-9093-9

Ⅰ.①保… Ⅱ.①郭… Ⅲ.①保险法－研究－中国 Ⅳ.①D922.284.4

中国版本图书馆CIP数据核字(2019)第163414号

出版者　中国政法大学出版社
地　址　北京市海淀区西土城路25号
邮寄地址　北京100088信箱8034分箱　邮编100088
网　址　http://www.cuplpress.com（网络实名：中国政法大学出版社）
电　话　010-58908285(总编室) 58908433（编辑部）58908334(邮购部)
承　印　固安华明印业有限公司
开　本　880mm×1230mm　1/32
印　张　9.75
字　数　227千字
版　次　2019年7月第1版
印　次　2019年7月第1次印刷
定　价　39.00元